新时代云南
高质量跨越式发展研究

云南省宏观经济研究院（云南省产业研究院）
中国社会科学院工业经济研究所　著

RESEARCH ON
YUNNAN'S HIGH-QUALITY LEAPFROG
DEVELOPMENT IN NEW ERA

经济管理出版社
ECONOMY & MANAGEMENT PUBLISHING HOUSE

图书在版编目（CIP）数据

新时代云南高质量跨越式发展研究／云南省宏观经济研究院（云南省产业研究院），
中国社会科学院工业经济研究所著. —北京：经济管理出版社，2020.8
ISBN 978-7-5096-7250-1

Ⅰ.①新…　Ⅱ.①云…　②中…　Ⅲ.①区域经济发展—研究—云南　Ⅳ.①F127.74

中国版本图书馆 CIP 数据核字（2020）第 128407 号

组稿编辑：张永美
责任编辑：梁植睿
责任印制：黄章平
责任校对：张晓燕

出版发行：经济管理出版社
　　　　　（北京市海淀区北蜂窝 8 号中雅大厦 A 座 11 层　100038）
网　　　址：www. E-mp. com. cn
电　　　话：（010）51915602
印　　　刷：三河市延风印装有限公司
经　　　销：新华书店
开　　　本：720mm×1000mm /16
印　　　张：19.25
字　　　数：357 千字
版　　　次：2020 年 8 月第 1 版　　2020 年 8 月第 1 次印刷
书　　　号：ISBN 978-7-5096-7250-1
定　　　价：88.00 元

"新时代云南高质量跨越式发展研究" 编写组

主　编: 黄云平　　温亚昌　　黄速建

编写组 (按姓氏笔画排序):

王　林　　王　欣　　王凤平　　叶振宇　　齐美虎　　孙　静

孙　敏　　李　倩　　李　林　　李先军　　杨　丹　　杨松利

杨俊伍　　肖红军　　阿燃燃　　贺　俊　　殷惠艳　　高　英

黄云平　　黄速建　　董　慧　　程俊杰　　程振煌　　温亚昌

雷　扬

目　录

总　论

党的十九大报告指出，中国经济已由高速增长阶段转向高质量发展阶段，这是以习近平为核心的党中央对中国经济发展阶段的高度凝练，也是对新时代中国经济发展的总体要求。要实现把云南建成我国民族团结进步示范区、生态文明建设排头兵、面向南亚东南亚辐射中心的三个定位，必须按照党中央高质量发展的总体部署，结合云南经济发展的实际情况，尊重经济发展的基本规律，将经济发展放在发展的突出位置，继续保持经济的持续快速稳定增长，以发展充实云南省高质量发展的物质基础，即通过高质量跨越式发展实现对发达地区追赶和与全国同步全面实现小康社会。

一、总体发展质量不高是云南需要面临的基本现实

贯彻落实国家对高质量发展的新要求，推动云南的高质量跨越式发展，需要首先对云南经济发展的总体现实进行判断，以期找到云南高质量发展的"问题"和"短板"。基于此，在国家高质量发展指标体系的基础上，根据云南实际设置差异化指标，构建云南省级和州（市）高质量发展评价指标体系。通过系统的评价来看，云南高质量发展总体水平还不是很高。2015~2018年，云南高质量发展指数基本处于0.4~0.6的区间范围内。从具体指标来看，云南在旅游业收入占全国份额、绿色优质农产品比重、技术合同成交额、固体废弃物排放量、COD排放量、SO_2排放量、返贫率等指标方面表现相对较好，而在全部工业增加值占GDP比重、最终消费率、单位国内生产总值能耗、单位国内生产总值水耗、单位国内生产总值地耗、废水排放量、境外直接投资占全国份额、经常项目顺差占GDP比重、居民人均可支配收入增长率等指标方面表现相对较差。这较好地反映了云南当前高质量发展的现实。近年来，云南大力开展旅游市场秩序整治，推动扶贫攻坚，取得明显成效。由于工业相对不发达、高技能人才比较缺乏，固体废弃物、COD排放量、SO_2排放量等污染物排放量指标相对较小，技术更多依靠市场行为进行引进。云南高质量发展面临的一些不平衡不充分问题主要体现在：工业发展相对滞后，居民消费更多依赖进口，

节能改造仍需加大力度，作为辐射南亚东南亚的中心企业"走出去"还不成气候，居民收入增长较慢，扩大内需任重道远等。这些问题的背后都是产业基础不牢、产业弱小导致，因此，振兴实体经济，加快工业发展，特别是制造业发展成为推动云南高质量发展的主要切入点。

从趋势来看，云南高质量发展水平呈现出一定的提升态势。具体指标中，云南的相对优势指标，如旅游业总收入占全国份额、绿色优质农产品比重、技术合同成交额、固体废弃物排放量、COD 排放量、SO₂ 排放量、返贫率等均取得了一定的提升，但是相对弱势指标，包括全部工业增加值占 GDP 比重、最终消费率、单位国内生产总值能耗、单位国内生产总值水耗、单位国内生产总值地耗、废水排放量、境外直接投资占全国份额、经常项目顺差占 GDP 比重、居民人均可支配收入增长率等基本上并未得到有效改善，甚至部分指标还出现了不同程度的恶化。这表明云南推动高质量发展除了需要进一步"扬长"外，还必须加快进行"补短"而非"避短"。

从分领域来看，综合、创新、协调、绿色、开放以及共享等重点领域发展质量表现出较大的差异。其中：云南高质量发展重点领域中绿色优势得到充分发挥，但协调水平亟待提高；综合领域的发展水平得到稳步提升；创新领域的发展实现新的突破；协调领域的"短板"较难弥补；开放领域的发展严重滞后，这与云南的区位优势和"一带一路"倡议升华的背景形成鲜明的对照；共享领域的发展取得明显成效，老百姓对发展的获得感势必越来越强。

从内部表现来看，云南各州（市）高质量发展水平总体不高且差异较大，六大重点领域中各州（市）在综合和协调方面的评价总体一致，在绿色方面的评价总体最高，创新方面的评价总体最低。与广西、贵州等兄弟省份相比，云南高质量发展的六大重点领域均是优势与差距并存，共享方面就业和人均产出是"短板"；与东部发达地区相比，云南高质量发展水平差距明显，但云南各地高质量发展水平差异性比东部发达地区较小。

通过评价结果可以看出，云南高质量发展水平与东部发达地区相比差距明显，云南高质量发展水平仅相当于江苏、浙江地级市中的中等水平；省内各地高质量发展水平差异性比东部发达地区较小，区域协调程度相对较好，但也从侧面反映了云南发展质量总体较低的基本现实；云南高质量发展水平总体上低于广西、贵州，但昆明是三个省份中高质量发展水平最高的城市；云南各地高质量发展水平差异性比广西、贵州更加明显，与处于相同发展阶段的兄弟省份相比，云南在区域协调方面任重道远。

二、高质量跨越式发展是云南经济社会 发展的现实需要

根据习近平总书记考察云南重要讲话精神，把云南建设成为我国民族团结进步示范区、生态文明建设排头兵以及面向南亚东南亚辐射中心是新时代云南经济社会发展的基本定位。高质量跨越式发展既是云南应对外部环境挑战、适应发展阶段转变的客观选择，也是主动把握新时代发展机遇的战略举措。

实施高质量跨越式发展，是云南在新时代适应国际国内发展形势的必然选择。从国际视角出发，全球经济增速放缓已经成为一种共识，尤其在中美贸易摩擦不断升级的背景下，中国和东盟所在的东亚地区却逆势而上，为区域互联互通建设、跨境经济合作和地区一体化进程提供了源源不断的强劲动能。云南只有加快转变发展方式，走高质量跨越式发展的路子，才能真正发挥好面向南亚东南亚辐射中心的重要作用，把握全球经济增长的新机遇。从国内视角出发，进入新时代后的我国经济由高速增长阶段转向高质量发展，云南作为一个欠发达的省份，既要推动高质量发展，还要保持一定的发展速度，认真解决"有没有和好不好"的问题，发挥区位优势，加大开放力度，抓住消费升级和数字经济的重大机遇，通过高质量跨越式发展实现"换道超车"。从自身发展的现实来看，当前，云南正处于工业化中期的前半阶段，仍然是我国工业化水平最低的省份之一，且工业化进程速度有放缓趋势，表现在劳动力就业转移缓慢、工业结构不合理等深层次的方面。此外，云南的主要经济指标都滞后于全国平均水平，在西南地区也处于劣势地位，产业结构不合理和区域发展不平衡问题较突出。走高质量跨越式发展的道路，是云南立足当前经济发展阶段、特征和问题，实现长期可持续发展的内在需要。

云南实施高质量跨越式发展，在现实中也是可行的。一方面，改革开放40余年的快速发展为云南省高质量跨越式发展奠定了坚实的基础。经济保持快速增长，生活水平实现稳步提升，其中，2019 年云南 GDP 增速位居全国第三位，居民人均可支配收入突破 2 万元；基础设施"五网"建设取得明显成效，2013年至 2017 年这五年，累计完成以"五网"建设为重点的综合基础设施投资超过 8800 亿元；八大重点产业呈现良好的发展势头，其中，生物医药和大健康产业 2017 年实现了 2555 亿元的主营业务收入和 1001.5 亿元的增加值，旅游业 2018 年实现旅游总收入 8450 亿元；社会发展与生态文明建设成绩突出，尤其

是脱贫攻坚取得重大进展，人民生活水平持续提升。另一方面，与其他欠发达地区相比，云南省拥有着高质量跨越式发展的突出优势。区位方面，云南正处在"一带一路"倡议和"长江经济带"国家战略的重大节点上，具有非常独特的区位优势和战略优势；资源和环境方面，云南具备丰富的能源资源、生物资源和旅游资源，为能源产业、大健康产业和旅游业提供了得天独厚的条件；对外开放方面，云南对外开放历史悠久，国际合作源远流长。在对外开放与合作过程中，云南正积极建设中国面向南亚东南亚辐射中心，战略地位不断提升。但是，这些基础和优势目前未能得到充分发挥，云南必须要更好地利用和转化这些基础和优势，使其转换为下一阶段推动高质量跨越式发展的新动能和新支撑。

三、推动云南高质量跨越式发展的总体战略构想

指导思想：以习近平新时代中国特色社会主义思想为指导，全面贯彻党的十九大和党的十九届二中、三中、四中全会精神，习近平总书记考察云南重要讲话精神，坚持党的全面领导，坚持稳中求进工作总基调，坚持新发展理念，紧紧把握和全力用好新时代重要战略机遇期，立足比较优势和后发优势，按照**"转中求快、快中求优、转跨并举"**的高质量跨越式发展新要求，以"质量第一、效益优先"为导向，以供给侧结构性改革为主线，以提高全要素生产率为关键，以推动质量变革、效率变革、动力变革为重点，以坚决打好三大攻坚战为任务，推动新型工业化、信息化、城镇化、农业现代化同步发展，加快构建以"绿色+"为特色的现代化经济体系，统筹推进稳增长、促改革、调结构、惠民生、防风险工作，全面提高经济总量、科技含量、就业容量、生态环境质量、营商环境质量，最大限度增强人民群众获得感、幸福感、安全感，努力把云南建设成为民族团结进步示范区、生态文明建设排头兵、面向南亚东南亚辐射中心、中西部地区新增长极，实现更高质量、更有效率、更加公平、更可持续的发展，确保全面打赢脱贫攻坚战、与全国同步全面建成小康社会、同步基本实现现代化和"十三五"规划圆满收官。

总体目标：推动云南省高质量跨越式发展的总体目标是到 2025 年，云南省全面完成第一次现代化，第二次现代化指数提高到 45 左右，综合现代化指数达到 50 左右，初步建成我国民族团结进步示范区、生态文明建设排头兵、面向南亚东南亚辐射中心、中西部地区新增长极。到 2035 年，云南省第二次

现代化指数提高到 65 左右，综合现代化指数达到 70 左右，全面成为我国民族团结进步示范区、生态文明建设排头兵、面向南亚东南亚辐射中心，与全国同步基本实现社会主义现代化。到 21 世纪中叶，云南省第二次现代化指数提高到 90 左右，综合现代化指数超过 95。全面建立现代化经济体系，建成与富强民主文明和谐美丽的社会主义现代化强国相适应的现代化强省，与全国同步基本实现全体人民共同富裕。推动云南省高质量跨越式发展的具体目标是到 2025年，经济发展高质量实现新跨越，科技创新高质量实现新跃升，改革开放高质量实现新突破，城乡建设高质量实现新面貌，生态环境高质量实现新格局，民生福祉高质量实现新进展。

"六项原则"：一是绿色引动，生态为先；二是创新驱动，质效为基；三是改革推动，活力为要；四是产业拉动，特色为重；五是全域联动，民生为本；六是开放带动，合作为径。

"稳调补"的基本思路：一是稳增速、扩总量、促跨越，重点是实施大项目、构筑大平台、打造大产业、培育大企业、深化大开放。二是调结构、谋转型、提质效，重点是迈向产业高端，做新高端产业；打造产业特色，做精特色产业；塑造产业优势，做强优势产业；构建产业生态，做深生态产业；强化产业创新，做大新兴产业；推进经济数字化，做优数字经济。三是补短板、强基础、增后劲，重点是补基础设施短板、补人才队伍短板、补营商环境短板、补民生发展短板、补风险防化短板。

"十二大行动"的具体实现路径：一是产业体系转型升级行动；二是科技创新提能强基行动；三是市场主体培优激活行动；四是质量品牌建设提升行动；五是人才高地打造筑牢行动；六是基础设施跃升完善行动；七是区域协调发展深化行动；八是乡村振兴提速提质行动；九是开放格局优化重塑行动；十是营商环境创优争先行动；十一是生态文明引领创新行动；十二是民生改善攻坚克难行动。

四、推动供给侧结构性改革，支撑云南高质量跨越式发展

党的十九大提出，要以供给侧结构性改革为主线，推动经济发展质量变革、效率变革、动力变革，提高全要素生产率，这给云南高质量跨越发展带来了机遇和挑战。当前，云南的供给体系效率和质量并不高，具体表现在产业结

构不合理以及实体经济欠发达，背后的根本原因在于微观基础，即要素、基础设施、产品等的供给质量不高，因此，全面提升云南供给体系效率和质量，关键在于促进生产要素、基础设施、产品等的供给高质量。

（1）要素供给方面，一是加快形成多层次人才梯队，吸引人才源源不断地在云南集聚，加强高层次人才培养吸收利用，完善人才集聚管理制度，健全配套保障机制，关键在于做足"三生"文章，即生产、生活、生态，让人才在云南有发挥才智的空间，没有子女入学教育、医疗、住房等后顾之忧，充分享受七彩云南的优美生态。二是加强金融对高质量跨越发展的支持力度。扶贫攻坚方面，增强政策制定的激励相容性，鼓励金融机构提供低息的资金，帮助支持贫困户实现脱贫致富作为政策的出发点；科技创新方面，引入风险投资，积极发挥本地风险投资市场；民营经济发展方面，加大产品与服务创新力度，精准服务民营企业，尤其是制造业民营企业；公共服务方面，各地区根据自身情况明确金融资金补齐公共服务短板的重点和思路，充分发挥有效市场和有为政府的作用。三是土地资源利用方面，要重点提高土地的亩均产出，要激活山地和丘陵资源，发展高原特色产业尤其是高原特色农业，科学提高国土开发强度，实施空间布局优化调整。

（2）基础设施方面。应坚持加快构建互联互通、功能完善、高效安全、保障有力的基础设施网络，围绕八大重点产业、数字经济、"五网"基础设施、脱贫攻坚民生工程、生态环境治理、新型城镇化等重点领域，突出重点，提高项目针对性，开展基础设施"补短板"行动。其中，最为重要的是提升完善以交通、水利、能源、信息、物流为主要内容的"五网"基础设施建设，初步形成连通国际、畅通国内、城乡覆盖广泛、枢纽功能完善、服务一体高效的综合交通运输体系，形成有效支撑云南跨越式发展、更好地服务国家战略的综合基础设施体系。近期的重点工作为：以高铁和机场为重点，全面推进交通基础设施建设；突出民生，加快滇中引水等重大水利项目建设；围绕能源的供、输、配、用，加快骨干电源、城乡电网和油气管网建设；加快新一代信息基础设施建设，尤其是提前布局5G和F5G；加强物流园区与交通基础设施的无缝衔接；实施城镇基础设施和公共服务设施补短板工程，加快新型城镇化建设步伐；进一步加强和巩固脱贫攻坚基础设施建设。

（3）产品质量方面。云南推动高质量跨越发展必须积极培育经济发展新动能，大力推进供给侧结构性改革，促进实体经济创新发展，着力在供给侧提供高质量产品。一是提高云南产品供给质量需要实施质量强省战略。强化制度保障，如深入建立产品质量惩罚性赔偿、安全事故强制报告、安全风险监控制度，建立产品伤害监测系统。建立产品生产、流通全过程质量责任追溯制度。

制定开展"质量提升三年行动计划",实施重点产品质量比对研究提升工程、优质品牌培育工程,全面提升云南产品、工程、服务、环境质量。推进内外销产品"同线同标同质"。加强质量基础体系建设,鼓励有条件的企业参与行业国际标准制定,构建新技术新产品新业态等计量、标准、认证直通车制度。二是着力深化供给侧结构性改革,重点在"破""立""降"上下功夫,加快构建"传统产业+支柱产业+新兴产业"现代产业体系。坚持用市场化、法治化手段推动钢铁、煤炭等行业化解过剩产能;构建资源高效配置的市场机制,促使资源向优势企业、创新企业集中;实行最严格的环境保护制度,发挥优势打造世界一流的"绿色能源""绿色食品""健康生活目的地"这"三张牌";提升政府服务,降低企业制度性成本,降低企业的经营风险,增加其投资吸引力和竞争力。

在推进供给侧结构性改革的同时,考虑到一些具有系统性、全局性和长远性的政策措施有较长的时滞效应,需要进行适当的需求管理。云南要发挥固定资产投资的关键作用,提升消费的基础性作用以及增强出口的带动作用。具体来看,继续抓好优化区域开放布局,聚焦"一带一路"、长江经济带战略重点,精心实施好列入国家计划的重大项目,开工一批投资强度大、带动性强的重大项目,超前谋划一批打基础、利长远的重大项目,突出抓好工业投资、民间投资和滇中五个地区的固定资产投资;完善消费、旅游、休闲、度假、娱乐、医疗、健康、养老等硬件设施和服务,适度引导有效需求和消费,实现供需动态平衡,同时着力增加居民收入,营造良好的消费环境;推动昆明城市功能的国际化,发挥中国云南自贸区的制度优势,推动云南企业"走出去",增强出口带动作用。

五、推动云南高质量的区域协调发展

云南省作为我国西南地区对外开放的重要门户,推进高质量的区域协调发展有利于缩小地区差距,为同步迈入小康社会增强发展后劲。云南的区域协调发展既不能脱离高质量发展的实际,又要紧密结合省情,超常规、创新性、持续性深入贯彻落实高质量区域协调发展。总的来说,云南高质量的区域协调发展要突破既有的思维范式,引入"5D"思路框架去构思全省区域协调发展。一是追求高质量的密度经济,重点是提高昆明市和滇中新区产业集聚的能力和水平,引导各类产业园区提高产业集聚效率,加快推进质量导向型的城镇化;

二是压缩不同城市节点和微观个体交流活动的经济距离，提档加速基础设施投资，适当超前建设，实现跨越发展；三是消除妨碍地区行政分割的障碍，深入推进政策法规、平台建设、公共服务等方面标准一体化，加快推进省域市场一体化，深入探索州（市）互助、利益补偿、公共服务均等化等机制；四是大力发展多样化的经济形态，大力发展特色的县域经济，每个县主打1~2个特色优势产业，每个州（市）都要打破"一企独大、一业独大、国有企业独大"，大力支持中小微企业发展，繁荣发展鲜明特色的民族文化，抢救一批处于濒危、绝学状态的少数民族非物质文化遗产，加快开展国家公园试点，在保护生物多样性方面发挥先行先试作用；五是积极开拓国内外市场需求，立足"一带一路"区域性功能枢纽，面向东南亚和南亚积极对接周边国家的市场，建立对西南地区市场快速响应的产业发展机制，利用资源优势超常规谋划发展一批新兴产业，提振和扩大本地消费市场。

（1）构建"一核双边、五廊七网"发展新格局。"一核"就是着力打造滇中城市群，全面提升昆明作为区域性国际中心城市的功能，促进昆明市与滇中新区融合发展，辐射带动曲靖、玉溪等周边城市发展，强化滇中城市群在全省经济发展中的核心地位。"双边"就是建设国际边境和省际交界对内对外开放"双高地"。立足国际地缘优势，充分利用漫长的国境线，加快边境开放步伐。全面提升边境开放水平，大力支持瑞丽、磨憨、河口三个边境口岸开放发展，加快建成面向周边国家开放的国际化、现代化的宜居城市。发挥开阔的省际边界线的区位优势，依托沪昆、成昆和南昆三大通道，支持曲靖和昭通建设省际交界区域中心城市。"五廊"就是统筹推进五大经济走廊建设。深入推进孟中印缅经济走廊和中国—中南半岛经济走廊建设，率先实施基础设施互联互通工程，依托瑞丽、磨憨、河口三个国家级中外跨境经济合作区，探索边境地区国际产能合作的新模式，建立产业共育、园区共建、管理共商、利益共享、风险共担等机制。同时，充分利用沪昆、成昆、南昆三条出省大通道，因地制宜推进省际交界地区承接产业转移载体建设，建设面向国内开放的三条产业发展走廊。"七网"就是构建互联互通、共建共享、覆盖全域的基础设施网络统筹推进综合交通网、信息网、能源网、水利网、物流网、新基础设施网、林网"七网"建设，实现全域广覆盖，促进州（市）基础设施便利化和互联互通，让基础设施网络惠及更多的城乡居民和企业，让林网守护好生态屏障。

（2）调整产业布局与承接产业转移。依托龙头企业建设特色基地，推动汽车产业、装备制造、信息服务业发展；依托优势资源建设产业基地，在水电铝和水电硅材两条产业链率先取得突破，通过互联网深度介入和推动整合花卉等绿色生物资源从种植、加工、配送、仓储、销售到消费体验的各个环节；依托开放载体建设开放型产业基地，云南省要依托开放载体，挖掘内陆开放的潜力，打通各类对外开放平台。为实现有效的产业空间布局，需要建立重点项目布局协调机制，省级层面建立一个针对粤滇、沪滇协作的跨州（市）产业项目布局统筹，各州（市）根据自身实际统筹产业项目布局；建立合作园区或合作项目的利益分享机制，尤其是在"飞地园区"和"飞地项目"同步推进的过程中要确保省内跨州（市）和本州（市）内跨县（区、市）的合作园区或合作项目的收益分成；建立对口帮扶长效援助机制，以产业帮扶实现贫困地区发展。

（3）优化城镇发展体系。一方面，全面提升滇中城市群一体化水平，加快推动现代交通网络建设，深入推动产业协作联动，依靠龙头企业带动形成比较完整的产业配套体系，协同推进生态环境保护和水资源高效利用，为城市群发展提供良好的生态支撑。另一方面，强化环滇中城市带的多极支撑作用，打破滇西、滇东南、滇东北、滇西南和滇西北切块发展的思路，采取一环、多点、网络化发展模式进行统筹布局，即环绕滇中城市群的外围地区建设环滇中城市带，并将昭通、丽江、临沧、普洱等城市作为带上的节点城市进行重点打造，通过交通线的穿针引线的作用，将滇中城市群与环滇中城市带串联起来，形成一个疏密有致的城市网络。此外，规划建设环滇中城市群的铁路和高速公路，在滇中城市群的西侧，规划建设一条半环滇中城市群的旅游铁路和高速公路，将丽江、保山、临沧、普洱、红河、文山等地连接起来，形成对滇中城市群半包围状的生态旅游带和边境旅游带。通过这条半环形的旅游带的开发建设，带动沿线沿边城市的开放发展。

（4）促进县域经济发展与乡村振兴。一是发展美丽县城带动特色县域经济，优化提升县城的城市服务功能，促进县城改造、升级、扩容。二是扎实推进乡村振兴。挖掘优势，促进产业兴旺；健全配套机制，保障生活宜居；传承发展优秀传统文化，推进乡风文明建设；创新体制机制，建立乡村治理体系；深入推进专项行动，实现生活富裕。三是打赢脱贫攻坚战。扎实做好扶贫"六个精准"，确保扶贫对象精准、项目安排精准、资金使用精准、措施到户精准、因村派人精准、脱贫成效精准，深入实施深度贫困地区"十大攻坚战"。

（5）优化城乡区域协调发展政策体系。一是强化区域与城乡发展政策的协同，建立区域均等化与城乡均等化基本公共服务体系同步推进的政策协调机制，建立促进区域协调发展与城乡融合发展的政策衔接机制；二是完善促进区域城乡协调发展的体制机制，建立基本公共服务均等化的协调机制，建立区域城乡要素自由流动机制，建立基于不同发展功能的区域补偿机制；三是加大区域城乡发展的功能平台政策创新，规划建设城乡联动发展的电子商务产业集聚平台，规划建设城乡互动的农产品直销平台，规划建设农村小规模的农产品冷藏和大型农产品综合物流基地。

六、推动创新驱动云南产业高质量跨越式发展

（1）推动高质量发展，要着力打造创新这个新引擎。创新是引领发展的第一动力，新产业蕴藏新动能，新动能推动新发展。推动云南的高质量跨越发展，其重要的抓手就是要建设与云南省经济社会发展以及产业战略定位相适应的高质量现代产业体系，支撑创新驱动的高质量技术创新体系。基于云南省经济社会发展所具备的产业基础、要素禀赋、生态资源等条件，以及所面临的世界经济和中国宏观环境等因素，根据产业跨越式发展遵循的客观规律，提出新时代云南省创新驱动产业高质量发展的总体框架。新时代下云南省应依托构建"234"三层次架构，推进创新驱动产业高质量发展。主要包含两大体系（高质量现代产业体系、高质量技术创新体系），两大核心（创新能力与融合创新、系统与开放），三大方向（结构高度化方向、工业升级方向、服务业转型方向），四大支撑（共性技术研发机构、创新型企业、重大科技基础设施、产学研合作机制）。

（2）构建高质量现代产业体系。高质量现代产业体系是顺应世界科技发展新趋势，利用信息化、数字化、智能化生产变革，采用网络、协同、融合等新型组织架构，形成具有强大创新能力的动态演进系统。其典型特征是关注知识复杂性、技术分工和产业互动等，基于长期、动态、内生视角考察现代产业体系问题。产业结构方面，基于工业化阶段的基本省情，云南省产业结构迈向中高端存在着较大的空间，应致力于走出一条突出产业发展能力的跨越式转型升级路径，而非沿袭传统产业结构研究所提出的发展路径，强调产业聚焦，紧紧围绕八大重点产业培育和打造世界一流的"绿色能源牌""绿色食品牌""健康生活目的地牌"三张牌不动摇。产业政策方面，基本取向应转向切实提升制造业的创新能力，特别是原始创新能力方面，选择和扶持新兴产业发展，重点在于引导和加速通用技术的创新与应用。在重点推进过程中，应致力于提升产业创新能力，引导市场向创新性领域投资，进而提高这些重点发展的制造业的水平，促进工业结构的持续优化和区域经济的可持续发展。服务业转型升级方面，数字经济加速发展、技术进步和模式创新为服务业和制造业加快融合提供了技术上的可能性，云南省应加快发展服务型制造和生产性服务业，有效发挥平台网络效应，实现服务业转型升级和服务经济发展。

（3）推动产业转型升级和跨越发展。大力推进农业产业化发展，应在生物医药、大健康产业、绿色农产品、高原特色现代农业产业方面重点发力。利用绿色生态、电商微商、全产业链布局等新型农业发展趋势，重点打造云南特色的"绿色食品"品牌。大力推进工业高质量发展，应优化工业结构，推进信息化和工业化深度融合，切实提升制造业创新能力，特别是原始创新能力，重点引导和加速新兴产业通用技术创新与应用。坚持绿色发展，改造提升云南优势传统制造业。积极培育一批特色战略性新兴产业，着力部署5G产业生态，形成云南经济发展新动能。积极促进服务业高质量发展，应发挥平台网络效应，实现服务业转型升级和服务经济发展。深度开发旅游文化资源，打造倡导绿色生态和健康生活的生态型服务业态，加快推进现代物流产业发展。嫁接主导产业优势，积极培育发展数字经济，防止出现制约后发地区经济发展的"数字鸿沟"，高标准建设数字经济公共服务平台和产业服务体系，科学构建数字经济创新孵化机制。

（4）培育发展高质量的产业创新体系。一是针对各行业现有研发机构能力、优势企业技术开发能力等异质性因素，建立促进云南省创新驱动发展的多元化、差异化共性技术研发体系，建设新型共性技术研发机构——云南省工业技术研究院，并力争与工信部合作成为国内"综合性制造业技术创新中心"；二是营造创新创业良好环境，重视创新型企业特殊的产权基础和治理机制构建，培育出能够支撑云南省产业创新体系的创新型企业；三是推进未来重点发展的产业领域的重大科技基础设施建设，建立起一系列经科学论证、有效管理、保护产权、开放共享的重大科技基础设施；四是创新产学研合作机制，探索多渠道多样化合作研发模式，完善公共科研机构激励机制，充分利用全社会各类创新资源，建立灵活、高效的产学研合作机制。

（5）为驱动云南产业高质量发展，需要在体制上、产业政策、人才政策等方面予以保障。体制方面，转变政府管理职能，着力营造"亲""清"新型政商关系，进一步激发市场经济活力；加强产权保护，营造知识产权友好的商业环境；优化产业服务质量和水平，进一步完善创新经济服务体系。产业政策方面，推进产业政策的改革和优化，积极实施结构性产业政策；调整产业政策工具，强化服务性的结构性产业政策；货币性政策工具的设计上，应根据不同的货币性政策措施的优缺点进行灵活组合，提高政策科学性和有效性；建立政府和企业间的新型合作关系，强化全社会充分参与和监督。人才政策方面，逐步由过去单纯重视精英型研发人才的培育和引进，转向同时关注工程师、高技能工人和一般产业工人通用技能提升的政策导向，着重构建由企业、职业院校、研究型大学和改革服务机构共同组成的终身学习体系。建议设立"云南省制造业产业技能提升资金"，对一流大学和企业合作培养工程师和产业技术工人给予资金扶持，通过培养高技能产业工人，填补"低端职业教育"不能满足"高端制造"发展要求的空白。

七、深化改革开放，推动云南高质量跨越式发展

云南省高起点推动新一轮改革开放是实现高质量发展的内在要求，也是发挥自身优势，深入贯彻落实习近平总书记对云南工作的重要指示精神和党中央决策部署。基于云南改革开放取得的成就以及在未来推进高质量跨越式发展的现实需要，需要进一步深入实施新一轮的改革开放。

（1）进一步深化改革。要按照党中央、国务院关于高质量发展的要求，按照全面深化改革的思路，牢牢抓住重点领域，着力解决一些关系到全省中长期发展的攸关问题。一是进一步处理好政府与市场的关系，进一步完善市场决定性作用，优化改善市场环境。深入推动适应高质量发展的营商环境建设，按照世界一流的标准，掀起营商环境革命，全面促进云南省营商环境提档升级。二是深入推进八大重点领域体制改革。财税体制方面，建立国家、省级重点项目由省、州（市）出资、县（市、区）实施的机制，省、州（市）财政对县级财政"多予少取、差别化支持、奖励先进"机制，明显降低县级财政收入的非税收入占比；投融资体制方面，遴选一批优质项目开展PPP试点，鼓励本地企业境内外上市，发挥产业投资基金与社会资本投资联动的机制；要素资源配置市场化改革方面，完善要素价格市场化形成机制，构建先进技术和高端人才要素引进平台，实施"滇才回归"工程；国有企业混合所有制改革方面，在省级层面加快改组成立一批国有资本投资公司和国有资本运营公司，从管企业向管资本转型，认真总结国企改革经验教训，引导国企混合所有制改革；生态补偿机制方面，健全和完善全省水系横向生态补偿机制和生态功能区生态补偿机制，积极引入市场化治理、公众参与治理、公私合作治理等新模式，形成一些可复制可推广的生态治理经验；农村改革方面，全面推进农村、农地和林权改革，继续深入推进农垦企业改革，鼓励农垦企业建立现代企业制度；区域营商环境方面，深入推进"放管服"改革，探索项目审批制度改革，持续推进商事制度改革，切实降低企业成本，构建"亲""清"新型政商关系。

（2）进一步扩大对内开放。一是要主动融入和服务国家发展战略，深入实施长江经济带的"龙头"战略，大力对接粤港澳大湾区战略，创新融入长三角

区域一体化发展战略，跨度承接北京非首都功能疏解转移。二是合作发展对内开放协作的平台，引进中关村发展集团共同建设"昆明中关村创新中心"；承接央企总部入滇发展，大力承接中国铝业、中国五矿、中国有色矿业、中国烟草总公司等大型央企的二级子公司到云南落户；建设长三角或珠三角的"飞地园区"，启动"飞地园区"形式的产业帮扶计划，与东部沿海城市共建"飞地园区"，探索构建虚拟型的"飞地园区"发展模式，与部分偏远的州（市）政府合作建设"网商虚拟扶贫产业园区"。三是开放发展国内绿色消费平台，重点是建设休闲旅游目的地，吸引国内外科技公司参与竞标，选择 2~3 家企业开发"公共服务模块+自选模块"的旅游服务 APP 平台，真正实现"一部手机游云南"；建设健康生活目的地瞄准港澳地区老年人异地养老市场，建设港澳老年人安度晚年的"第二家园"；建设健康农产品网上直供平台，积极对接天猫、京东等大型电子商务网站，开辟云南馆，重点面向昆明等城市消费水平较高的城市居民开通农户直接联系消费者的优质农产品直供平台。四是创新发展对口援助平台。建立对口帮扶远程平台，公开面向社会征集扶贫项目、扶贫创意、扶贫资金、就业机会、招收扶贫志愿者等，确保扶贫工作常抓不懈，也改变帮扶城市派驻工作队的接力参与式扶贫方式；建立异地帮扶模式，提供楼宇或产业园区空间，设立"异地扶贫产业园"，探索双向交流、利益共享、异地扶贫的新模式。

（3）实施高水平对外开放。从省情特点和发展环境看，云南省对外开放要服务"一带一路"倡议和国家重大开放战略，依托孟中印缅经济走廊、中国—中南半岛经济走廊和澜沧江—湄公河次区域合作机制，坚持"三步走"战略。具体而言，第一步就是要聚焦提升"一核三点"开放水平，利用周边国家的资源优势和国内市场，瞄准我国加大进口的重大发展机遇，依靠综合保税区、跨境经济合作区等开放平台承接面向国内市场的产业，创造积累更多的开放经验。第二步就是争取中央特殊政策，加快实施"自由贸易试验区+边境对外贸易试验区"双轮驱动、内引外联的对外开放战略，形成以点带线、以线强面的开放格局。第三步就是以"一核三点"为主阵地，依托自贸区进一步推动形成我国面向南亚东南亚辐射中心高地发展，加快建设中国—东南亚和中国—南亚的国际交流交往的枢纽。要重点做好如下几项工作：一是全面提升昆明市作为国际化核心城市的定位，要按照区域性国际中心城市的发展定位，加快建设国际综合交通枢纽、国际创新创业中心、国际人文交流和交往中心，提升优质要素和高端产业集聚能力；二是率先推进瑞丽、勐腊（磨憨）、河口三个战略支撑点建设，高起点推动瑞丽的开发开放，改善勐腊（磨憨）对外开放条件，全面提升河口对外开放功能；三是大力实施面向国内国际市场的双向对外开放战略，大力探索进口导向型经济和发展出口导向型经济，加强与周边国家旅游、农业、矿产资源开发合作；四是积极争取中央更多的对外开放特殊政策，要高起点推进中国（云南）自由贸易试验区建设，建设昆明国际金融中心和争取国家实施新一轮的富民兴边政策。

八、推动云南高质量跨越式发展的资源环境建设

高质量资源环境支撑是我国经济发展方式的重要进步，它强调了在经济发展过程中不仅要注重资源的节约，更需将环境作为重要的生产要素和资源，将经济发展纳入更加庞大的社会系统中，实现经济发展与社会发展的有机统一。云南的高质量跨越式发展，要以习近平新时代中国特色社会主义思想为指导，结合云南经济社会尤其是资源环境的现实状况，强化资源保护和管理，发掘资源深度价值，促进"资源依赖模式"向"竞争优势模式"转变，既要发挥资源优势又要摆脱"资源诅咒"，实现资源向资本的转化，真正实现资源的当前和潜在价值；与此同时，大力加强生态环境保护，在国家主体生态功能区定位的框架下，增加生态环境保护的整体投入，对重点产业强化节能减排，探索推动碳汇价值和排放权交易，并通过区域合作和国家合作，加快生态补偿机制建设，实现资源、环境、生态协同发展。具体来看，推动云南高质量资源环境体系建设包括以下两大方面。

（1）推动资源节约型社会建设。一是注重资源保护，促进资源节约高效利用。加大土地资源保护力度，为云南高质量跨越式发展营造良好的地理空间；鼓励矿产资源节约高效利用，为云南省经济社会发展提供可持续的资源保障，加大水资源保护。二是发挥云南省资源优势，促进产业有序转型升级。传统优势产业方面，加快调整卷烟产品结构，强化品牌培育，推动烟草主业、创新体系、国际市场、非烟产业四大板块协调发展；以高标准推动水电铝材一体化、水电硅材一体化发展为重点，大力推进有色金属深加工发展，延伸产业链，提升产品附加值，促进有色金属产业优化升级，促进电能资源有效利用；进一步压缩粗钢产能，全面完成云南省钢铁产业化解过剩产能的目标任务，同时加快钢铁产业转型升级，规范市场行为，实现全行业提质增效；进一步巩固提升磷肥在全国的优势地位，加快新型肥材发展，推动聚丙烯、异辛烷等石油炼化和深加工项目尽快达产达效，促进化工行业加快发展。新兴优势产业方面，以新一轮技术发展为契机，大力发展生物医药和大健康产业、旅游文化产业、信息

（数字）产业、物流产业、高原特色现代农业产业、新材料产业、先进装备制造业、食品与消费品制造业八大产业，打好世界一流的特色"三张牌"。扩大生物制药、新一代信息技术、智能制造、先进装备制造、新材料、食品与消费品制造、水电铝材一体化等重点领域的投资，紧盯国际国内研发最新成果和高端产业链发展趋势，重点引进优势项目，强化精准招商，促成相关产业的重点环节落地建设，形成云南在新兴产业方面的优势地位，有效弥补云南产业结构不足。三是创新要素资源供给强化能力建设满足云南高质量发展的需求。云南需要摆脱"资源依赖型"的发展路径，重塑区域核心能力，创新生产要素，支撑云南未来长远的高质量发展。其核心是在充分发挥"资源优势"的同时，重点强化能力建设，尤其是强化云南省在技术、知识以及承载技术和知识的人才供给。

（2）促进生态环境保护与价值发挥。一是落实主体功能区建设，实现区域发展有效协同。按照生态文明建设排头兵的要求，推动主体功能区建设，形成以重点开发区域为主体的经济布局和城镇化格局，构建"三屏两带"为主体的生态安全战略格局、"一圈一带六群七廊"为主体的城市化战略格局、"六大区域板块"的高原特色农业战略格局。二是利用云南的生态环境优势，实现云南在新时代的"换道超车"。云南要打造好"美丽云南""生态云南""绿色云南""康养云南"等品牌，吸引优秀人才来滇研发、来滇创业、来滇工作、来滇休闲，将云南打造成为新技术革命的重要人才、技术和产业研发集聚区；通过能源的优势补足相关领域的劣势，有利于打造以综合能源服务为核心的能源产业；积极推动生态产业发展，加大碳汇价值管理，积极参与全球和区域碳汇交易市场，发掘生态价值的经济优势。三是发挥政府主导作用，强化制度建设。发挥制度优势，以规划为导向，统领高质量环境生态发展新格局；以治理制度为依托，构筑环境生态发展的保障条件。重点是逐步构建资源和环境产权制度，建立规范的生态环境权益交易市场，建立环境生态发展的价格机制，加大财政金融手段对绿色化的支持，健全支持绿色发展的管理和法律体系。四是关注重点产业节能减排。培育和打造节能低碳的产业体系，优化能源生产和消费结构，提高能源利用效率，加强对重点区域和重点企业的节能降耗监督管理，坚决遏制新增高能耗、高污染、低效益项目，逐步提升能源利用效率，降低污染排放水平，为建设"美丽云南"创造条件。五是推动生态功能区碳汇管理，实现生态环境经济功能。需要通过强化约束、政策激励和责任引导，激发碳汇市场需求，增强生态功能区碳汇可持续供给能力，完善生态功能区碳汇交易市场及配套服务，推动碳汇发展体制机制创新。六是加快生态补偿机制建设。要保护生态和修复环境，经济增长不能再以资源大量消耗和环境毁坏为代价，引导生态驱动型、生态友好型产业的发展，即经济的生态化；要把优质的生态环境转化成居民的货币收入，根据资源的稀缺性赋予其合理的市场价格，尊重和体现环境的生态价值，进行有价有偿的交易和使用，即生态的经济化。七是注重人居环境改善，真正实现环境生态服务于民众高质量生活需求。按照国家关于 2018 年起实施农村人居环境整治三年行动的相关工作要求，结合建设七彩云南、宜居胜境、美丽家园、美丽县城、特色小镇的实际需要，在云南省提升城乡人居环境行动"一计划三方案"的基础上，结合乡村振兴战略，尽快出台制定农村人居环境整治行动实施方案，以农村生活垃圾污水治理、厕所革命、村庄规划、村容村貌提升等工作为重点，进一步明确目标任务，强化保障措施，确保农村人居环境得到明显改善。

九、构建以人民为中心的高质量民生发展

民生问题是人民群众最关心、最直接、最现实的利益问题。当前我国经济已经由高速增长阶段转向高质量发展阶段，构建高质量民生保障则是高质量发展的重点之一。云南构建以人民为中心的高质量民生保障的基本思路为：坚定不移落实习总书记、党中央、国务院提出的关于民生改革的一系列新要求。围绕高质量民生保障内涵，坚持以人民为中心，始终把人民的根本利益作为各项工作的出发点。坚持解放思想、实事求是、与时俱进、更新观念的基本原则，直面民生问题，找准着力点。立足云南省实际，按照"重精准、补短板、促攻坚"和"尽力而为、量力而行"的思路，重点推进云南省的教育、医疗卫生、就业和收入分配、住房、社会保障体系、民族示范区等民生领域的改革，解决民生问题。不遗余力推进民生改革，有序提高云南省的民生保障水平。通过民生改革，构建以人民为中心的高质量民生保障，维护好广大人民的根本利益，使发展成果更多更公平地惠及全省人民，实现幼有所育、学有所教、劳有所得、病有所医、老有所养、住有所居、弱有所扶。让人民群众的获得感、幸福感、安全感更加充实、更有保障、更可持续。通过构建高质量民生保障，维持社会秩序的良好运作、维护社会的和谐稳定与国家的长治久安、实现经济的高质量发展。

（1）教育事业方面，要补齐教育事业短板，实现幼有所育、学有所教。进一步增加资金投入，加大扶持力度，全力解决好人民群众关心的教育问题；完善教育结构，尤其是推动边远地区和少数民族地区学前教育的普及，推动教育

体系整体的合理性；加快教育师资队伍建设，关注与改善教师待遇问题，严格规范教师编制管理，增加本地人"特岗教师"比例和数量，促进教育资源的共享和均衡化；重审已有教育改革政策，深化教育改革；促进文化事业繁荣发展。

（2）医疗卫生方面，要提高医疗卫生水平，实现病有所医。进一步加大医疗卫生投入水平，不断提高医疗卫生支出占全省财政预算支出的比例，强化支出数额、用处、程序管理，实现卫生投入法制化；进一步深化医药卫生体制改革，加快公立医院体制改革，建立健全医疗卫生法规，加快推进基本医疗卫生立法，推进分级诊疗服务；推动医疗人才队伍建设，实施"特岗医生"计划，增加本地人"特岗医生"比例和数量，满足偏远地区医疗机构医生的补充，促进医疗事业的发展；进一步完善公共卫生服务体系，关注偏远、贫穷山区医疗卫生建设，完善各层级医疗卫生机构建设，提高公共卫生服务水平。

（3）就业和收入分配方面，进一步促进就业，完善收入分配机制，实现劳有所得。一是促进就业，鼓励、扶持创业，带动就业。开展相关技能培训，提高劳动力尤其是偏远农村地区劳动力的素质与技能，提高就业率；采取相关举措扶持创业，以带动就业，尤其是为返乡农民工、大学生等创业者提供税收、贷款等优惠政策，提高他们的创业意愿。二是将经济发展置于突出问题，提高居民收入，缩小收入差距。三是坚持扶贫攻坚政策，进一步创新扶贫方式和扶贫模式，真正实现脱贫不返贫，实现2020年全面脱贫的目标和与全国一道进入小康社会的目标。

（4）住房方面，改善居住条件，实现住有所居。一是打开农村和城市建设用地之间的封闭状态，消除两者之间的障碍，健全农村土地"入市"机制，完善农村土地"入市"配套制度，吸取试点地区农村土地"入市"经验。二是充分发挥政府相关部门的引领作用，出台相关规划、政策，稳定市场房价，抑制房价过快增长；加大廉租房配套力度；出台相关租房补贴政策；进行实地考察、走访，了解省内各地区居民居住环境整体情况等，以保证一般工薪家庭与贫困家庭都能解决住房问题，满足基本的住房需要。三是因地制宜，对农村和城镇地区采取不同安居工程，在农村地区实施危房改造和抗震安居工程，配套实施改厨、改厕、改圈，以改善居住环境。

（5）社会保障方面，要加强社会保障体系建设，实现老有所养、弱有所扶。一是增加转移支付，以保证云南省的社会保障资金支出，为构建完善社会保障体系提供财政支持；二是完善社会保险制度，进一步完善农村基本医疗保险与养老保险，解决由于建立时间晚所产生的相对城镇保险滞后的问题，促进社会保险的一体化；三是健全完善最低生活保障制度，完善社会救助体系建设，让弱势群体共享改革发展成果；四是解决社会福利供需矛盾，弥补缺口，采取加大财政投入、出台政策引导、鼓励支持慈善事业发展等措施，促进社会福利的发展。

（6）民族团结示范区建设方面，一是按照习近平总书记对云南的三个定位，要完善示范区配套的法律法规体系，让各族群众以主人翁的姿态平等参与管理国家和地方事务，为示范区经济发展提供制度保障。二是要高度关注"直过民族"和人口较少民族的脱贫致富。利用地区优势，发展特色旅游业、农业、养殖业；强化招商引资，进行农业产品深加工，促进农业现代化发展，同时增加当地就业机会；大力发展扶贫培训计划和扶贫教育，加强对当地农民技能培训，开展职业技能培训，使贫困人口掌握一技之长，加大对贫困地区教育的扶持，提高教育水平，阻断贫困的代际传递；加大"直过民族"和人口较少民族聚居区的财政扶持、补贴以及各项惠农政策，调动农民的积极性；加大"直过民族"和人口较少民族集聚地区的交通、通信、能源、水利、医疗卫生等基础设施与公共服务建设，增加扶持力度，以提升对示范区经济发展的基础支撑能力，尽快脱贫并巩固脱贫成效。三是加大宣传力度，弘扬民族团结，普及民族政策，培育民族团结的共识。开展民族团结先进事例评选活动，表彰民族的先进事例，评选民族团结先进个人、先进社区、先进州（市）等。四是重视宗教事务。积极推进民族宗教工作法治化，保护合法、打击非法，保证宗教活动正常有序开展，正确引导宗教界人士共同努力促进民族团结进步。五是加强对示范区建设的指导与监督，全面正确贯彻落实党的民族政策，不断深化民族团结进步教育。六是学习其他地区民族示范区建设经验，为云南省建设民族团结示范区提供参照。

十、推动云南产业高质量跨越式发展的主要建议

新时代云南的高质量跨越式发展，是对改变传统数量增长的批判式继承，它要求以创新的发展理念和发展模式来实现云南在新时代的赶超。为此，要推进云南经济社会的高质量跨越式发展，不仅需要创新发展理念，更重要的是要真正地激发市场活力，并在发展过程中注重政策创新，构建科学的评价和考核体系。具体建议包括如下几方面：

（1）创新发展理念，适应云南高质量跨越式发展的现实要求。各方主体，尤其是各级政府和部门要解放思想、转变认识，深刻地理解高质量发展的核心

要义，真切地认识到实施高质量跨越式发展的重要意义，坚定创新驱动下的高质量跨越式发展是云南经济社会发展的必然选择，真切地将高质量的要求、原则、方法等纳入日常工作过程中，将质量第一、效率优先、跨越发展作为日常工作的行动指南。一是在战略认识上，要继续保持高于全国经济平均增速的总体发展速度，坚持"工业强省、旅游富民"的经济发展政策，继续发挥云南在现有产业领域的比较优势，注重产业结构的优化与升级，促进新兴产业发展；二是坚定创新是推动云南高质量跨越式发展的核心动力，深化科技体制改革，加强高层次人才培养吸收利用，实施最严格的知识产权保护，鼓励开展科技创新国际合作，创新科技投融资机制。

（2）激发市场活力，培育云南高质量跨越式发展的市场主体。创新驱动下的高质量发展，重点是要突出市场机制的更有效发挥，要通过商事制度改革以营造富有竞争力的营商环境，为社会资本投资创造良好的市场空间，放宽消费领域市场准入，进一步强化社会诚信体系建设，为各类市场主体更有效地参与市场竞争推动云南经济社会的高质量发展创造条件。

（3）注重政策创新，保证云南高质量跨越式发展的有效支持。短期内，以推进现有政策落实的基础为核心，结合经济社会发展的现实需要对政策进行"废、改、立"，核心是降低企业投资和运营成本、鼓励企业家开展创新创业、大力推进招商引资和工业化发展，并在此过程中注重政策实施效果的评价，了解政策存在的问题，按照新时代高质量跨越式发展的要求，强化对制度的研究，为政策调整和修正提供现实依据。远期按照高质量跨越式发展要求，完善制度体系。一是分领域对现有政策实施情况予以全面总结，找出现有政策存在的主要问题，并分析其主要原因；二是结合高质量跨越式发展的要求，以培育能力为核心，以精准性、间接性、系统性为基本原则，审视云南省经济社会发展的政策逻辑，重构云南省经济社会发展政策的主体框架；三是按照新一轮政府机构调整的要求，在这一新的主体框架内按照职能分工对相关政策予以系统梳理，以"增一减二"甚至"增一减三"的方式大幅度减少当前的各项政策，提升政策的权威性、长期性和系统性，发挥政策的协同叠加效果；四是在省级各部门相关政策调整的基础上，各职能部门要担负起责任，指导和帮助各州（市）结合实际清理、调整相关制度，既要促进和保证相关制度的落地和实施，也要避免出现政出多门、政策过多的问题；五是强化政策的落地实施，发挥政府及相关职能部门的能动性"推动"，利用现代信息技术，加大对政策的宣传和沟通，让社会真正了解制度、会用制度，形成政策实施的内在驱动力，"拉动"政策的落地与实施；六是按照动态的政策观，对政策效果进行阶段性的调研和评估，并结合实际需要予以动态调整；七是注重政策理念的宣贯，按照依法治国的基本要求，以高质量为统领，提前谋划《云南省经济社会发展"十四五"规划纲要》，作为云南省经济社会发展的纲领性文件，形成相关的配套政策体系，为云南省未来高质量发展提供指引和保障。

（4）强化统筹协调，改进高质量跨越式发展的绩效考核体系。云南省高质量跨越式发展目标的实现，还需要辅之以有效的评价与考核体系，实现对云南高质量跨越式发展的有效保障。一是落实高质量发展的组织保障。强化党委领导、政府负责，成立云南省高质量发展领导小组，全省及各职能部门主要负责同志担负推动云南高质量发展走在全国前列的第一责任。各牵头单位要统筹推进、跟踪总结工作落实情况，每年 12 月底前向高质量发展领导小组及省委、省政府归口部门报送当年工作完成情况。各参与单位要全力配合，加强信息共享，形成部门联动工作格局和强大合力。二是对照国家推动高质量发展要求，云南省构建高质量发展指标体系，完善统计分类、监测、调查实施和执法监督，进一步提高统计数据质量，全面准确反映高质量发展情况。进一步完善统计分类，抓紧研究制定修订战略性新兴产业、新产业新业态新商业模式、生产性服务业、高技术产业、清洁生产产业等统计分类标准。加快推进现代化统计调查体系建设，完善统计体制机制，研究制定部门间统计数据共享办法，建立以常规统计调查为主、大数据应用为补充的统计调查新机制，加快统计云建设。健全统计监测制度，健全"三去一补一降"统计监测，完善产品产能利用率、库存等统计，完善"三新经济"（新产业、新业态和新商业模式）统计监测，健全新兴服务业统计，完善科技创新链各环节的统计。三是开展高质量发展的绩效评价。坚持客观公正，注重公开透明，进一步完善干部考核评价机制，把推动高质量发展相关绩效考核评价作为地方各级党政领导班子和领导干部政绩考核的重要组成部分，更好发挥对推动高质量发展的激励导向作用。进一步明确考核导向和考核内容，基于国家高质量发展指标体系，省发展改革委和统计局牵头制定高质量发展考核内容和评价办法。省委组织部完善干部考核评价机制，改进考核方式，将推动高质量发展情况作为评价干部政绩的重要内容，激励干部担当作为，树立鲜明的用人导向。实施差异化考核，根据不同地区、不同层次、不同类型的领导班子和领导干部的职责要求，参照高质量发展指标体系，设置各有侧重、各有特色的考核内容和指标。

第一章

高质量发展的
理论基础

本章精要

- 宏观经济分析可以分为总量分析、结构分析和制度分析,简单地讲,经济学结构分析以及关于结构和总量关系的分析,都涉及经济增长质量的问题。

- 经济高质量发展是一个微观、中观、宏观多维视角的经济学问题:在微观上,高质量发展要建立在要素效率、生产力、全要素生产率的提高之上,不断提高微观主体的创新能力和经济效率;在中观上,表现为国民经济的结构优化,包括产业结构、市场结构、区域结构等的升级;在宏观上,则要求经济均衡发展和内涵式发展,不断提高劳动、资本、土地、资源、环境等要素的投入产出效率。

- 高质量发展是一个短期、中期、长期协同推进的经济学问题:高质量发展短期主要靠投资和消费的结构优化,中期靠人力资本积累和技术进步,长期靠制度变革。推动经济增长不能简单依靠生产要素的投入,而应重点放在全要素生产率上,主要从效率和制度的角度提高供给能力,促进经济高质量发展。

- 高质量发展通常用全要素生产率来测度,但其涉及面较广、涵盖内容多,未有统一的算法和标准,计算难度较大,通常从经济、社会、政治、文化等多维度构建高质量发展的指标体系。

- 党和国家对高质量发展的部署是一个不断深化的过程,主要包括高质量发展问题的提出、确定高质量发展的核心内涵、高质量发展指标体系的构建、高质量发展的主要任务和高质量发展的细化实施部署等不同的阶段。

经过改革开放 40 余年的不懈努力，中国经济迅速增长，国内生产总值年均增长 9.57%，经济总量稳居世界第二位，世界占比接近 15%。人民生活不断改善，环境治理成效显著，在多个方面取得了开创性的成就。但是仍应意识到，中国发展凸显出的一系列问题制约了经济的持续增长，如资源环境负荷过重、城乡发展差距较大、实体经济供给不足等。为此，需要贯彻新发展理念，转变经济增长方式，由高速向高质量发展目标迈进。这是保持经济持续健康发展的必然要求，也是适应我国社会主要矛盾变化和全面建成小康社会、全面建设社会主义现代化国家的必然要求。实现高质量发展是全局性、系统性工程，必须在国家发展战略层面统筹规划、综合实施、标本兼治、整体推进。

习近平总书记在党的十九大报告中指出："中国经济已由高速增长阶段转向高质量发展阶段，正处在转变发展方式、优化经济结构、转换增长动力的攻关期。"毫无疑问，党的十九大报告做出中国特色社会主义进入了新时代的重大判断，深刻揭示了中国发展所处的新的历史方位。建成富强民主文明和谐美丽的社会主义现代化强国，解决好人民日益增长的美好生活需要和不平衡不充分的发展之间的矛盾，不仅需要经济数量型的增长，还要保持经济增长质量的稳健提升。实现经济高质量发展，不仅是保持我国经济社会持续健康发展的必然要求，也是适应我国社会主要矛盾变化和全面建设社会主义现代化国家的必然要求，更是新时代中国经济发展的鲜明特征和未来中国经济发展的战略指向。

一、高质量发展的概念内涵

（一）关于高质量发展的文献综述

本小节重点从高质量发展的内涵、指标体系构建、存在问题和路径四个方面对文献进行梳理，具体如下：

1. 关于高质量发展的内涵

党的十九大报告指出，中国经济已由高速增长阶段转向高质量发展阶段，正处在转变发展方式、优化经济结构、转换增长动力的攻关期，必须坚持质量第一、效益优先，以供给侧结构性改革为主线，推动经济发展质量变革、效率变革、动力变革，提高全要素生产率，着力加快建设实体经济、科技创新、现代金融、人力资源协同发展的产业体系。推动中国经济高质量发展，是新时代建设中国特色社会主义的根本要求，是建设现代化经济体系的重要内容，也是贯彻落实新发展理念的核心要义。马晓河（2018）将经济高质量发展划分为窄口径和宽口径，其中，窄口径是一个经济体在投入上能利用科技进步科学配置资源要素，推动效率变革，实现资源要素配置改善和利用效率的提高；宽口径不仅包含了经济范畴，还应当考虑社会、政治、文化、生态等方面。推动高质量发展，不仅要重视量的增长，更要重视结构的优化；不仅要重视经济的增长，更要重视环境的保护、社会文明的提升以及社会治理的完善，更加强调经济、政治、社会、文化、生态"五位一体"的全面发展和进步（杨伟民，2017；赵昌文，2017）。高质量发展通常可以用全要素生产率来衡量，可以体现为三次产业结构的高端化、技术结构的升级化（王一鸣，2018；刘迎秋，2018）。高质量发展的根本在于提升经济的活力、动力、创新力和竞争力，不断提高投入产出效率和经济效益（任保平，2018）。在微观上，高质量发展要建立在要素效率、生产力、全要素生产率的提高之上，不断提高微观主体的经济效益；在中观上，要重视国民经济结构包括产业结构、市场结构、区域结构等的升级，把稀缺资源配置到最需要的地方；在宏观上，则要求经济均衡发展和内涵式发展，不断提高劳动、资本、土地、资源、环境等要素的投入产出效率（金碚，2018）。

2. 关于高质量发展指标体系的构建

当前，学术界逐步形成了经济高质量发展与新发展理念的深层次联系的共识，通过新发展理念引领经济高质量发展（郑红军和程华，2018），推动经济高质量发展体系的建设，但诸如经济高质量发展的指标体系、标准体系、统计体系等内容还有待进一步研究解决（王永昌，2018）。全要素生产率涉及面较广、涵盖内容多，未有统一的算法和标准，计算难度较大（徐莹，2018）。高质量发展不仅体现在经济领域，而且更多地体现在社会、政治、文化等领域（金碚，2018）。因此，现有研究在借鉴已有成果的基础上，试图从多维度构建高质量发展的指标体系。钞小静和惠康（2009）将经济增长质量的内涵界定为经济增长的结构、稳定性、福利变化与成果分配、资源利用和生态代价四个维度。师博和任保平（2018）从经济的增长面和社会成果两个维度构建了中国经济增长的指标体系。潘建成（2017）从创新及经济增长动能、效率、产品质量、社会资源的充分利用四个方面构建高质量发展的指标体系。程虹（2018）认为应采用劳动生产率、全要素生产率、实现经济与社会的均衡发展和生态良好四个方面来衡量高质量发展。

3. 关于高质量发展存在的问题

目前，经济高质量发展主要在产业结构、生态环境、科技创新、人民生活四个方面存在问题（安淑新，2018；余泳泽和胡山，2018）。产业结构方面，我国制造业面临转型，产能过剩和僵尸企业大量存在，产品长期处在价值链低端，国际竞争力不强（余泳泽和胡山，2018；张军扩，2018），同时服务业发展水平严重滞后，存在服务业的增加值占比偏低、就业比重偏低和人均增加值偏低的"三低"问题（江小涓和李辉，2005；倪红福和夏杰长，2015）。生态环境方面，生态环境面临严峻问题，人居环境短板突出，处理好经济社会和环境质量的提升仍是高质量发展的重要领域（张军扩，2018）。科技创新方面，我国总体创新能力不强，专利轻质重量，创新转化率不高、重点产业共性技术受制于人（贺俊，2017；申宇等，2018；刘迎秋，2018）。人民生活方面，我国长期存在的城乡二元结构和非均衡发展，导致基本公共服务均等化呈现地区间的不平衡和城乡间的不平等（玲梅，2018），地区、城乡收入差距拉大，中等收入群体规模下降（陈宗胜和高玉伟，2015）。

4. 促进高质量发展的路径

具体的路径主要包括：一是深化供给侧结构性改革，加快传统产业转型升级，通过引入新技术、新业态、新管理、新模式改造提升传统制造业（苗圩，2019；黄群慧，2018）。二是加大创新投入，保障专利质量，提高创新效率，加强对知识产权的保护，激发创新活力（金碚，2018；余泳泽和胡山，2018；申宇等，2018）。三是大力推动市场化改革，加快实现要素的市场化配置（王一鸣，2018；樊纲等，2011）。四是形成全方位、多层次、宽领域的全面开放新格局，提高出口产品质量，优化出口结构（王一鸣，2018；施炳展等，2013）。五是以提高人民生活质量为主要目标，进一步推进基本公共服务均等化，改革收入分配制度，建设生态文明（李实，2018；李斌，2018；李伟娜等，2010）。

经济高质量发展是新时代我国经济发展的战略方向，也是中国经济进入新发展阶段后所面临的新课题。综观目前所形成的研究成果，学术界重点围绕经济高质量发展的动力因素、区域结构、路径选择、评价体系等维度展开研究。

一是关于经济高质量发展的动力因素。中国经济从高速增长向高质量增长转变的核心动力来自于资本市场体系的逐步完善、人口红利带来丰富的廉价劳动力、国际贸易的快速增长、体制改革与制度创新四个方面，新的发展态势下也面临着创新需求、人力资本需求、金融体系需求、制度需求这四重新旧动力转化（任保平和李禹墨，2018；蒲晓晔和 Jarko Fidrmuc，2018；肖周燕，2019）。

二是关于经济高质量发展的区域结构。区域经济发展进入高质量发展阶段后的区域经济不平衡不充分发展的矛盾仍是区域经济高质量发展的制约因素，科技创新、市场机制、社会组织参与、政府制度供给是促进区域经济高质量发展的作用机理（赵通和任保平，2019；刘国斌和宋瑾泽，2019）。

三是关于经济高质量发展的路径选择。建设现代化经济体系是我国经济高质量发展的主导途径，现代化经济体系建设的核心是产业体系、市场体系、城乡区域体系、绿色发展体系、开放体系、经济调节体系、产权体系和分配体系（王一鸣，2018；刘迎秋，2018；芮明杰，2018；高建昆和程恩富，2018；顾春梅，2019；王志博，2019；袁富华和张平，2019）。

四是关于经济高质量发展的评价体系。构建科学的区域经济高质量发展评价体系，立足于经济增长（师博和任保平，2018）、生产效率（王竹君和任保平，2018）、生态系统（黄顺春和何永保，2018）、创新驱动（刘思明、张世瑾和朱惠东，2019）等视角来测度新时代中国经济高质量发展水平，运用计量经济学理论来分析经济高质量发展的空间分布规律。

从理论研究成果中可以看到，经济高质量发展的微观层面表现为产品和服务的质量，中观层面表现为产业和区域发展质量，宏观层面表现为国民经济的整体质量和效益，具体体现在从数量追赶转向质量追赶、从规模扩张转向结构升级、从要素驱动转向创新驱动。

（二）高质量发展的定义及内涵特点

1. 高质量发展定义

结合党的十九大报告的权威界定以及相关文献，可以将高质量发展概括为：以新发展理念为指导的经济发展模式，是以创新发展为第一动力，协调发展为运行特征，绿色发展为外部约束，开放发展为重要路径，共享发展为根本目标的生产集约型、产品优质型、资源节约型、发展普惠性等为特征经济发展的高级状态。

2. 高质量发展与跨越式发展关系分析

高质量发展的内涵主要是提升经济发展质量，促进生产集约型、产品优质型、资源节约型、发展普惠性等为特征经济发展的高级状态。对于发达经济体而言，由于已处于技术前沿，其发展主要依赖于原始创新，资源配置已趋向于最优，短期仅能实现较低的稳态增长率（通常低于3%）。发展中经济体由于距离技术前沿较远，可以通过观察发达经济体的增长路径实施跨越式发展。因此跨越式发展的经济学含义是：处于远离技术前沿的发展中经济体通过模仿创新等实现非稳态的高速增长（通常超过5%）。跨越式增长以数量为重要特征，但是高质量发展中数量和质量实际上是对立统一的。由于当前我国面临要素成本上升、资源环境约束趋紧、外部环境不稳、内部需求不足等诸多挑战和问题，如何实现跨越式发展需要从资源配置效率、创新驱动、资源环境可持续性等诸多领域着手，而事实上上述均是高质量发展的重要评价标准。跨越式发展和高质量发展可以视为量变和质变的关系，高质量发展通过质变逐步实现跨越式发展的量变。高质量发展是事关发展方式、经济结构、增长动力的深刻变革，也是推动跨越式发展的源泉和动力。跨越式发展是解决科学发展不足、经济总量不大、产品质量不高的根本要求，是欠发达地区奋起直追、同步小康的必然选择，也是夯实高质量发展物质基础的客观需要。

第一，高质量发展是创新引领的发展模式。我国在高速发展时期，主要是通过大量投入各种生产要素进行数量型增长，在要素投入量达到一定程度后由于边际报酬递减规律作用，数量型增长模式长期不可持续。高质量发展要求将全要素生产率作为最重要的发展指标，而这一指标主要可通过行业内和行业间资源优化配置和创新驱动实现，长期看创新驱动是实现这一目标的根本动力。高质量发展归根结底是通过创新驱动提升经济发展水平、缩小与技术前沿差距、动态提升比较优势、不断优化竞争优势的新型模式。

第二，高质量发展是资源配置高效的发展模式。经济学的基本研究对象就是有约束条件下最优选择问题，因此经济学的本质是探索资源配置的效率。高质量发展要求回归本源，避免简单以经济总量取胜的线性思维，更看重经济增长方式的集约性，不断提升行业内和行业间的资源配置效率，以此提升全要素生产率。根据新经济增长理论，全要素生产率是决定经济体长期增长的核心动力。将经济发展模式由非均衡性赶超模式转为均衡性竞争模式，以资源配置效率作为评价经济发展质量的重要指标。

第三，高质量发展是多领域协调的发展模式。改革开放以来，我国始终坚持以经济建设为中心，通过开放促改革促发展的模式实现了经济高速发展，创造了"中国奇迹"。但是，这一发展模式引致了一系列问题，如东西部差异、城乡差异、产业结构问题、产能过剩问题等。高质量发展要求产业结构、城乡结构、区域结构和贸易结构等诸多领域实现协调，其中产业结构的高端化和合理化是主要指标，通过优化各领域的协调发展是促进高质量发展的内在要求。

第四，高质量发展是资源环境可持续发展模式。绿水青山就是金山银山，习总书记提出的"两山"理论精辟地概括了经济发展高级化的必然要求。一方面，高质量发展阶段资源环境的可持续性是硬的约束性指标，违背这一约束条件的短视性发展是不科学、不可持续的。另一方面，高质量发展阶段对于环境的保护和开放实际上是矛盾的两个方面，是可以对立统一的。

第五，高质量发展是经济社会分享普惠发展模式。共同富裕是社会主义的本质要求，改革开放初期我国制定了"先富带动后富"的实现路径。目前虽然我国已处于世界银行标准下中等收入国家，但是贫富差异仍然较大，全面实现小康社会还面临一些问题，实现共享和普惠式发展模式还存在重大挑战。当前高质量发展下，应该不断提升社会发展的共享性和普惠性，在住房、教育、医疗等社会公共事业中更好地发挥政府职能，充分调动市场各类主体的积极性，促进人的全面发展，提升初次分配的水平。在此基础上有效调节垄断性行业过高收入，优化财税政策实现二次分配的公平性，不断提升中等收入者比例，尽快形成具有托底的"橄榄型"社会。

（三）高质量发展的政策含义

从高质量发展提出的背景、内容，以及相关讲话中可以发现，党和国家领导人对高质量发展的政策内涵的认识是一个循序渐进的过程，主要包括高质量发展的提出、高质量发展的核心内容、高质量发展指标体系的构建、高质量发展的重点工作和高质量发展的全面部署等内容。

关于高质量发展在政策上的提出，要追溯到2014年。当时正在河南考察的习近平总书记就提出了与经济发展质量相关的"三个转变"，即"推动中国制造向中国创造转变、中国速度向中国质量转变、中国产品向中国品牌转变"。之后，在党的十九大报告中，"高质量发展"这一概念被正式提出，报告作出了"中国特色社会主义进入了新时代"的重大论断，深刻揭示了我国发展所处的新的历史方位，并指出"我国经济已由高速增长阶段转向高质量发展阶段，正处在转变发展方式、优化经济结构、转换增长动力的攻关期，建设现代化经济体系是跨越关口的迫切要求和我国发展的战略目标"。"必须坚持质量第一、效益优先，以供给侧结构性改革为主线，推动经济发展质量变革、效率变革、动力变革，提高全要素生产率。"

2017年的中央经济工作会议也多次提到"高质量发展"，再次强调"中国特色社会主义进入了新时代、我国经济发展也进入新时代"的基本特征就是我国经济已由高速增长阶段转向高质量发展阶段。这次会议对高质量发展的指标体系和评价体系构建，以及高质量发展的重点工作都进行了深刻的阐述，不再单纯地强调全要素生产率的作用。根据这次会议精神，推动高质量发展，是保持经济持续健康发展的必然要求，是适应我国社会主要矛盾变化和全面建成小康社会、全面建设社会主义现代化国家的必然要求，是遵循经济规律发展的必然要求。由于全要素生产率的难以测量性，作为一种新提法、新要求，中央经济工作会议同样对如何实现高质量发展给了明确指示，即"推动高质量发展是当前和今后一个时期确定发展思路、制定经济政策、实施宏观调控的根本要求，必须加快形成推动高质量发展的指标体系、政策体系、标准体系、统计体系、绩效评价、政绩考核，创建和完善制度环境，推动我国经济在实现高质量发展上不断取得新进展"。同时，围绕推动高质量发展，会议指出要做好八项重点工作：一是深化供给侧结构性改革；二是激发各类市场主体活力；三是实施乡村振兴战略；四是实施区域协调发展战略；五是推动形成全面开放新格局；六是提高保障和改善民生水平；七是加快建立多主体供应、多渠道保障、租购并举的住房制度；八是加快推进生态文明建设。

2018年政府工作报告指出，"统筹推进'五位一体'总体布局和协调推进'四个全面'战略布局，坚持以供给侧结构性改革为主线，统筹推进稳增长、促改革、调结构、惠民生、防风险各项工作，大力推进改革开放，创新和完善宏观调控，推动质量变革、效率变革、动力变革，特别在打好防范化解重大风险、精准脱贫、污染防治的攻坚战方面取得扎实进展，引导和稳定预期，加强和改善民生，促进经济社会持续健康发展"。

结合高质量发展提出的时代背景、战略部署以及党的十九大以来党和国家领导人发表的重要讲话中关于高质量发展的重大意义、重点任务、机制保障、动力支撑等问题的重要表述，高质量发展的政策内涵主要包括以下五个方面：

1. 经济社会持续健康发展——高质量发展的前提和基础

习近平总书记指出，我们强调要以提高质量和效益为中心，不再简单以国内生产总值增长率论英雄。经济发展质量不同于经济增长数量，有必要将两者进行区分。当下，中国经济结构不断升级，新旧动能正在转换，要更注重发展水平高低的价值判断，对经济转型、环境优化、结构优化、动力调整等方面的重视应该要高于对GDP大小的重视。但是这并不意味着就完全不讲究经济增长速度，经济增长速度与经济发展质量之间是对立统一的辩证关系，两者既存在矛盾又相互依存。矛盾的一面是，经济增长速度过快可能降低经济发展质量，比如过去几十年发展中暴露的许多发展不平衡问题；依存的一面是，经济发展质量的提升依赖于一定的经济增长速度的支撑。如果经济增长完全陷入停滞甚至是衰退的状态，那么经济发展质量也无法得到全面的提升，在将"质量第一、效率优先"作为中国未来高质量发展的导向时，也不能完全不追求GDP

的数字增长。因此，在转入"高质量发展"阶段，虽然中国不再单纯以经济高速增长为着力点，但是并不能放弃经济增长速度。2018年3月5日，李克强总理在第十三届全国人民代表大会第一次会议上的政府工作报告中指出：大力推动高质量发展。发展是解决我国一切问题的基础和关键。要着力解决发展不平衡不充分问题，围绕建设现代化经济体系，坚持质量第一、效益优先，促进经济结构优化升级。要尊重经济规律，远近结合，确保经济运行在合理区间，实现经济平稳增长和质量效益提高互促共进。

2. 社会民生持续改善——高质量发展的内在要求

以人民为中心，着力满足全体人民日益增长的美好生活需要。高质量发展要坚持社会主义、坚持以人民为中心，为全体人民日益增长的美好生活需要提供物质产品。必须坚持以人民为中心的发展理念，永远与人民同呼吸、共命运、心连心，永远把人民对美好生活的向往作为奋斗目标，使经济发展的成果由人民共享。努力提高人民生活质量不仅是全面建成小康社会的必然要求，同时也是推动经济高质量发展、建设现代化强国的主要目标。

2018年的中央经济工作会议指出，"要针对人民群众关心的问题精准施策"，"要突出问题导向，尽力而为、量力而行，找准突出问题及其症结所在，周密谋划、用心操作"。高质量发展应该要以坚持"以人为本"的发展理念，致力于改善民生水平，满足人民日益增长的美好生活需要。高质量发展要以人民为中心，一切服务于人民，解决好新时代人民日益增长的美好生活需要与发展不平衡、不充分之间的矛盾。党的十九大报告提出，中国特色社会主义进入新时代，我国社会主要矛盾已经转化为人民日益增长的美好生活需要和不平衡不充分的发展之间的矛盾。随着国民收入水平提高，人民的生活在由温饱阶段走向总体小康的同时其消费需求也在不断升级，逐渐追求由以满足基本生活为主导转向以发展需求为主导的更高层次的消费，这一消费结构的升级扩大了市场潜力，为生产者带来了良好的契机。但是，国内消费品在种类、品质和安全等方面还不能满足人民的需求，导致有效供给不足，人民获得感降低，消费能力存在外流现象。高质量的经济发展能够立足现有行业分工和产品结构，改造升级质量基础设施，创新质量管理技术和方法，提升质量管理水平，提高产品质量，创建知名品牌，不断增强质量竞争能力，实施产业内质量升级；同时加快产业、产品的优化升级，围绕以技能、技术、研究等为驱动要素的质量竞争型行业，加大研发投入和人力资本投入，推动技术突破，实施产品差异化，提高产品附加值，加快形成先导性、支柱性产业，切实提高产业核心竞争力和经济效益，从而化解中高端有效供给不足和低端无效产能过剩之间的矛盾，最终使广大群众从中受惠、共享发展成果，改善社会民生。

3. 生态文明建设力度加大——高质量发展的时代主题

生态文明建设是关系中华民族永续发展的根本大计，经济的发展理应尊重自然、顺应自然和保护生态。但是当下我国生态环境保护依然任重道远，生态文明建设形势严峻复杂、不容乐观。党的十九大报告提出，实施重要生态系统保护和修复重大工程，优化生态安全屏障体系，构建生态廊道和生物多样性保护网络，提升生态系统质量和稳定性。在这种情况下，如何打赢环保攻坚战成了中国必须无法回避的问题，如果得不到良好的解决，将会极大制约未来的经济发展。

2017 年中央经济工作会议提出了围绕推动高质量发展的八项重点工作，其中，要加快推进生态文明建设。只有恢复绿水青山，才能使绿水青山变成金山银山。要实施好"十三五"规划确定的生态保护修复重大工程。启动大规模国土绿化行动，引导国企、民企、外企、集体、个人、社会组织等各方面资金投入，培育一批专门从事生态保护修复的专业化企业。深入实施"水十条"，全面实施"土十条"。加快生态文明体制改革，健全自然资源资产产权制度，研究建立市场化、多元化生态补偿机制，改革生态环境监管体制。在 2018 年 5 月18～19 日召开的全国生态环境保护大会上，习近平总书记指出：要以空气质量明显改善为刚性要求，还老百姓蓝天白云、繁星闪烁。要深入实施水污染防治行动计划，还给老百姓清水绿岸、鱼翔浅底的景象。要全面落实土壤污染防治行动计划，让老百姓吃得放心、住得安心。要持续开展农村人居环境整治行动，为老百姓留住鸟语花香田园风光。因此，不断满足人民群众日益增长的优美生态环境需要，是习近平生态文明思想最鲜明的特征，也是生态文明建设各项工作的根本出发点。

4. 供给侧结构性改革成效不断释放——高质量发展的动力支撑

2018 年 6 月 14 日，习近平总书记在听取山东省委和省政府工作汇报后的讲话中强调，推动高质量发展，关键是要按照新发展理念的要求，以供给侧结构性改革为主线，推动经济发展质量变革、效率变革、动力变革。要坚持腾笼换鸟、凤凰涅槃的思路，推动产业优化升级，推动创新驱动发展，推动基础设施提升，推动海洋强省建设，推动深化改革开放，推动高质量发展取得有效进展。供给侧结构性改革为高质量发展提供了机遇和保障，是高质量发展的动力支撑，具体表现在：

第一，供给侧结构性改革的实质是要处理好政府与市场的关系，充分发挥市场在资源配置中的决定性作用，有效激发和释放要素的市场活力。通过市场这只"看不见的手"在资源配置中的主导地位，可以使资源由低效率部门逐渐转向高效率部门，从无效供给部门向有需求的部门流动，尤其是淘汰掉"僵尸企业"。这有利于从根本上实现供需平衡,提高发展效率。

第二,供给侧结构性改革可以通过降低企业面临的税费,降低企业的生产成本,促进企业质量竞争力的提升。同时供给侧结构性改革还鼓励企业重组和政府简政放权,营造了良好的外部竞争环境,进一步降低了企业的生产成本。此外,供给侧结构性改革鼓励消费和拓宽消费渠道,这有利于企业发挥规模经济,通过产品质量的提升达到去库存目的。

第三,供给侧结构性改革的目的是推动创新和技术进步,这是经济增长动力转换的必然选择,也是培育新动能的核心内容。目前,我国加工贸易仍然占比较大,核心技术掌握不足,容易受到发达国家的"低端锁定"。而通过创新能够助推我国产业完整地沿着工艺升级、产品升级、功能升级和链条升级的路径转型,向高附加值生产环节迈进,进而突破发达国家的技术操控,提高在价值链中的主导权。同时通过供给侧结构性改革能够创新相关体制机制,有助于加速科技成果转化为生产力的进程。

5. 打好宏观调控政策"组合拳"——高质量发展的实现手段

2018年中央政治局会议强调,面对经济运行存在的突出矛盾和问题,要坚持稳中求进工作总基调,坚持新发展理念,坚持以供给侧结构性改革为主线,加大改革开放力度,抓住主要矛盾,有针对性地加以解决。要切实办好自己的事情,坚定不移推动高质量发展,实施好积极的财政政策和稳健的货币政策,做好稳就业、稳金融、稳外贸、稳外资、稳投资、稳预期工作,有效应对外部经济环境变化,确保经济平稳运行。打好宏观调控政策"组合拳"是高质量发展的实现手段。2018年5月15日,刘鹤副总理在出席"健全系统性金融风险防范体系"专题协商会并发表讲话时指出:党的十九大以来,在以习近平同志为核心的党中央领导下,金融监管体系建设和金融风险处置取得积极成效,金融开放步伐明显加快。要把服务实体经济作为金融工作的出发点和落脚点,实现稳健中性货币政策与严格监管政策有效组合,促进经济高质量发展。要坚决治理金融乱象,补齐制度短板,完善金融基础设施,改革和优化金融体系,加强干部人才队伍建设,建立风险防范化解责任制,坚决惩治腐败。

打好"组合拳"意味着要注重宏观调控政策的连续性、稳定性、统筹性与协同性。连续性和稳定性体现在积极的财政政策取向不变、稳健的货币政策保持中性上。统筹性和协同性体现在以下几个方面:在财政政策上,要"调整优化财政支出结构,确保对重点领域和项目的支持力度,压缩一般性支出,切实加强地方政府债务管理";在货币政策上,要"管住货币供给总闸门","更好为实体经济服务,守住不发生系统性金融风险的底线";在社会政策上,要

"注重解决突出民生问题"，"加强基本民生保障，及时化解社会矛盾"，起到良好的托底作用等。这几个方面充分体现出党中央坚持在全面协调中坚持统筹，在系统协同中重点突出，有利于利用政策合力获得最大程度的经济效益，这也是高质量发展的主要实现手段。

二、高质量发展的经济学理论支撑

生产的目的是为了满足人们日益增长的需求。因此，需求的结构变化影响产出的变化。纵观经济学说史，以奥地利经济学家卡尔·门格尔和英国经济学家梅纳德·凯恩斯为代表的学派更侧重关注需求的主导作用，其中卡尔·门格尔建立了著名的效用价值论，梅纳德·凯恩斯建立了以总需求管理为主的宏观经济学体系。需求理论侧重从"三驾马车"分析短期经济增长动力问题。一个国家在经济发展的不同阶段，消费、投资和进出口需求对经济增长的拉动作用表现出的特征不同，应依据实际情况制定发展战略。在工业化初期、中期阶段，资本积累尚不充足，此时通过增加储蓄弥补匮乏的资本，相应地主要以投资需求作为拉动经济增长的主导力量；但是当一国逐渐步入工业化后期时，促进需求结构由过度依靠投资转向主要依靠消费稳定增长拉动经济的发展方式上，用消费不断拓展市场、拉动内需，进而促进产业结构调整升级、经济稳定增长（黄群慧，2018）。

但是需求侧只能在短期促进经济增长，长期经济增长则主要由供给或要素投入决定。从经济增长的界定看，其通常是指在一个较长的时间跨度上，一个经济体人均产出水平的持续增加，即依靠逐渐提升的生产能力为人们提供产品和服务，进而满足人们不断升级的消费需求。所以从本质上来看，经济增长是一个供给现象。

供给方面的因素，一般指作为生产要素的劳动力、资本和自然资源等状况，它们的供给程度和相结合的效益如何，能否提高劳动生产率和降低成本等，都关系到经济的发展。事实上，反映经济增长情况的 GDP 概念也是从供给角度来定义的，它指一个国家或地区在一定时间内（通常为一年）所生产的最终产品和服务的市场价值总和，强调的同样是供给侧。需求侧之所以在短期能够发挥驱动经济的作用是因为此时经济体产出能力给定，有效需求增加带动需求曲线向上移动，最终必然影响产出结果。但是需求拉动的能力在供给有限的情况下必然不会持久，所以经济增长的最终动力来源还是在于供给。在一定的需求水平下，供给方面的变化主要是由技术进步和市场竞争引起的。技术进步会出现新的生产工具、新的生产工艺和新的材料，以至大幅度提高现有生产的劳动生产率，降低生产供给有关资源的消耗水平，从而导致现有生产的相对成本下降。在相对成本低的产业会有更强的竞争能力，吸引资源向该产业部门流动，使其获得迅速增长，从而推动产业结构的变动。理论上，经济增长短期主要靠投资和消费，中期靠人力资本积累和技术进步，长期靠制度变革。推动经济增长不能简单依靠生产要素的投入，而应重点放在全要素生产率上，主要从效率和制度的角度提高供给能力，促进经济高质量发展。从经济学理论看，马克思主义政治经济学理论、古典经济学理论、供给学派理论、现代经济增长理论等对高质量发展提供了理论支撑。

（一）马克思主义政治经济学理论

马克思主义政治经济学论述了经济发展的一般规律，马克思将人类经济活动分为四个环节，即生产、分配、交换、消费，其中生产居于首位，对其他环节起着决定作用。马克思的研究表明，生产端或供给侧是经济活动的逻辑起点，人类经济的进步和一国经济的发展主要是靠供给端推动（李义平，2016）。其核心理论包括：①经济发展的终极目标是人的全面发展，人的全面发展推动了社会的全面进步，物质资料的生产是人全面发展的基础（任保平，2018）。②经济发展的动力在于生产力的发展，生产力的发展又离不开生产要素，生产要素主要包括劳动者、生产资料和劳动对象三个部分，其中，人是主体，生产资料和劳动对象是经济发展的物质要素。在劳动过程中，人的活动借助劳动资料使劳动对象发生预定的变化（马克思，2004）。同时，科学技术也对生产力产生重要影响，决定着生产工具和劳动资料的水平。③经济发展的效果取决于生产方式。生产方式包括外延和内涵两种方式，其中，外延式生产是指生产产地的扩大，而内涵式生产则是生产资料效率的提高。内涵式生产方式正是蕴含着依靠提高要素效率促进经济发展的理念。④从商品具有使用价值和交换价值的二重性看，生产的目的不仅是为了实现商品的交换，而是使商品能够满足实际需要的使用价值。经济发展的实质也是为了满足人们日益增长的物质文化需求，从供给侧的价值面角度予以关注（金碚，2018）。

（二）古典经济学理论

最早的经济增长思想要追溯到威廉·配第，他提出"土地是财富之母，劳动是财富之父"的论述,这一说法体现出早期思想已经开始关注到生产要素。他还提出"一个成年人一天的食品"的价值可以与多少比例土地、劳动的价值等价交换的问题,说明生产要素间相互替代的思想也已经萌芽。此外,威廉·配第研究了蕴含在商品中的价值与其劳动生产率的关系,通过例子证明了商品价值会随着劳动生产率的提高而降低。在此基础上,他认为决定一国财富量增加的因素有从事劳动的人数、劳动生产率和国家的赋税政策。

亚当·斯密聚焦于分工和经济增长关系的研究。他认为国家财富的增加很大程度上取决于劳动效率的提高。随着资本的不断积累,人们逐渐通过分工的方式进行交易以提高生产效率。斯密认为分工可以充分利用劳动者熟能生巧的生产技巧,以专业化的水平推进效率提高,同时分工也能减少劳动者因更换工作带来的时间耗损,减少生产损失。另外,机械设备的发明大大降低了生产同种商品的时间,简化了劳动,进一步促使分工成为经济增长的动力来源。李嘉图认为,国家财富的增加可以通过两种方式实现,一种是用更多的收入来维持生产性的劳动,这不仅可以增加商品的数量,而且可以增加其价值;另一种是不增加任何劳动数量,而使等量劳动的生产效率增加。根据李嘉图的劳动价值论,劳动是一切价值的基础,而且劳动本身存在量和质的差别,劳动的品质可以参照劳动者的熟练程度和工作强度评定,体现出质量发展的概念已经得到了重视。

(三) 供给学派理论

强调供给管理的经济思想可以追溯到19世纪初的古典经济学代表经济学家萨伊。其思想被后人称作"萨伊定律",主要观点是供给能够自动创造出需求,因此强调要减少国家干预。但受1929~1933年资本主义世界的经济大萧条影响,以凯恩斯主义为代表、强调需求侧管理的经济思想逐渐占据主导地位。直到20世纪70年代,资本主义世界再次出现了生产停滞、失业严重,同时物价持续上涨的"滞胀"局面,以经济学家蒙代尔和拉弗等为代表的供给学派对凯恩斯主义进行批判,并研究替代的理论和政策,重新肯定萨伊定律,为撒切尔政府、里根政府制定经济政策提供理论指导,具体举措包括降低税收和公共开支、放松政府管制、减少国家对企业的干预、支持市场自由竞争等。供给学派的发展脉络和发展逻辑对中国的供给侧结构性改革具有一定的借鉴和指导作用,有利于中国适应新的经济金融环境和新的挑战,促进经济实现高质量发展。

（四）现代经济增长理论

现代经济增长理论中具有代表性的是哈罗德—多马模型、索洛新古典增长模型和内生增长模型。英国经济学家哈罗德在《动态经济学导论》（1948）一书中，将凯恩斯的静态均衡一般分析动态化，建立了一个动态经济增长模型。美国经济学家多马提出了一个类似的模型，因此形成了哈罗德—多马模型。这一模型假设资本-产出比在短期内是一定的，这意味着生产的技术水平是一定的，资本与劳动这两大类生产要素在生产中是不能互相替代的，即资本-劳动比 K/L 是固定的。因此，经济增长率就唯一地与储蓄率成正比，资本积累成为经济增长的唯一源泉。

20 世纪 50 年代后期，索洛新古典增长模型通过引入劳动、资本和技术要素，建立起总量生产函数模型，修正了哈罗德—多马模型，影响经济增长的因素由资本、劳动和生产率（技术进步）三大要素决定，认为技术进步是经济持续增长的最重要因素，长期经济增长率主要取决于全要素生产率，即使短期经济存在失衡，实际增长率最终还是会向均衡增长率收敛。这一理论研究同样从高质量发展的角度解释了经济增长问题，但是通过外生假定技术进步来研究增长并不能说明为什么不同国家经济增长经历会如此不同。20 世纪 60 年代，在索洛模型基础上，西方经济学家通过一系列实证研究发现，资本对经济增长的作用越来越小，但是技术进步的相对贡献越来越大，并成为推动现代经济增长的主要动力。为了解释索洛余量的理论"黑箱"，新增长理论得以诞生，其鲜明特点是将技术进步、收入分配、劳动分工、制度变迁等因素内生化。新增长理论大体包括内生增长的凸性模型、外部性内生增长模型、新产品出现与内生增长模型、劳动分工与内生增长模型、收入分配与内生增长模型、制度与内生增长模型（潘士远和史晋川，2002）。这些模型的主要研究范围依然在供给领域，因此，经济高质量发展仍然侧重在供给侧。

三、高质量发展的主要特征

高质量发展是经济发展质量的高级状态和最优状态，是顺应时代变化、遵循经济规律的必然要求，高质量发展的内涵特征是推动中国高质量发展的必要前提，高质量发展应具有以下基本特征：

（一）经济增长动力取得新成效

高质量和高效益的经济发展摒弃将数量作为衡量的唯一标准，不追求增长速度的突飞猛进，而是更注重经济的可持续健康发展，坚持效益优先的原则实现稳增长。实现高质量发展最根本的是要转换动力机制，但凭借中国在工业化前期阶段依赖的要素驱动型经济增长不能实现这一发展目标（刘刚，2018），因此应重点提高要素的使用效率。效率是高质量发展的核心标准，高质量必然伴随着高效率。不断提高劳动、资本、土地、资源、环境等效率，需要在不断完善有利于资源要素有序流动和市场化配置机制的同时，更加注重发挥科技创新的作用，切实增强自主创新能力，不断提高劳动生产率、增量资本产出率、全要素生产率。1996~2012 年中国经济增长率与全要素生产率增长率的变化情况如图 1-1 所示，要素生产率对中国经济增长的贡献有很大的潜在提升空间，表明实现增长动力的转换还有很长一段路要走。

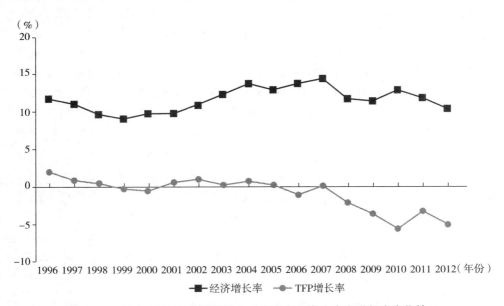

图 1-1　1996~2012 年中国经济增长率和全要素生产率增长率变化情况

资料来源：洪兴建，罗刚飞. 中国全要素生产率：1995~2012 年 TFP 指数的测度与分解 [J]. 商业经济与管理，2014（10）：82-90.

云南省地处祖国西南边境，拥有着独特的资源优势和区位优势。由于在过去几十年的发展中，过度依赖要素驱动的粗放型发展方式，导致供给体系质量不高，全要素生产率低下，大多数产业处于国际分工的低端水平。云南省要提高发展的质量和效率，必须处理好发展速度和发展质量的关系，提高劳动、资本、土地、资源、环境等利用效率，完善有利于资源要素有序流动和市场化配置的机制，深入贯彻创新驱动发展战略，增强自主创新的能力，注重依赖科技创新推动经济的内生增长和可持续发展，扎扎实实解决好发展不平衡不充分问题。

（二） 区域协调发展取得新进展

随着中国经济发展阶段的转变，党的十九大报告将区域协调发展战略首次提升为统领性的区域发展战略，目的在于化解新时代下社会主要矛盾存在的"不平衡不充分"问题，旨在更好地推动区域经济的高质量发展，重塑经济新格局。协调发展意味着通过充分发挥各组成要素的优势，发展要素之间彼此满足要求，从而释放出更好的整体功能，激发出最大的发展潜力，促进经济社会持续、均衡、健康发展，协调发展有利于避免忽视长远利益和全局发展的错误倾向。区域协调发展具有空间性、功能性、动态性等基本特征（孙久文，2018）。空间性强调区域经济是国民经济的组成部分，而区域体系又由区域实体组成，在发展中要注重处理好区域与国家、区域之间的关系。功能性是指各个区域在发展中的区域定位，根据该区域的特点、优势制定合理的发展规划。同时，各个地区的发展水平、速度差异都处于变化之中，这一动态性特征提供了兼顾效率与公平问题的抓手。从我国 2012~2016 年四大地区生产总值变化情况（见表 1-1）、2013~2017 年城乡居民收入差距的变动情况（见表 1-2）分析，区域协调发展之路任重道远。东部地区的地区生产总值远超中部地区、西部地区和东北地区，呈现出较大的经济差距。城镇与农村居民的人均可支配收入差距较大，揭示了突出的城乡发展不平衡问题。

表 1-1　2012~2016 年中国四大地区生产总值变化情况　　单位：亿元

地区	2012 年	2013 年	2014 年	2015 年	2016 年
东部	295892.04	324765.04	350100.88	372982.67	410186.44
中部	116277.75	127909.57	138679.64	146950.46	160645.57
西部	113904.80	126956.18	138099.79	145018.92	156828.17
东北	50477.25	54714.53	57469.10	57815.82	52409.79

资料来源：根据历年《中国统计年鉴》整理。

表 1-2　2013~2017 年中国城乡居民收入差距的变动

年份	城镇居民人均 可支配收入（元）	农村居民人均 可支配收入（元）	城乡收入差距 （名义）
2013	26467	9427	2.09
2014	28844	10489	2.75
2015	31195	11422	2.73
2016	33616	12363	2.72
2017	36396	13432	2.71

资料来源：历年《中国统计年鉴》。

云南集边疆、民族、贫困、山区、半山区为一体的特殊省情，由于受到区位、历史和自然等多方面因素的影响，出现了区域发展不平衡、城乡二元结构突出等矛盾和问题，严重阻碍着云南经济社会的发展。针对这些问题，云南省仍要不断进行实践和探索，拓展发展新空间。如通过发挥昆明市的主引擎作用、打造城市经济圈、积极融入"一带一路"等路径来实现。

（三）产业结构转型取得新突破

高质量发展要求实现效率驱动、创新驱动、产业结构优化升级。实现效率驱动、创新驱动是优化经济结构、建立现代化经济体系以及转换经济增长动能的重要举措，也是应对国内国际新形势发展、提升中国产业国际竞争力的必由之路。配第—克拉克定理提出的产业结构演变规律指出，随着全社会人均国民收入的提高，就业人口首先由第一产业向第二产业转移；当人均国民收入水平有了进一步提高时，就业人口便大量向第三产业转移。国家统计局数据显示，2013~2017 年，第三产业增加值年增长率大约在 8%，截至 2017 年，第三产业增加值为 427032 亿元，比上年增长 8.0%，占国内生产总值的比重已提升至51.6%。2018 年上半年，第二和第三产业增加值占国内生产总值的比重分别为40.4% 和 54.3%，第三产业对经济增长的贡献率比第二产业高 23.8 个百分点。这反映出中国经济在产业形态上持续向中级、高级攀升，逐渐由第二产业带动向第二、第三产业协同带动转变，积极进行转型升级的趋势。但中国的三次产业的发展也存在明显的不足。一是农业的基础地位依然十分薄弱，农产品有效供给不足，农业现代化、产业化水平不够；二是工业"大"而不"强"，尽管出口规模位居世界前列，但是很多行业，尤其是高科技行业大多从事加工装配环节，产品仍处在国际价值链的中低端，关键技术环节受制于人，缺乏自主创新的持久驱动；三是现代工业和现代农业的研发、科技服务、设计、营销、金融、供应链管理等生产性服务业滞后，不能满足国民经济发展的要求，部分公共服务实施及公共必需品等供给又严重不足，难以应对突发公共事件。

从中国制造业竞争力看，制造业整体实力不断增强，虽然与美国和德国仍存在一定差距，但在国际市场的地位日益凸显，中国制造业总体全球竞争力较强。就 2000~2014 年中国制造业总体全球竞争力变化趋势（见图 1-2）而言，中国制造业总体基于增加值计算的比较优势指数均大于 1，由 2010 年的 1.19 提升到 1.32，增长 10.92%，这表明我国制造业在全球生产网络中扮演了重要角色。相较而言，日本和德国的比较优势指数在各年都略大于中国，表明中国与制造业第一梯队强国仍有差距。样本区间方面，中国制造业总体比较优势指数有一定提高，但 2011 年以后呈逐年下降趋势，而日本、意大利、加拿大呈逐年上升趋势，德国、美国、英国、法国近些年也呈逐年下降的趋势。中国与美国、德国等（G7）发达国家相比，制造业总体实力较强，这主要在于中国

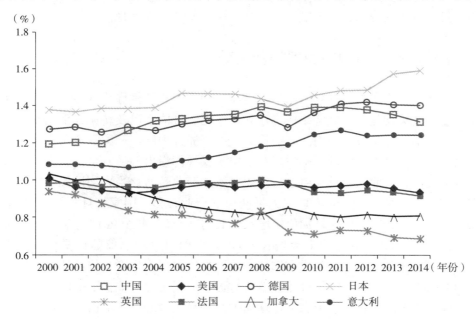

图 1-2　2000~2014 年中国制造业总体全球竞争力变化趋势

资料来源：WIOD 数据库。

的劳动密集型制造业在国际上始终处于领先地位，但是资本密集型产业和技术密集型产业近年来发展较快，基本处于国际中游水平，说明中国制造业总体竞争力较强。但是资本密集型制造业和技术密集型制造业在国际竞争力一般，仍处于国际价值链中低端，有待于进一步提高创新能力和数字化智能化水平。1978~2017 年中国三次产业占比变动如图 1-3 所示。

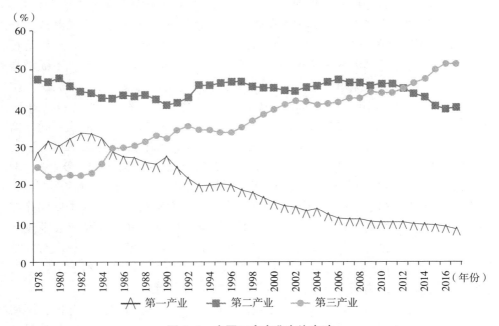

图 1-3　中国三次产业占比变动

资料来源：历年《中国统计年鉴》。

　　云南省目前产业弱小，发展滞后，传统产业占比大，新兴产业少，创新能力严重不足。在发展战略上，要从物质要素投入驱动阶段向效率驱动和创新驱动相结合的阶段转变，摆脱对传统优势的路径依赖，由成本竞争转向质量创新、品牌创新和服务创新的竞争，进而提升国际国内分工地位；在产业结构上，要从注重比例关系到注重关键技术创新转变，按照"开放型、创新型和高端化、信息化、绿色化"的产业发展路子，打好世界一流的"三张牌"。通过八大产业、"三张牌"的打造，构建云南现代化产业体系，形成一大批万亿级产业、千亿级产业和千亿级企业，加速推进产业结构优化升级，促进云南产业结构转型取得新突破。

（四） 对外开放新格局展现新气象

开放发展是高质量发展中的内外联动问题，目标是提高对外开放质量，发展更高水平、更高层次的开放型经济。随着经济全球化深入发展，各国经济社会发展的协动性日益增强，同时国际经济合作和竞争局面正在发生深刻变化，全球经济治理体系和规则面临重大调整。在此背景下，只有贯彻主动开放、双向开放、公平开放、全方位开放、共赢开放等理念发展更高层次的开放型经济，才能用好国际国内两个市场两种资源，从容应对国际经贸摩擦，不断增强参与国际经济合作和竞争的能力。2017 年度中国进出口总额（27.79 亿元）位居世界第一，比上年增长 14.2%，扭转了前两年的下跌趋势，如图 1-4、图 1-5 所示。其中，出口 15.33 亿元，同比增长 10.8%；进口 12.46 亿元，同比增长 18.7%，进出口相抵后顺差 2.87 亿元；对外投资总规模达到 1200 亿元。2018 年前三季度中国货物贸易进出口总值 22.28 万亿元，同比增长 9.9%，增速比上半年加快两个百分点。其中，出口同比增长 6.5%，进口增长 14.1%，均高于上半年。第三季度中国进出口总额比上年同期增长 13.8%，季度同比增速创年内新高。境内投资者共对全球 151 个国家和地区的 3617 家境外企业进行了非金融类直接投资，累计实现投资 571.8 亿美元，同比增长 18.7%。对外承包工程完成营业额 727.6 亿美元，同比增长 8.1%。这一趋势有利于中国参与全球经济治理，提高国际竞争力，做全球发展的贡献者。

云南省地处西南沿边，边境线长达 4060 公里，沿边与越南、老挝、缅甸接壤，自古以来在"一带一路"建设上有传统，南方丝绸之路其中一条就是茶马古道，普洱茶的运输，使云南历史上在南方丝绸之路方面有很多优势。长期以来云南是我国通向南亚东南亚国家和地区的陆路门户，与南亚东南亚国家地缘相近、人缘相亲、文缘相通，在对外交往中一直发挥着十分重要的作用。云南面向南亚和东南亚开放优势和潜力巨大。按照习近平总书记 2015 年初到云南考察时指出的"云南经济要发展，优势在区位、出路在开放"要求，充分发挥得天独厚的优势，抓住扩大开放的发展机遇，全力推动中国面向南亚东南亚辐射中心的建设，致力构建中越经济走廊、中缅经济走廊、中老经济走廊，全面提升对外开放水平和质量，建立开放型的经济新体制，把云南建成沿边开放的新高地和示范区。

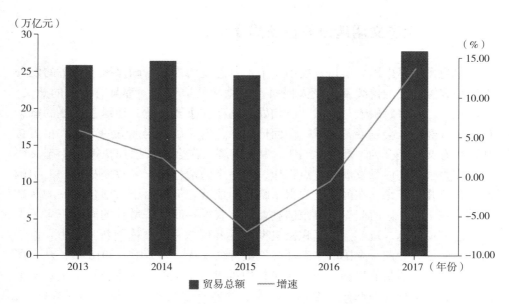

图 1-4　2013~2017 年中国进出口贸易总额及增速

资料来源：国家统计局。

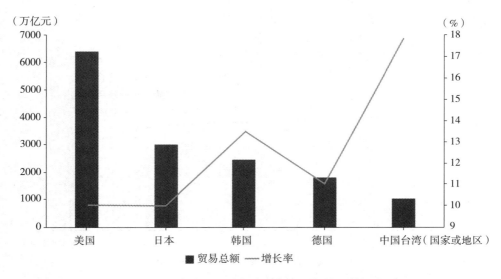

图 1-5　2017 年中国对外进出口贸易总额前五位及增速

资料来源：国家统计局。

（五）生态文明建设开创新局面

绿色发展是中国高质量发展中一个不容忽视的内涵。确保绿色经济的发展对实现我国经济的持续发展及人民对美好生活的迫切希望都具有重大的意义。新时代下，要将解决人与自然和谐相处问题摆在重要位置，让绿色发展的概念广泛融入经济社会发展各领域，全面形成绿色发展新格局。党的十九大报告将建设生态文明提升为"千年大计"，中央经济工作会议又把加快推进生态文明建设作为推动高质量发展的重点工作，把污染防治作为三大攻坚战之一。中国改革开放几十年来，在经济上取得了瞩目的成就。但是由于对绿色发展的认知不够，在很长一段时间里只顾眼前利益，在获得一时经济增长的同时积累了大量生态环境问题。近年，全国积极贯彻新发展理念，以改革创新为动力、以解决突出问题为导向，全国的生态环境质量持续改善。如 2014～2018 年，从全国酸雨与地表水质量的变动（见图 1-6）中可以看出，酸雨频率总体上呈现出下降趋势，污染程度在减轻；全国地表水监测数据也显示，除调节局部气候外，几乎无使用功能的劣 V 类水质占比也在逐渐降低，淡水资源质量在稳步改善。

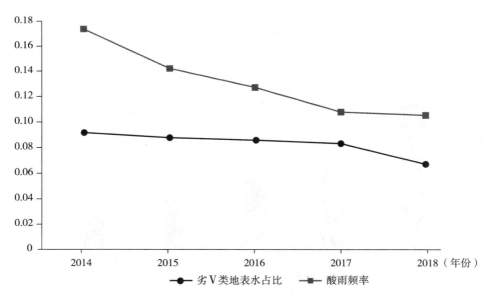

图 1-6　2014～2018 年能源消费总量与地表水质量的变动

资料来源：历年环境公报。

云南建设成为我国生态文明建设排头兵，建设成为祖国西南生态安全屏障，拥有着显著的生态优势。全省目前林地面积达 3.91 亿亩，占全省国土面积的 68%，占全国林业面积的 8.5%；森林面积 3.43 亿亩，占全国总面积的 11.7%，是全国平均数的 2.76 倍；全省森林生态系统年服务功能价值 1.68 万亿元，并且是全国生物多样性最丰富、最集中的地区之一。同时，云南的水电、风能、太阳能资源也很丰富，全省清洁能源电量占比达到 90% 以上。近年来，抚仙湖、洱海、滇池等九大高原湖泊保护治理取得显著成效，九大高原湖泊水质总体保持稳定，局部趋好。2018 年抚仙湖、泸沽湖稳定在 Ⅰ 类，洱海水质 7 个月 Ⅱ 类、5 个月 Ⅲ 类，是 2015 年以来水质最好的年份，滇池的水质也有改善，由劣 Ⅴ 类提升到了 Ⅳ 类，为 30 年来最好水平。针对这些得天独厚的自然条件，云南要深入贯彻落实习近平生态文明思想，全力打好"蓝天、碧水、净土"三大保卫战，大力实施生态系统保护修复重大工程，坚决守护好云南的绿水青山、蓝天白云、良田沃土。要坚持以保护生态环境为前提，围绕绿色发展不断拓展产业链，以生态美、环境美、城市美、乡村美、山水美为基本要求，建设中国最美丽省份。突出鲜明绿色化特色，这也是云南发展的底色。

（六）民生保障得到新加强

经济高质量发展的终极目的是造福人民，增进人民的福祉，保障人民的幸福安康，维护人民的安定富足。民之所望，政之所向，中国的各项经济工作围绕一系列民生问题作出部署，凸显出以发展惠民生的诚意和决心。习近平总书记曾指出，保障和改善民生要抓住人民最关心、最直接、最现实的利益问题，既尽力而为，又量力而行，一件事情接着一件事情办，一年接着一年干。目前，中国仍然需要在教育、就业、收入、社保等民生问题上补齐短板，使人民更有获得感、幸福感、安全感。比如教育上要实现资源公平、普及高中阶段教育、完善职业教育、加快一流大学和一流学科建设等；就业上应大规模开展职业技能培训、鼓励创业带动就业、提供全方位公共就业服务；收入上要扩大中等收入群体，增加低收入者收入，调节过高收入，取缔非法收入；社保上要完善城镇职工基本养老保险和城乡居民基本养老保险制度，完善失业、工伤保险制度，完善最低生活保障制度等。中国居民收入基尼系数变化情况（见图 1-7）表明：目前中国存在较大的收入差距，2003 年至今，基尼系数从未低于 0.46，近年更是逐年增大，在 2018 年升至 0.47。

云南各级各类教育发展水平与全国平均水平存在较大差距，教育发展不平衡不充分问题也较为突出。由于历史、自然地理、教育、医疗等因素的影响，

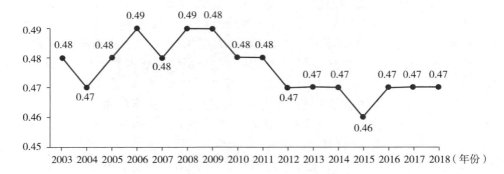

图 1-7　中国居民收入基尼系数变化情况

资料来源：国家统计局。

有很多地区长期处于贫困状态。全省目前还有 181 万贫困人口没有脱贫，还有国家级贫困县 40 个。脱贫攻坚任务仍然繁重。云南是全国贫困人口最多、贫困面最广、贫困程度最深的省区之一，脱贫攻坚之路任重道远。面对繁重的脱贫攻坚任务，必须采取各种措施，精准对标"两不愁三保障"和贫困退出标准，打好教育、医疗、住房"三保障"和饮用水安全硬仗，确保到 2020 年全面完成脱贫任务。此外，云南省也存在房价上涨压力较大、医疗体系不完善等多方面的问题。未来要实现云南省的高质量发展，必须牢记习近平总书记对云南"闯出一条跨越式发展的路子来"的重要指示精神，紧紧抓住发展第一要务，对标新发展理念、高质量发展要求，强化举措补短板、调结构、添动力、强动能，扎扎实实解决好发展不平衡不充分的问题，扎扎实实解决好保障和改善民生的问题，踏踏实实引领彩云之南民众加快发展步伐。

第二章

云南省高质量发展体系 构建及发展现状评价

本章精要

- 云南高质量发展总体水平还不是很高。2015~2018 年，云南高质量发展指数基本处于 0.4~0.6 的区间范围内。
- 总的来看，2015~2018 年云南高质量发展水平呈现一定的提升态势。
- 云南高质量发展重点领域中绿色优势得到充分发挥，但协调水平亟待提高。
- 云南高质量发展中创新领域的发展实现新的突破，共享领域的发展取得明显成效，但协调领域的"短板"较难弥补，开放领域的发展出现恶化态势。
- 云南各州（市）高质量发展水平总体不高且差异较大，六大重点领域中各州（市）在综合和协调方面的评价总体一致，在绿色方面的评价总体最高，在创新方面的评价总体最低。
- 与广西、贵州相比，云南高质量发展的六大重点领域均是优势与差距并存，共享方面就业和人均产出是"短板"。
- 云南高质量发展水平与东部发达地区相比差距明显，但云南各地高质量发展水平差异性比东部发达地区较小。

党的十九大报告指出，我国经济已由高速增长阶段转向高质量发展阶段，正处在转变发展方式、优化经济结构、转换增长动力的跨越关口。云南作为我国民族团结进步示范区、生态文明建设排头兵以及面向南亚东南亚辐射中心，有责任提升境界，提高站位，争先进位，努力促进经济高质量跨越式发展，在主动服务和融入国家发展战略中做出更大贡献。目前，国家层面已经制定出台了推动高质量发展的实施意见；云南省委提出了打造世界一流的"绿色能源""绿色食品""健康生活目的地"这"三张牌"，推动经济实现高质量发展。因此，现阶段落实贯彻国家对高质量发展的新要求，推动云南高质量发展，需要构建符合云南特色的高质量发展评价指标体系，分析现有基础，找准云南高质量跨越式发展的战略方向。

一、高质量发展评价体系的构建

构建一套既符合中央精神，又体现云南特色的高质量发展评价体系是云南比学赶超、奋勇争先推动高质量跨越式发展的前提和基础。

（一）高质量发展评价基本逻辑

按《人民日报》社论定义，所谓高质量发展，就是能够很好满足人民日益增长的美好生活需要的发展，是体现新发展理念的发展，是创新成为第一动力、协调成为内生特点、绿色成为普遍形态、开放成为必由之路、共享成为根本目的的发展（见图2-1）。推进高质量发展，是新时代社会主义建设的根本要求。

第一，高质量发展是创新驱动的发展。从发达经济体发展历程所揭示的发展的阶段性规律来看，我国正在进入创新驱动的发展阶段。创新驱动发展是高质量发展的首要内涵，不仅因为创新驱动发展的模式具有高附加值、高效率等"高质量"特征，更因为原来的要素驱动不能解决经济发展中的"生产要素报酬递减和

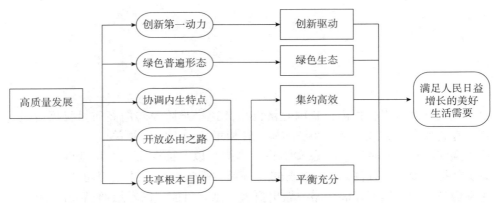

图 2-1 高质量发展的基本逻辑

稀缺资源瓶颈" 这两个基本问题, 科技创新是实现高质量发展的必要技术条件。

第二, 高质量发展是集约高效的发展。我国以往 "唯 GDP 论英雄", 导致只关注总量的增长, 忽略增长背后的资源和能源的消耗。在面临越来越严重的资源和能源约束的背景下, 高质量发展必须是集约高效的发展。所谓集约高效, 就是不仅要看总量的增长, 更要看投入产出比、看单位产出。在此方面, 一些省份已经率先开始实践。例如, 浙江省 2018 年 1 月印发《关于深化 "亩均论英雄" 改革的指导意见》, 提出到 2020 年全面实施 "亩产效益" 综合评价。

第三, 高质量发展是平衡充分的发展。党的十九大报告做出 "中国特色社会主义进入了新时代, 我国社会主要矛盾已经转化为人民日益增长的美好生活需要和不平衡不充分的发展之间的矛盾" 的重要论断。着力解决发展不平衡不充分的问题, 是我国作为社会主义国家的内在要求。不平衡不充分主要是指结构性问题。从经济发展客观规律来讲, 只有在生产上不断优化产业结构, 在分配上避免贫富分化, 才能实现经济健康、可持续的增长。

第四, 高质量发展是绿色生态的发展。我国过去几十年的高速发展, 以牺牲、破坏自然环境为代价。由于引发生态灾害和产生高昂的环境治理、修复成本, 导致在经济上实际无利可图。另外, 环境的破坏也极大地降低了人民群众对于发展的 "获得感"。高质量发展的内涵包含 "绿水青山就是金山银山", 即实现绿色循环低碳发展、人与自然和谐共生的发展。

(二) 高质量发展评价指标体系

1. 构建思路与原则

习近平新时代中国特色社会主义思想为科学构建高质量发展的指标体系和

监测评价体系奠定了理论基础，高质量发展具有坚实的理论依据和科学内涵，而且还将不断在实践中深化拓展。

云南高质量发展评价指标体系的构建将以习近平新时代中国特色社会主义思想为指导，基于对高质量发展内涵的理解，从相对全面性、客观性、可衡量性、可操作性、地区差异性出发，遵循以下几个原则：一是坚持新发展理念；二是坚持经济高质量发展为重点；三是坚持贯彻落实国家要求并体现云南省情；四是坚持科学合理、简明实用；五是坚持统筹兼顾、综合评价。具体以国家高质量发展指标体系为蓝本，适当加入云南特色指标，同时体现跨越式发展要求。

2. 云南高质量发展指标体系构建框架

结合前文高质量发展的理论依据和内涵解读，参考国家推动高质量发展的实施意见，考察并总结影响云南高质量跨越式发展的主导因素，从综合质量效益和新发展理念两个方面，设置六大二级指标，包括综合、创新、协调、开放、绿色、共享，再按照质量第一、效益优先的要求，在二级指标下面选择若干具体指标，体现高质量发展在供给、需求、投入产出、分配、宏观经济循环等方面的特征，并通过科学方法对各指标赋权，由此形成云南高质量发展指标体系（见图2-2）。

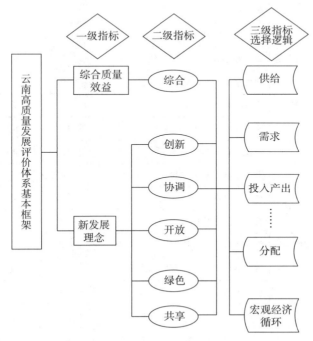

图2-2 云南高质量发展指标体系框架

3. 云南高质量发展指标体系

遵循以上框架和思路，本章基于贯彻落实国家推动高质量发展的最新要求和对高质量发展的理解，在国家高质量发展指标体系的基础上，根据云南特点设置差异化指标，结合数据的可得性，调整形成云南省级高质量跨越式发展评价指标体系和云南州（市）高质量跨越式发展评价指标体系（见表2-1和表2-2）。

表 2-1　云南省级高质量跨越式发展评价指标体系

目标	维度	细分维度	指标	单位	指标方向	备注
云南省级高质量跨越式发展评价指标体系	综合	总量	国内生产总值	亿元	正	特色指标
		质量	全员劳动生产率	元/人	正	
		效率	全要素生产率	—	正	
		效益	一般公共预算收入占GDP比重	%	负	特色指标
			财政总收入	亿元	正	
		改革	净增企业法人单位数占企业法人单位总数比重	—	正	
		实体经济	全部工业增加值占GDP比重	%	正	
			旅游业总收入占全国份额	%	正	特色指标
			绿色优质农产品比重	%	正	特色指标
		风险	宏观杠杆率	%	负	
	创新	投入	研发支出占GDP比重	%	正	
			研发人员数量	人	正	
		产出	万人发明专利拥有量	件	正	
		市场化	技术合同成交额	亿元	正	
			技术成果转化率	%	正	
	协调	城镇化	常住人口城镇化率	%	正	
		城乡差距	城乡居民人均可支配收入之比	—	负	
		结构	最终消费率	%	正	
			资本形成率	%	正	特色指标

续表

目标	维度	细分维度	指标	单位	指标方向	备注
云南省级高质量跨越式发展评价指标体系	绿色	能耗	单位国内生产总值能耗	吨标准煤/万元	负	
		地耗	单位 GDP 使用国土面积	平方公里/万元	负	
		水耗	单位 GDP 用水量	吨/万元	负	
		排放	废水排放量	万吨	负	
			固体废弃物排放量	万吨	负	
			COD 排放量	万吨	负	
			SO_2 排放量	万吨	负	
			CO_2 和碳氧化物排放量	万吨	负	
		环境	城市空气质量优良天数比重	%	正	
			地表水达到或好于Ⅲ类水体比重	%	正	
			森林覆盖率	%	正	
	开放	外贸	货物和服务贸易总额占全国份额	%	正	
		外资	实际利用外资占全国份额	%	正	
			实际到位省外资金	亿元	正	
		对外投资	境外直接投资占全国份额	%	正	
		外贸依存	外贸依存度	%	正	
	共享	就业	城镇调查失业率	%	负	
		收入	人均国内生产总值	元	正	
			居民人均可支配收入增长率	%	正	
		分配	居民消费价格指数	—	负	
		社会保障	返贫率	%	负	
			城镇职工基本养老保险人均待遇	元	正	特色指标

表 2-2　云南州（市）高质量跨越式发展评价指标体系

目标	维度	指标	单位	指标方向
云南州（市）高质量跨越式发展评价指标体系	综合	国内生产总值	亿元	正
		全员劳动生产率	元/人	正
		一般公共预算收入占 GDP 比重	%	负
		财政总收入	亿元	正
		净增企业法人单位数占企业法人单位总数比重	%	正
		全部工业增加值占 GDP 比重	%	正
		旅游业总收入占全省份额	%	正
		绿色优质农产品比重	%	正
		宏观杠杆率	%	负
	创新	万人专利拥有量	件	正
	协调	常住人口城镇化率	%	正
		城乡居民人均可支配收入之比	—	负
		消费率	%	正
		投资率	%	正
	绿色	单位国内生产总值能耗	吨标准煤/万元	负
		废水排放量	万吨	负
		固体废弃物排放量	万吨	负
		COD 排放量	万吨	负
		SO_2 排放量	万吨	负
		城市空气质量优良天数比重	%	正
		森林覆盖率	%	正
	开放	货物和服务贸易总额占全省份额	%	正
		实际利用外资占全省份额	%	正
		实际到位省外资金	亿元	正
		外贸依存度	%	负

目标	维度	指标	单位	指标方向
云南州（市）高质量跨越式发展评价指标体系	共享	城镇调查失业率	%	负
		人均国内生产总值	元/人	正
		居民人均可支配收入增长率	%	正
		居民消费价格指数	—	负
		城乡居民医疗保险参保率	%	正

　　具体来说：①云南属于经济后发地区，虽然已进入高质量发展阶段，但仍需补足高速发展阶段的短板，实现高质量跨越式发展，本章认为，除了质量、效益、效率、结构等方面的指标外，云南高质量发展指标体系还应加入总量指标。没有一定的经济总量，很难实现结构的优化调整，甚至会造成增长"失速"。因此，这里加入国内生产总值指标。②综合维度中删除国家高质量发展指标体系中的产品和服务质量合格率指标，主要原因在于，一方面缺少相关评价数据，另一方面该指标被定义为非核心指标。③宏观杠杆率在现有的统计体系中缺少公开的官方数据，这里采用近似的算法进行替代，即年末人民币贷款余额与国内生产总值之比。④为衡量宏观经济效益，加入一般公共预算收入占GDP比重作为特色指标。⑤考虑到旅游业、高原特色农业作为云南的支柱产业，在高质量发展中应进一步发挥优势，实现旅游产业、高原特色农业升级，因此，加入旅游业总收入占全国份额、绿色优质农产品比重的指标。⑥由于缺少评价营商环境的官方数据，这里用市场主体数量的增减来替代，即净增企业法人单位数占企业法人单位总数比重。⑦由于相关数据的缺失，在创新维度中，删除核心技术对外依存度指标，用万人发明专利拥有量替代战略性新兴产业增加值占GDP比例指标，用研发人员数量替代研发人员全时当量指标。⑧协调维度中，考虑到投资仍应在云南当前及未来一段时期发展中发挥主要作用，因此，加入资本形成率指标。⑨由于数据缺失，且当前云南更重要的是解决"富起来"的问题而非分配问题，因此，删除基尼系数指标。⑩为体现人均社会保险福利水平，这里选择城镇职工基本养老保险人均待遇进行衡量。

　　在此基础上，结合数据可得性和较小空间尺度地区的区域特征，进一步进行指标精简，形成云南州（市）高质量跨越式发展评价指标体系。

（三）高质量发展评价方法

云南高质量发展测度是一个涉及多达六个方面且包括 41 个基础指标的多维综合评价，难点在于科学地给各项指标进行赋权。目前，指标赋权一般有主观赋权和客观赋权两种方法，其中，主观赋权主要有 Delphi 法、层次分析法等，依赖于专家打分；客观赋权通常有主成分分析、熵值法等，由于熵值法能够反映出指标信息熵值的效用价值，从而确定权重，即根据指标的变异程度来确定权重，指标值越大，该指标在综合评价中所起的作用越大，因而得到越来越多的应用。但考虑到其忽略了指标本身的重要程度，高质量发展本身就是解决不平衡不充分问题的发展，不同方面应该处于协同发展的状态，在国家高质量发展指标体系中各项指标亦仅有核心指标和非核心指标之分，因此，本章还根据专家打分意见，结合采用了等权重的赋权方法。

不论是熵值法还是专家赋权法，首先要去除数据量纲，根据指标的方向进行标准化。

对于正向指标，标准化的公式为：

$$y_{ij} = \frac{x_{ij} - x_i^{min}}{x_i^{max} -- x_i^{min}}$$

对于逆向指标，标准化的公式为：

$$y_{ij} = \frac{x_i^{max} - x_{ij}}{x_i^{max} -- x_i^{min}}$$

其中，x_{ij} 表示第 j 个地区的第 i 个指标的实际值，标准值为 y_{ij}，x_i^{min} 和 x_i^{max} 分别为所有地区中第 i 个指标的最小值和最大值。

熵值法计算权重共分如下四个步骤：

（1）计算某个指标值在该指标中的比重：

$$s_{ij} = \frac{x_{ij}}{\sum_{j=1}^{n} x_{ij}}$$

（2）计算指标熵值：

$$e_i = -\frac{\sum_{j=1}^{n} s_{ij} \ln s_{ij}}{\ln(n)}$$

（3）计算第 i 个指标的信息效用值：

$$g_i = 1 - e_i$$

（4）计算指标 x_i 的权重：

$$w_i = \frac{g_i}{\sum_{i=1}^{m} g_i}$$

二、云南省高质量发展现状评价

为对云南高质量发展现状进行评价，本章主要进行了三个层面的研究：一是对云南整体高质量发展水平进行评估；二是比较分析近三年来云南高质量发展水平的变化；三是测度研究云南各州（市）高质量发展现状，云南省下辖地级市 8 个、少数民族自治州 8 个，分别是昆明市、曲靖市、玉溪市、昭通市、丽江市、普洱市、保山市、临沧市、楚雄州、红河州、迪庆州、文山州、西双版纳州、大理州、德宏州、怒江州。所有数据均来自《云南统计年鉴》《云南省 2018 年国民经济和社会发展统计公报》《2018 年云南省科技统计公报》《2018 年云南省人力资源和社会保障事业发展统计公报》《2019 云南发展报告》以及各州（市）《2018 年国民经济和社会发展统计公报》等。

（一）总体水平

党的十九大提出了我国经济转向高质量发展阶段的重要判断，云南作为西部省份还应及时加快补足高速增长阶段的"短板"，实现高质量跨越式发展，因此，对云南高质量发展水平评价的时间跨度不宜过长。本章利用熵值法和专家赋权法分别测算了 2015～2018 年云南高质量发展指数，考虑到时间跨度较短，数据标准化后可能会造成极值差距较大，专家赋权法对各项指标的权重基本呈现出等权重的态势，因而可能会使最终结果波动较大。熵值法则基于数据评估了各项指标的信息熵，两种方法得出结果显示 2015～2018 年云南高质量发展指数的变化趋势基本一致（见图 2-3），这里主要以熵值法得出的结果来进行具体分析，可以得出以下结论：

一方面，云南高质量发展总体水平还不是很高。2015～2018 年，云南高质量发展指数基本处于 0.4～0.6 的区间范围内。从具体指标来看，云南在旅游业收入占全国份额、绿色优质农产品比重、技术合同成交额、固体废弃物排放

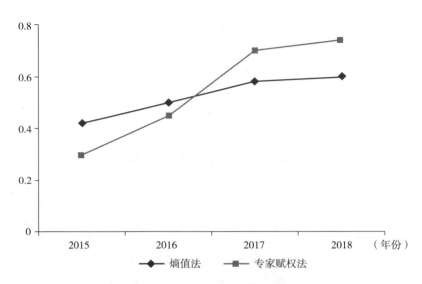

图 2-3 2015~2018 年云南高质量发展指数

量、COD 排放量、SO₂ 排放量、返贫率等指标方面表现相对较好（具体指标指数大于 0.02），而在全部工业增加值占 GDP 比重、最终消费率、单位国内生产总值能耗、单位国内生产总值水耗、单位国内生产总值地耗、废水排放量、境外直接投资占全国份额、经常项目顺差占 GDP 比重、居民人均可支配收入增长率等指标方面表现相对较差（具体指标指数接近于 0）。这较好地反映了云南当前高质量发展的现实。近年来，云南大力开展旅游市场秩序整治行动，推进扶贫攻坚工作，取得了明显成效。虽然固体废弃物、COD、SO₂ 等污染物排放量指标相对较低，但由于工业相对不发达、高技能人才比较缺乏，所以技术更多依靠市场行为引进。目前云南高质量发展面临的发展不平衡不充分问题主要体现在以下方面：居民收入增长较慢，居民消费更多依赖进口，扩大内需任重道远，工业发展相对滞后，节能改造仍需加大力度，作为辐射南亚东南亚的中心企业"走出去"还不成气候等。这些问题产生的原因主要是产业基础不牢所导致，因此，振兴实体经济，促进工业发展特别是制造业发展是推动云南高质量发展的关键切入点。

另一方面，云南高质量发展水平总体呈上升趋势。具体指标中，相对优势指标包括旅游业总收入占全国份额、绿色优质农产品比重、技术合同成交额、固体废弃物排放量、COD 排放量、SO₂ 排放量、返贫率等，这些指标均有一定的上升趋势，但是相对弱势指标，包括全部工业增加值占 GDP 比重、最终消费率、单位国内生产总值能耗、单位国内生产总值水耗、单位国内生产总值地耗、废水排放量、境外直接投资占全国份额、经常项目顺差占 GDP 比重、居民人均可支配收入增长率等，基本上并未得到有效改善，部分指标甚至还出现了不同程度的恶化。这表明云南推动高质量发展除了需要进一步"扬长"外，还必须加快进行"补短"而非"避短"。

（二）重点领域分析

根据对高质量发展内涵的理解，高质量发展主要涉及六大重点领域，分别是综合、创新、协调、绿色、开放以及共享，其中，综合反映了宏观经济的总量规模、质量效益以及发展环境，后五者则体现了对新发展理念的贯彻落实。本章利用熵值法和专家赋权法计算了 2015~2018 年云南高质量发展重点领域的评价结果（见表 2-3），可以发现，虽然具体数值存在一定的差异，但每个重点领域的演变趋势都是基本一致的，这里主要基于熵值法的结果进行分析。

表 2-3　云南重点领域高质量发展指数

指数	熵值法				专家赋权法			
	2015 年	2016 年	2017 年	2018 年	2015 年	2016 年	2017 年	2018 年
综合	0.030	0.031	0.101	0.141	0.085	0.054	0.14	0.15
创新	0.000	0.013	0.055	0.062	0.000	0.068	0.16	0.168
协调	0.000	0.0006	0.001	0.002	0.029	0.106	0.12	0.121
绿色	0.003	0.329	0.206	0.365	0.041	0.115	0.108	0.11
开放	0.395	0.053	0.012	0.013	0.143	0.055	0.041	0.039
共享	0.001	0.031	0.061	0.073	0.027	0.066	0.134	0.152
高质量发展	0.42	0.51	0.58	0.60	0.32	0.46	0.70	0.74

一是云南高质量发展重点领域中绿色优势得到充分发挥，但协调水平亟待提高。2018 年，云南高质量发展六大重点领域中评价最高的是绿色，其次是综合，最低的是协调，而 2015 年，重点领域中评价最高的是开放，其次是综合，最低的是协调和创新。由此可见，云南在促进基本公共服务均等化、基础设施通达程度方面比较均衡，但城乡区域协调发展方面仍未找到较好的办法；改善程度最大的是绿色领域，云南本身自然资源丰富，生态环境较好，近年来，随

着"绿水青山就是金山银山"理念的深入人心，云南越来越重视绿色优势的发挥，取得了良好的效果；随着《云南省强化实施创新驱动发展战略进一步推进大众创业万众创新深入发展的实施意见》等的制定出台和逐渐落实，创新领域也有一定程度的提升。

二是综合领域的发展水平得到稳步提升。2015～2018年，云南高质量发展指数中综合领域的评价呈现逐年上升的趋势，尤其是2018年提升的幅度尤为明显，进一步夯实了云南高质量发展中综合领域的基础。从具体指标来看，旅游业收入占全国份额指标的评分提升幅度最大，其次是全要素生产率，绿色优质农产品比重、国内生产总值、全员劳动生产率、一般公共预算收入占GDP比重均有不同程度的改进；宏观杠杆率的评分基本维持在一个较为稳定的水平上；全部工业增加值占GDP比重、净增企业法人单位数占企业法人单位总数比重指标的评分均有所下降。这说明旅游业作为云南的支柱产业近年来得到了质的飞跃，宏观经济的总量规模、效率、效益均有所提升；2015～2018年云南宏观杠杆率的绝对值均超过100%预警区间的上限，从全国范围来看，云南宏观杠杆率在各省份中亦偏高，经济面临一定的债务风险；云南的工业发展以及营商环境并未得到有效改善，具体指标数值均出现不同程度的退步。

三是创新领域的发展实现新的突破。2015～2018年，云南高质量发展指数中创新领域的评价呈现逐年上升的态势，2018年取得了突破性进展，主要体现在技术引进力度的加强。从具体指标来看，技术合同成交金额指标的评分提升幅度最大，但研发支出占GDP的比重、研发人员数量、万人发明专利拥有量指标的评分提升幅度相对较小。由此可见，近年来，云南在利用市场机制进行技术引进方面取得了良好成效，同时，虽然与先进省份相比仍有较大差距，但创新投入的力度也在不断加强。此外，要充分认识到云南在创新能力和创新产出方面的严重不足，主要表现为高技能人才的培育、引进、使用仍有较大的提升空间，万人发明专利拥有量还不多。

四是协调领域的"短板"较难弥补。2015～2018年，云南高质量发展指数中协调领域的评价基本维持在一个较低水平，协调成为推动高质量发展的主要"短板"。具体指标中，除了常住人口城镇化率的评分略有提升外，城乡居民人均可支配收入之比、最终消费率、资本形成率的评分一直维持在一个较低状态，很难得到改善。这反映了云南协调领域的发展至少有三大问题亟待解决：①云南城乡居民收入差距较大，2015～2018年云南城乡居民人均可支配收入之比均超过3，而在一些城乡差距较小的地区，城乡居民人均可支配收入之比不会超过2.5。②云南扩大内需的任务艰巨，一方面城乡居民人均可支配收入水平在全国范围内来看相对较低，另一方面云南是一个多民族集聚的省份，工业体系不发达，一些少数民族地区发展依然较为滞后。③虽然近年来云南逐年加大固定资产投资，尤其是基础设施投资力度，很多年份及不少州（市）的固定资产投资额占 GDP 比重均超过 100，但是考虑到之前的薄弱基础，投资在高质量发展中的重要作用仍有待进一步发挥。

五是绿色领域的优势得到充分发挥。2015~2018 年，云南高质量发展指数中绿色领域的评价得到了显著提升，绿色日益成为云南推动高质量发展的优势之处。从具体指标来看，除了单位国内生产总值能耗、水耗、地耗和废水排放量指标的评分有所恶化外，其余指标包括固体废弃物排放量、COD 排放量、SO_2 排放量、CO_2 排放量、城市空气质量优良天数比重、地表水达到或好于Ⅲ类水体比例、森林覆盖率的评分均有不同程度的改善。由此可见，云南在自然资源保护方面的举措是卓有成效的，目前，污染物的排放方面除了废水外，废气、固体废弃物的排放均得到有效控制，这主要与云南的产业结构密切相关，未来进一步强化绿色领域的优势重点应放在降低能耗、优化产业结构、减少污染物的排放上。

六是开放领域的发展出现恶化态势。2015~2018 年，云南高质量发展指数中开放领域的评价逐年下降，开放作为原先的优势领域优势不再。从具体指标来看，货物和服务贸易总额占全国份额指标的评分略有提升，其余开放指标包括实际利用外资占全国份额、实际到位省外资金、境外直接投资占全国份额的评分明显下降，尤其是实际利用外资占全国份额的评分呈现"断崖式"下降。考虑到云南省内消费大多依赖从省外、国外进口，因此，云南推动高质量发展中开放领域应着重加强利用外资和鼓励企业"走出去"两项工作，同时进一步优化外贸结构。

七是共享领域的发展取得明显成效。2015~2018 年，云南高质量发展指数中共享领域的评价逐年稳步提升，说明发展红利被越来越多的人分享的趋势基本确立，老百姓对发展的获得感势必越来越强。从具体指标来看，除了居民人均可支配收入增长率指标的评分出现下降外，其余指标包括城镇调查失业率、人均国内生产总值、返贫率、城镇职工基本养老保险人均待遇、居民消费价格指数的评分均呈现不同程度的上升。这说明人均产出、就业、扶贫攻坚、社会保障水平、通货膨胀等均得到有效改善，未来云南推动高质量发展必须抓住共享领域的人均收入水平进行重点提高。

（三）各州（市）高质量发展评价

利用前文建立的云南州（市）高质量发展指标体系，本章对各州（市）

的高质量发展指数及重点领域的得分进行了计算（见表2-4和表2-5），可以得出以下结论：

表2-4 云南各州（市）高质量发展评价

州（市）	综合	创新	协调	绿色	开放	共享	高质量发展	
							指数	排名
昆明	0.11	0.16	0.12	0.08	0.13	0.09	0.69	1
玉溪	0.10	0.04	0.07	0.10	0.08	0.09	0.48	2
曲靖	0.10	0.06	0.08	0.06	0.04	0.10	0.44	3
楚雄	0.11	0.02	0.08	0.12	0.04	0.07	0.44	4
红河	0.11	0.01	0.09	0.10	0.06	0.06	0.43	5
大理	0.09	0.00	0.08	0.14	0.04	0.08	0.43	6
昭通	0.10	0.01	0.08	0.10	0.06	0.07	0.42	7
保山	0.09	0.00	0.08	0.12	0.04	0.08	0.41	8
临沧	0.09	0.00	0.10	0.13	0.02	0.06	0.40	9
文山	0.09	0.01	0.09	0.10	0.03	0.08	0.40	10
普洱	0.06	0.00	0.07	0.13	0.01	0.07	0.40	11
德宏	0.06	0.00	0.08	0.12	0.06	0.07	0.39	12
西双版纳	0.07	0.01	0.10	0.12	0.01	0.06	0.37	13
丽江	0.07	0.00	0.07	0.14	0.03	0.06	0.37	14
迪庆	0.06	0.02	0.05	0.13	0.03	0.07	0.36	15
怒江	0.06	0.00	0.04	0.14	0.03	0.07	0.34	16
均值	0.086	0.021	0.080	0.114	0.044	0.074	0.423	—

表2-5 云南州（市）高质量发展水平划分

梯队	指数区间	州（市）
第一梯队	0.68~1	昆明
第二梯队	0.46~0.67	玉溪
	0.43~0.45	曲靖、楚雄、红河、大理
	0.4~0.42	昭通、保山、临沧、文山、普洱
第三梯队	0~0.39	德宏、西双版纳、丽江、迪庆、怒江

一是云南各州（市）高质量发展水平总体不高且差异较大。从高质量发展指数来看，云南各州（市）的高质量发展指数均值仅有0.42，其中，昆明最高，达到0.69，比第二名玉溪高出0.21，比最低的怒江高出0.35。这里将0~1区间进行了大致划分，云南各州（市）中高质量发展水平处于第一梯队的仅有昆明一个城市，处于第三梯队的有德宏、西双版纳、丽江、迪庆、怒江，其余州（市）处于第二梯队。从区间来看，第二梯队的各州（市）的高质量发展指数大多位于本区间的下半区。

二是六大重点领域中各州（市）在综合和协调方面的评价总体一致。主要体现在两个方面：其一，各州（市）综合和协调两方面的评价得分基本接近，均值分别为0.086和0.080，在六大重点领域中处于中间位置；其二，各州（市）在综合和协调方面的评价差异均不是太大，差异性亦处于六大重点领域的中间位置。说明总体来看，州（市）层面宏观经济发展水平与协调程度基本匹配。但是，从具体州（市）来看，综合和协调方面匹配度差异就比较明显，综合和协调评价得分位于"两头"的匹配性较高，位于"中间"的匹配性较低。

三是六大重点领域中各州（市）在创新方面的评价总体最低。2018年，云南各州（市）创新方面的评价均值仅有0.021，这个分数是六大重点领域中最小的，且分数极差又是六大重点领域中最大的，很多州（市），如大理、怒江、德宏等地的创新评分接近于0。这表明创新资源、创新投入、创新产出等在云南州（市）层面的分布极度不平衡，创新是各州（市）推动高质量发展中的最大"短板"。

四是六大重点领域中各州（市）在绿色方面的评价总体最高。2018年，云南各州（市）绿色方面的评价均值高达0.114，是六大重点领域中最高的，绿色是州（市）层面推动高质量发展的最大优势。总体来看，各州（市）在绿色方面的差异性并不是太大，处于六大重点领域的中间位置，但是两极差异较大，评分最高的丽江、怒江得分达到0.14，而最低的曲靖仅为0.06，相差0.08。

五是六大重点领域中各州（市）在开放方面的评价差异较大。云南各州（市）开放水平并不高，从评价得分来看，均值只有0.044，在六大重点领域中仅略高于创新。尤其需要指出的是，云南各州（市）开放评价得分是州（市）差异第二大的重点领域。未来各州（市）推动高质量发展应在提升开放水平上下更多的功夫，加快弥补这一"短板"。

六是六大重点领域中各州（市）在共享方面的评价差异最小。从高质量发展指数来看，云南各州（市）共享发展水平虽然总体并不高，得分均值只有0.074，在六大重点领域中排在第四位，但是差异最小，是六大重点领域中最低的。由此可见，未来云南各州（市）推动高质量发展在共享方面除了进一步扩大共享范围外，应着力提升共享的绝对水平。

三、云南与其他省份高质量发展的比较

2017 年，云南提出新形势下要大力弘扬"跨越发展、争创一流；比学赶超、奋勇争先"精神，决战脱贫攻坚、决胜全面建成小康社会、实现跨越发展。比学赶超成为云南推动高质量发展的重要方法论。为了进一步了解云南高质量发展水平在全国的相对位置，明确已有基础，发现尚存问题，本部分针对云南高质量发展指标体系中的关键指标进行横向对比。选择贵州和广西为对标样本，主要原因有两个：其一，由于地理位置相邻，要素禀赋相似，发展基础相近，过去云南一直将贵州、广西作为比学赶超的目标省份；其二，近年来，贵州、广西确实在推动高质量发展方面取得了积极成效，不少方面均已全面优于云南，可以体现"标杆"的题中之义。

（一）关键指标的比较

根据国家推动高质量发展实施意见的因地制宜要求，考虑到云南、广西、贵州虽然地域相近，但经济社会发展现实仍存在较大差异，用统一的指标体系按照前文采用的熵值法或专家赋权法进行高质量发展指数测算可能会出现较大误差，误差来源主要有两个：其一，指标选择的科学性与合理性受限，有的指标可以体现云南特点和特色，但不适合运用到贵州和广西；其二，指标权重可能会有不同，同样指标在云南、贵州、广西的赋权可能会有所差异，不宜采用同一套权重体系。因此，本部分直接根据具体指标的比较，进行对标找差（见表 2-6）。可以发现，与贵州、广西相比，云南高质量发展的六大重点领域均是优势与差距并存，其中，差距主要体现在：

一是综合方面绝大多数指标均存在明显差距。云南的经济总量高于贵州，低于广西，但与广西的差距在扩大，而领先贵州的优势在缩小，规模竞争压力陡增。云南全员劳动生产率、工业增加值占 GDP 比重均是三省中最低的，说明云南生产效率亟待提升，工业基础薄弱，发展相对滞后。云南的宏观杠杆率高于贵州、广西，经济中的债务风险不容忽视。

二是创新方面应着力提升投入-产出比。云南的研发支出占 GDP 比重高于贵州、广西，但是万人发明专利拥有量却远少于贵州、广西，说明云南创新投入产出效率较低，亟须将创新投入更多地转化为创新产出。

表 2-6　云南高质量发展对标找差

维度	指标	单位	云南	贵州	广西
综合	国内生产总值	亿元	16376.3	13540.8	20396.3
	全员劳动生产率	元/人	54209.8	62000	71800
	一般公共预算收入占GDP比重	%	11.5	19.56	7.92
	净增企业法人单位数占企业法人单位总数比重	%	21.95	27.85	12.03
	工业增加值占GDP比重	%	39.00	40.17	45.59
	宏观杠杆率	%	155.00	154.06	113.87
创新	研发支出占GDP比重	%	0.95	0.71	[0.65]
	万人发明专利拥有量	件	0.47	2.37	3.81
	技术合同成交额	亿元	84.99	83.84	39.41
协调	常住人口城镇化率	%	46.69	46.02	49.21
	城乡居民人均可支配收入之比	—	3.14	3.28	2.69
	最终消费率	%	64.20	55.40	53.70
	资本形成率	%	94.60	69.10	67.50
绿色	单位国内生产总值能耗	吨标准煤/万元	0.67	0.82	0.51
	废水排放量	万吨	185112	118000	35950
	固体废弃物排放量	万吨	4.29	2.70	0.00
	SO_2排放量	万吨	38.44	68.75	12.00
	城市空气质量优良天数比重	%	98.20	96.50	88.50
	地表水达到或好于Ⅲ类水体比重	%	82.60	94.70	91.90
	森林覆盖率	%	59.70	55.30	62.31
开放	货物和服务贸易总额占全国份额	%	0.60	0.20	1.39
	实际利用外资占全国份额	%	0.73	2.97	0.63
	境外直接投资占全国份额	%	0.49	0.15	0.86
	经常项目顺差占GDP比重	%	-0.22	1.70	-0.76

续表

维度	指标	单位	云南	贵州	广西
共享	城镇调查失业率	%	3.20	3.23	2.21
	人均国内生产总值	元/人	34221	37956	41955
	居民人均可支配收入增长率	%	9.70	10.50	8.70
	居民消费价格指数	—	100.90	100.90	101.60
	农村贫困发生率	%	5.80	7.75	5.70

注：[ ]中的数据为2016年的值。

资料来源：《云南统计年鉴》《云南省2017年国民经济和社会发展统计公报》《广西统计年鉴》《广西壮族自治区2017年国民经济和社会发展统计公报》《贵州统计年鉴》《贵州省2017年国民经济和社会发展统计公报》。

三是协调方面重点是缩小城乡差距。协调方面的四项指标中，云南城乡居民人均可支配收入之比为3.14，高于广西的2.69，说明云南城乡居民收入差距较大，而在其余三项指标上的差距并不明显，有的甚至存在一定的优势。

四是绿色方面必须加强节能减排。云南在自然环境方面与贵州、广西差距不大，但是在城市空气质量优良天数比重、森林覆盖率等指标上还有一定的优势。但是，云南单位国内生产总值能耗、废水排放量、固体废弃物排放量、SO_2排放量均高于广西，未来节能减排仍有较大空间。

五是开放方面的差距主要体现在外资和外贸两个方面。云南货物和服务贸易总额占全国份额为0.60%，远低于广西的1.39%；云南实际利用外资占全国份额为0.73%，远低于贵州的2.97%。推动企业"走出去"以及经常项目顺差方面与贵州、广西基本处于相同水平。

六是共享方面就业和人均产出是"短板"。从共享指标来看，云南的差距主要体现在就业和人均产出上，2017年，云南城镇调查失业率为3.20%，高于广西近1个百分点；云南人均国内生产总值为34221元/人，低于贵州、广西。

（二）高质量发展整体比较

本部分的分析主要在《中国区域经济高质量发展研究报告（2018）》（王彤主编）的评价结果基础上进行。该报告从绿色生态、社会人文、企业发展、经济效率、开放创新、民生共享六个方面对全国286个地级市的高质量发展程度进行了综合评价。

根据表2-7，可以得出以下结论：

表 2-7　云南与兄弟省份高质量发展总体比较

省份	城市	总得分	排名	省份	城市	总得分	排名	省份	城市	总得分	排名	省份	城市	总得分	排名	省份	城市	总得分	排名
云南	昆明	0.4430	35	贵州	贵阳	0.4240	46	广西	南宁	0.3991	62	江苏	南京	0.5488	8	浙江	杭州	0.5935	2
	曲靖	0.3324	165		六盘水	0.3104	219		柳州	0.3662	96		无锡	0.5549	7		宁波	0.5582	6
	玉溪	0.3389	148		遵义	0.3834	76		桂林	0.3906	70		徐州	0.4068	58		温州	0.4965	16
	昭通	0.2710	278		安顺	0.3418	142		梧州	0.3180	193		常州	0.4923	18		嘉兴	0.4555	29
	丽江	0.3397	145		毕节	0.3055	239		北海	0.3697	89		苏州	0.5885	3		湖州	0.4503	31
	保山	0.3096	225		铜仁	0.3335	164		防城港	0.3560	121		南通	0.4591	28		绍兴	0.4959	17
	临沧	0.2955	252						钦州	0.3384	150		连云港	0.3596	108		金华	0.4527	30
	普洱	0.3151	203						贵港	0.3069	235		淮安	0.3898	71		衢州	0.3829	77
									玉林	0.3151	202		盐城	0.3921	69		舟山	0.4189	48
									百色	0.3175	195		扬州	0.4115	53		台州	0.4412	36
									贺州	0.2971	251		镇江	0.4388	39		丽水	0.431	42
									河池	0.3104	220		泰州	0.4069	56					
									崇左	0.3051	241		宿迁	0.3734	83					

资料来源：王彤. 中国区域经济高质量发展研究报告（2018）[M]. 北京：经济管理出版社，2019：82-85.

一是云南高质量发展水平与东部发达地区相比差距明显。云南各地高质量发展水平均值为 0.3307，与江苏的 0.4479 和浙江的 0.4706 相比，差距显而易见。云南高质量发展水平最高的城市是昆明，高质量发展指数为 0.4430，比江苏最高的城市苏州 0.5885 和浙江最高的城市杭州 0.5935 相比同样差距显著。总体来看，云南高质量发展水平仅相当于江苏、浙江地级市中的中等水平。

二是云南各地高质量发展水平差异性相对东部发达地区较小。云南各市高质量发展指数的方差为 0.051，低于江苏的 0.075 和浙江的 0.062，说明虽然东部发达地区高质量发展总体水平要高于云南，但区域协调程度要比云南差。

三是云南高质量发展水平总体上低于贵州、广西。云南各地高质量发展水平均值为 0.3307，低于广西的 0.3377 和贵州的 0.3498；但昆明高质量发展指数为 0.4430，是三省所有城市中高质量发展水平最高的城市。

四是云南各地高质量发展水平差异性比贵州、广西更加明显。云南各州（市）高质量发展指数的方差为 0.051，高于广西的 0.034 和贵州的 0.046，说明与处于相同发展阶段的兄弟省份相比，云南还需要在区域协调方面投入更多精力。

第三章

新时代云南省高质量跨越式发展的必然性

本章精要

- 云南走高质量跨越式发展的道路，既是被动应对外部环境挑战、适应发展阶段转变的客观选择，也是主动把握新时代发展机遇的战略举措。全球经济增速放缓已经成为一种共识，在中美贸易摩擦不断升级的背景下，云南作为我国面向南亚东南亚辐射中心的重要地位日益凸显。我国经济发展已经进入新时代，由高速增长阶段转向高质量发展阶段。云南必须紧抓对外开放、消费升级和数字经济的重大机遇，力争通过高质量跨越式发展实现"换道超车"。

- 云南走高质量跨越式发展的道路，是云南立足当前经济发展阶段、特征和问题，实现长期可持续发展的内在需要。云南当前正处于工业化中期的前半阶段，仍然是我国工业化水平最低的省份之一，而且工业化进程速度有放缓趋势。劳动力就业转移缓慢、工业结构不合理，是导致云南工业化进程缓慢的主要原因。云南主要工业经济指标滞后于全国平均水平，在大西南地区也处于劣势地位，产业结构不合理、产业弱小和区域发展不平衡问题突出。

- 经过改革开放 40 余年的发展，云南省奠定了高质量跨越式发展的重要基础，主要表现在以下方面：一是经济保持快速增长，生活水平实现稳步提升。2018 年全省 GDP 增速 8.9%，位居全国第三，总量约 1.79 万亿元，居民人均可支配收入首次突破 2 万元。2019 年，全省 GDP 增速 8.1%，位居全国第三，总量突破 2 万亿元。二是基础设施"五网"建设取得明显成效。2013~2017 年这五年，累计完成以"五网"建设为重点的综合基础设施投资超过 8800 亿元。三是八大重点产业特别是打造"绿色能源""绿色食品""健康生活目的地"三张牌呈现良好发展势头，为云南经济动能转换注入了新活力。四是社会发展与生态文明建设成绩突出。

- 与其他欠发达地区相比，云南省拥有着高质量跨越式发展的突出优势主要表现在以下方面：一是国家战略进一步强化云南区位优势。从区位上看，云南正处在"一带一路"倡议和长江经济带发展战略的重大节点上，具有非常独特的区位优势和战略优势。二是资源和环境优势助力特色产业发展。云南具备丰富的能源资源、生物资

源和旅游资源，为能源产业、大健康产业和旅游业提供了得天独厚的条件。三是对外开放基础雄厚。云南对外开放历史悠久，国际合作源远流长。在对外开放与合作过程中，云南从一个边疆省份变成一个中国面向南亚东南亚的辐射中心，战略地位不断提升。

● 目前而言，云南这些基础和优势未能得到充分发挥。云南要更好地利用和转化这些基础和优势，使其成为今后推动高质量跨越式发展的动力和支撑。

　　一个地区的经济社会发展战略和路径选择，必须建立在外部环境影响和内在发展需要的基础上。从国内外发展环境来看，云南省高质量跨越式发展，既是被动应对外部环境挑战、适应发展阶段转变的客观选择，也是主动把握新时代发展机遇的战略举措。在全球经济增速放缓、全球化进程遇阻、中国发展阶段转变的背景下，云南必须紧抓对外开放、消费升级和数字经济的重大机遇，力争通过高质量跨越式发展实现"换道超车"。从云南省发展现状来看，云南走高质量跨越式发展的道路，是立足当前经济发展阶段、特征和问题，实现长期可持续发展的内在需要。云南当前正处于工业化中期的前半阶段，且工业化进程速度有放缓趋势。从全要素生产率对经济增长的贡献看，资本要素投入是云南省经济增长的第一要素，云南省经济增长仍然属于粗放型经济下的资本密集型增长方式（李佳彬等，2019）。面对新时代的机遇和挑战，要从根本上解决云南发展不平衡、不充分问题，必须走高质量跨越式发展的路径。同时，全省在多个方面已经具备了高质量跨越式发展的基础条件，并且在多个领域表现出一些突出优势，可为高质量跨越式发展提供动力和支撑。

一、国内外发展环境的客观要求

　　云南省高质量跨越式发展，既是被动应对外部环境挑战、适应发展阶段转变的客观选择，也是主动把握新时代发展机遇的战略举措。

（一）应对全球经济发展形势挑战的必然选择

　　2019 年全球经济增速放缓已经成为一种共识，接踵而至的风险因素正在打击全球经济增长前景以及市场的信心。联合国近期发布的《2019 年世界经济形势与展望年中报告》称，由于贸易紧张局势得不到解决，国际政策高度不确定，商业信心不断减弱，全球经济增长正在经历着全面放缓。其中特别指出，贸易局势持续高度紧张对全球增长构成威胁，由于贸易争端使关税不断提高，可能对发展中国家，特别是出口严重依赖受影响经济体的国家产生严重的溢出效应。国际贸易活动长期低迷也会削弱投资前景，并对中期的生产力增长产生不利影响。国际货币基金组织也下调了全球经济增长预期，2019 年 1 月出版的《世界经济展望》预测，全球扩张将逐步减弱。预计全球经济 2019 年将增长 3.5%，2020 年将增长 3.6%，分别比 2018 年 10 月的预测低 0.2 个和 0.1 个百分点。2019 年 6 月 28 日，习近平在二十国集团领导人峰会上也指出，国际金融危机发生十年后，世界经济再次来到十字路口。保护主义、单边主义持续蔓延，贸易和投资争端加剧，全球产业格局和金融稳定受到冲击，世界经济运行风险和不确定性显著上升，国际投资者信心明显不足，世界经济已经进入新旧动能转换期。总体而言，当前全球经济发展形势不容乐观。

近年来，全球化遇阻退潮，而中国和东盟所在的东亚地区却逆势而上，为区域互联互通建设、跨境经济合作和地区一体化进程提供了源源不断的强劲动能。在当前贸易保护主义抬头给全球带来的潜在威胁下，亚太地区却扮演着平衡的角色，继续合力推动经贸发展。联合国报告也指出，东亚和南亚仍是世界上最具经济活力的区域。尤其是在中美贸易摩擦不断升级的背景下，云南作为我国面向南亚东南亚辐射中心的重要地位日益凸显。然而，云南在多个方面的比较优势还未能转化为经济竞争力，特别是自身实力较弱，产业支撑不足。未来一段时期，云南若要在日益激烈的国际市场竞争中站稳脚跟，发挥好面向南亚东南亚辐射中心的重要作用，必须加快转变发展方式，闯出一条高质量跨越式发展的路子。

（二）适应中国经济发展阶段转变的客观要求

新时代中国经济发展的核心是高质量发展。当前，我国经济发展已经进入新时代，其基本特征是，由高速增长阶段转向高质量发展阶段。党的十九大报告提出"贯彻新发展理念，建设现代化经济体系"，指出"我国经济已由高速增长阶段转向高质量发展阶段，正处在转变发展方式、优化经济结构、转换增长动力的攻关期，建设现代化经济体系是跨越关口的迫切要求和我国发展的战略目标。必须坚持质量第一、效益优先，以供给侧结构性改革为主线，推动经济发展质量变革、效率变革、动力变革，提高全要素生产率，着力加快建设实体经济、科技创新、现代金融、人力资源协同发展的产业体系，着力构建市场机制有效、微观主体有活力、宏观调控有度的经济体制，不断增强我国经济创新力和竞争力"。

在中国经济发展阶段转变的关键时期，云南仍处于工业化中期的前半阶段，滞后于全国平均水平。在一定的条件下，经济发展的基础就是产业结构，先进、合理的产业结构对一个地区的经济水平发挥关键推动作用。当前云南仍存在三次产业结构层次分布不合理、产业结构较为简单、发展程度较低、产业技术创新能力不足等问题。这就使云南在经济和社会发展中，面临着诸多矛盾和困难，也倒逼云南向高质量跨越式发展转型。云南作为一个欠发达的省份，既要推动高质量发展，还要保持一定的发展速度。这要求云南处理好经济发展量与质的关系，做到优化现有存量、确保高质量的增量，在量的大幅提升中确保质量优化。

（三）把握新时代经济发展战略机遇的重大举措

新时代云南最大的战略机遇来自对外开放。在"一带一路"倡议和"长江经济带"发展战略等的引领下，在建设面向南亚东南亚辐射中心的进程中，云南面向三亚（东南亚、南亚、西亚）、肩挑两洋（太平洋、印度洋）、通江达海沿边的独特区位优势，正使云南从开放的末端走向前沿，云南由此迎来更大的发展机遇。2016 年以来，在不断深化升级的"澜湄合作机制"推动下，云南利用自身区位优势积极拓展与周边国家的国际合作，并取得了显著成效。"中国—中南半岛经济走廊"是"一带一路"倡议六大国际经济走廊之一，以昆明为起始点，联通中国、越南、老挝、缅甸、泰国、柬埔寨、马来西亚等国家，抵达新加坡，是连接中国和东南亚、南亚地区的陆海经济带。作为其核心组成部分的"中老经济走廊"，促进了云南与老挝的要素流动、经贸合作与产业转移，为云南外向型经济发展和产业转型升级开拓了新的通道。另一条呈"人字形"分布的中缅经济走廊，也是助推两国"一带一路"倡议对接的重要桥梁。对于缅甸而言，它联通了缅甸传统的人口密集区，约占缅甸 90% 以上的人口。对于我国而言，也将对云南乃至中西部地区的经济发展有很大的带动作用。展望未来，云南应紧紧抓住国家深入推进开放型经济体制改革的重大时机，紧密围绕"一带一路"倡议和国际经济走廊建设等重大国家战略，着力打造云南省开放型经济新体制和沿边开放新高地，培育国际合作和竞争新优势，凸显作为我国面向南亚东南亚辐射中心的战略定位和重要作用。

云南的另一个发展机遇来自消费升级。随着我国社会发展向人民对美好生活向往不平衡不充分矛盾的转移，中国社会已经开始进入生态产品消费的新时期。包括与人的生命周期健康密切需求的自然食品、水、氧气、木材、纤维等生活生产资料，以及调节气候、净化污染、涵养水源、保持水土、防风固沙、减轻灾害、维护环境质量等生态功能在内的生态产品，越来越成为我国需求最旺盛、供给最短缺、消费最强劲的资源。对优质生态产品及优良生态环境的需求将成为中国和全球经济社会发展的重要驱动力。云南是我国不可多得的生态产品生产供给潜力巨大的关键区域，不仅可以提供绝大多数的生态产品，而且由于特殊的生态条件使很多区域单位面积提供的产品种类多、产量大、价值高，属于全球生态产品非常重要的生产基地和输出基地。云南拥有的特殊生态资源为未来发展提供了无限的机会和可能，因此必须高度认识生态资源的重要性、不可替代性，坚持经济与环境协调统一的高质量发展路径。

此外，数字经济为云南提供了"换道超车"的机遇。伴随全球范围的信息技术变革，数字经济迅速发展壮大，5G 网络、云计算、大数据等相关产业呈现爆发式的增长势头。2019 年 5 月 21 日，2019 腾讯全球数字生态大会在昆明开幕。会上腾讯研究院发布的《数字中国指数报告（2019）》指出，2018 年中国数字经济规模已经达到 29.91 万亿元，数字经济占比继续提升，2018 年中国 GDP 总量的 1/3 借助数字技术实现，数字中国初具规模。报告还指出，云计算对数字中国的贡献进一步显现，云计算的技术红利加快向中西部下沉，用云量与 GDP、数字经济发展强关联。云南省用云量大规模增长与数字化经济高速发展的表现引人注目，其中，腾讯云助力云南省打造的"一部手机游云南"已经建设成一个包含旅游大数据中心、旅游综合服务平台、旅游综合管理平台，以及三类旅游应用端口的成熟体系，促进了云南旅游产业的数字化升级；而"一部手机办事通"则推动政务服务在手机上即可办理。阿里巴巴集团发布的《2018 年中国数字经济发展报告》显示，云南省数字经济消费力排行前五的州（市）分别是昆明、曲靖、红河、大理、昭通。2018 年云南省数字经济销售总额增速居全国第二，同比增长 49.6%。领先于贵州和西藏，但落后于四川、重庆和广西。对于以传统产业为主、新动能乏力的西部省份云南而言，要更好应对新技术革命对经济社会的冲击，必须大力发展数字经济及相关产业，借助数字经济战略机遇实现"换道超车"。

二、云南省经济发展的内在需要

云南当前正处于工业化中期的前半阶段，在经济社会发展中表现出一些独有的特征。通过与全国和西部地区经济发展水平进行比较可以看出，云南走高质量跨越式发展的道路，是立足当前经济发展阶段和经济发展特征，实现长期可持续发展的内在需要。

（一）加快推进工业化进程的内在需要

1. 云南处于工业化中期前半阶段

本部分借鉴陈佳贵、黄群慧等（2006）提出的综合评价国家或者地区工业化水平的指标体系和方法，对云南主要年份的工业化进程进行了评估。针对可以衡量工业化水平的几大重要指标，选取人均 GDP 来衡量地区的经济发展水平，选取一二三产业产值比来衡量产业结构，选取制造业增加值占总商品生产部门（大体为第一产业和第二产业）增加值的比重来衡量工业结构，选取城镇人口占总人口的比重来衡量空间结构，同时选取第一产业就业占总就业的比重来衡量就业结构。表 3-1 列示了同期云南工业化水平的评价结果及其与全国、西部和大西南地区的比较情况。

表 3-1　云南和相关地区工业化进程：分项及综合得分

地区	人均 GDP	产业产值比	工业结构	城镇化率	产业就业比	综合得分	工业化阶段
1995 年							
全国	0	32	18	0	17	12	二（Ⅰ）
西部	0	13	11	0	0	5	二（Ⅰ）
大西南	0	14	15	0	0	6	二（Ⅰ）
云南	0	20	48	0	0	15	二（Ⅰ）
2000 年							
全国	0	47	23	10	22	18	二（Ⅱ）
西部	0	27	7	0	0	8	二（Ⅰ）
大西南	0	29	11	0	0	9	二（Ⅰ）
云南	0	27	26	0	0	12	二（Ⅰ）
2005 年							
全国	20	57	73	21	33	41	三（Ⅰ）
西部	2	41	18	8	11	16	二（Ⅱ）
大西南	0	41	24	6	12	16	二（Ⅱ）
云南	0	35	30	0	0	14	二（Ⅰ）

续表

地区	人均GDP	产业产值比	工业结构	城镇化率	产业就业比	综合得分	工业化阶段
2010 年							
全国	60	66	100	33	51	66	四（Ⅰ）
西部	45	56	76	19	27	50	三（Ⅱ）
大西南	39	52	98	16	27	51	三（Ⅱ）
云南	30	48	86	8	1	41	三（Ⅰ）
2015 年							
全国	82	100	91	53	69	84	四（Ⅱ）
西部	71	59	58	31	31	58	三（Ⅱ）
大西南	67	57	72	29	30	58	三（Ⅱ）
长江经济带	85	100	100	51	60	85	四（Ⅱ）
云南	55	49	31	22	14	41	三（Ⅰ）

资料来源：黄群慧，李芳芳等. 中国工业化进程报告（1995~2015）［M］. 北京：社会科学文献出版社，2017.

就人均GDP指标而言，2015年云南人均GDP为28806元，不仅低于全国平均水平，也低于西部和大西南地区的平均水平。"十二五"期间，尽管云南人均GDP有了大幅增长，但与全国、西部和大西南地区的绝对差距还在扩大。这说明云南在"十二五"期间人均GDP的增长不仅低于全国平均速度，也没有跟上西部和大西南地区的加速增长步伐。2015年该指标工业化评分为55，进入了工业化中期的后半阶段。

从三次产业产值比指标看，2015年云南省的三次产业结构为15.1∶39.8∶45.1。其中，第一产业产值比重高于全国、西部、大西南地区和长江经济带的平均水平，第二产业产值比重低于全国、西部、大西南地区和长江经济带的平均水平，第三产业比重略低于全国和长江经济带的平均水平，但高于西部和大西南地区的平均水平。整个"十二五"时期，云南第一产业的产值比重仅下降了0.2个百分点，降幅远低于全国和其他地区。与西部其他省份相比，云南服务业比重较大，旅游业对经济增长贡献较大。2015年云南产业产值比的工业化评分为49，仍处于工业化中期的前半阶段，有望在"十三五"时期进入工业化中期后半阶段。

工业结构方面，2000年云南制造业增加值的占比大于全国、西部和大西南地区的平均水平，2005 年已经低于全国平均水平但仍高于西部和大西南地区的平均水平，2010 年是考察期内云南制造业增加值占比的一个峰值，高达56.0%，2015 年则降到了 38.8%，远低于全国、西部、大西南地区和长江经济带的平均占比。由此，其工业结构评分从 2010 年的 86 骤降至 2015 年的 31，从工业化后期的后半阶段倒退回了工业化初期的后半阶段。这说明云南制造业的发展很容易受国家和地方产业政策的影响，特别是供给侧结构性改革背景下对过剩产能的关停。

城镇化方面，2015 年云南城市人口占全省人口的 43.3%，比全国平均水平低 12.8 个百分点，也低于西部、大西南地区和长江经济带的平均水平。与"十一五"时期比较，"十二五"期间云南城市化在加速推进，2006～2010 年云南城市化率只提高了 5.3 个百分点，2010～2015 年则提高了 8.5 个百分点。该指标的工业化评分由 2010 年的 8 分跃升至 2015 年的 22 分，进入工业化初期的后半阶段。

从三次产业就业结构指标来看，2015 年云南第一、第二、第三产业的就业比重为 53.7：13.2：33.1，远高于全国、西部、大西南地区和长江经济带的平均水平。尽管 1995 年以来，云南第一产业就业比重在逐步下降，但"十二五"期间下降的速度明显放缓了（"十一五"时期下降了 10 个百分点，"十二五"时期只下降了 5.7 个百分点），且第二产业就业比重的提升幅度甚为缓慢，第一产业转移出的劳动力基本上是被第三产业吸收。横向来看，云南是全国第一产业就业比重很高的省份（仅次于贵州和甘肃），2015 年该指标工业化评分为14，尚处于工业化初期的前半阶段。

加总计算，2015 年云南工业化综合指数为 41，自"十一五"时期由工业化初期推进到工业化中期以来，依然处于工业化中期的前半阶段。图 3-1 对2015 年云南和全国工业化分指标评价值及综合指数进行了对比，显然，云南工业化各项指标分值皆落后于全国平均水平。

2. 云南工业化进程速度急剧放缓

（1）工业化进程速度放缓，在全国排名呈下降趋势。"十二五"期间，云南工业化发展速度急剧放缓，以致其工业化综合指数在全国的排名持续下降，由 1995 最好时期的全国第八位跌到了 2015 年的全国第 30 位。从表 3-2 中对多个地区的比较看，1995 年云南工业化指数为 15，进入工业化初期的前半阶段；2000 年云南工业化指数为 12，在全国排名第 17 位；到 2005 年跌落至第 27位；2010 年其工业化指数为 41，进入工业化中期的前半阶段，仍名列全国第 27位；2015 年云南工业化指数依然是 41（见图 3-1），但排名降到了第 30 位。从指数增长情况看，"十五"期间云南工业化指数仅增长了 2；"十一五"期间增

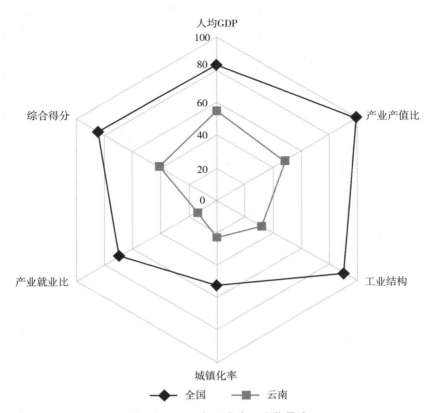

图 3-1　2015 年云南省工业化雷达

资料来源：黄群慧，李芳芳等. 中国工业化进程报告（1995~2015）［M］. 北京：社会科学文献出版社，2017.

速有所加快，增长了 27，高于全国的平均速度，但仍低于西部和大西南地区的平均水平；"十二五"期间，云南工业化指数竟然是 0 增长，这在全国都是很少见的。

　　总体而言，云南仍然是我国工业化水平最低的省份之一，且工业化进程速度有放缓趋势。从工业化指数增长速度来看，1996~2000 年云南工业化指数年均递减 0.60，2001~2005 年年均递增 0.40，"十一五"期间其工业化进程加速推进，持续近十年的工业低速发展困境开始逆转，取得了年均递增 5.40 的佳绩，快于全国平均增速，与西部、大西南地区的相对差距有所缩小，在全国的排名上升到了第 18 位。遗憾的是，2011~2015 年云南工业化指数却踟蹰不前，工业化进程处于全国末端。从整个考察期来看，1996~2015 年云南工业化指数

表 3-2　云南和相关地区工业化进程排名情况

地区	1995 年			2000 年			2005 年			2010 年			2015 年		
	工业化指数	工业化阶段	排名	工业化指数	工业化阶段	排名	工业化指数	工业化阶段	排名	工业化指数	工业化阶段	排名	工业化指数	工业化阶段	排名
全国	12	二（Ⅰ）	—	18	二（Ⅱ）	—	41	三（Ⅰ）	—	66	四（Ⅰ）	—	84	四（Ⅱ）	—
西部	5	二（Ⅰ）	4	8	二（Ⅰ）	4	16	二（Ⅱ）	4	50	三（Ⅱ）	4	58	三（Ⅱ）	4
大西南	6	二（Ⅰ）	6	9	二（Ⅰ）	5	16	二（Ⅱ）	7	51	三（Ⅱ）	7	58	三（Ⅱ）	7
云南	15	二（Ⅰ）	8	12	二（Ⅰ）	17	14	二（Ⅰ）	27	41	三（Ⅰ）	27	41	三（Ⅰ）	30

注：表中的排名分别针对四大板块（东部、东北、中部、西部）、八大区域（长三角、珠三角、京津冀、环渤海、东北三省、中部六省、大西南、大西北）和大陆31个省（自治区、直辖市）。

资料来源：黄群慧，李芳芳等. 中国工业化进程报告（1995~2015）[M]. 北京：社会科学文献出版社，2017.

仅年均递增 1.30，低于同期全国平均 3.60 的增速，是中国大陆工业化增速最慢的省份。由此或能理解云南自 1995 年进入工业化初期的前半阶段，20 年过去了尚徘徊在工业化中期的前半阶段，而同期全国已步入工业化后期的后半阶段。

（2）第一产业就业转移缓慢，制造业增加值比重下降。从表 3-3 中可以看出，与"十一五"末期（2010 年）相比，除了人均 GDP 这一指标外，2015 年云南工业化指数的其他分项指标评分与全国平均水平的差距明显扩大。其中，产业产值比和工业结构指标评分与全国平均水平的差距拉得最大。在西部和大西南地区内部，1995 年云南无论是工业化分项指标评分还是综合指数都处于领先（或持平）地位，"十五"末期（2005 年），云南的大部分指标及综合指数同地区内的差距开始显现出来。到了"十一五"和"十二五"时期，云南与全国以及地区内部的工业化差距加速拉大。

表 3-3　云南工业化指标得分与全国、西部和大西南地区平均水平的比较

地区	人均 GDP	产业产值比	工业结构	城镇化率	产业就业比	工业化指数
1995 年						
与全国差距	0	-12	30	0	-17	3
与西部差距	0	7	37	0	0	10
与大西南差距	0	6	33	0	0	9
2000 年						
与全国差距	0	-20	3	-10	-22	-6
与西部差距	0	0	19	0	0	4
与大西南差距	0	-2	15	0	0	3
2005 年						
与全国差距	-20	-22	-43	-21	-33	-27
与西部差距	-2	-6	12	-8	-11	-2
与大西南差距	0	-6	6	-6	-12	-2

续表

地区	人均GDP	产业产值比	工业结构	城镇化率	产业就业比	工业化指数
2010 年						
与全国差距	-30	-18	-14	-25	-50	-25
与西部差距	-15	-8	10	-11	-26	-9
与大西南差距	-9	-4	-12	-8	-26	-10
2015 年						
与全国差距	-27	-51	-60	-31	-55	-43
与西部差距	-16	-10	-27	-9	-17	-17
与大西南差距	-12	-8	-41	-7	-16	-17

资料来源：黄群慧、李芳芳等. 中国工业化进程报告（1995～2015）［M］. 北京：社会科学文献出版社，2017.

从整个考察期看，1995 年云南工业化指数分别领先于全国、西部和大西南平均水平 3 分、10 分和 9 分，到了 2015 年则分别落后 43 分、17 分和 17 分。究其原因，工业结构调整迟缓、第一产业就业转移缓慢应该是导致云南工业化综合指数评分排名进一步下降的主要原因。1995～2015 年，云南第一产业的就业份额仅从 75.8% 降到 53.7%，而同期全国则从 52.2% 降到 28.3%。横向比较，2015 年云南第一产业的就业比重高出全国平均水平 25.4 个百分点，高出西部平均水平 8 个百分点，高出大西南地区 7.2 个百分点。这意味着截至目前，云南依然有超过一半的劳动力是在第一产业就业。工业结构方面，如前所述，云南省制造业增加值占比在 2010 年达到 56.0% 的峰值后，2015 年回落到38.8%，工业结构在倒退。毋庸置疑，劳动力就业转移缓慢、工业结构不合理势必影响云南工业化进程。

（3）工业结构指标贡献度下降，"十二五"时期工业化进程滞缓。表 3-4反映了不同指标对云南省工业化综合指数增长的贡献度。从不同时期的评价结果来看，"十一五"时期是云南工业化的黄金时期，工业化指数累计增加了27；"十二五"时期，受产业结构调整和国内外宏观经济环境的影响，云南工业化出现了滞缓。在全国工业化进程普遍推进的情境下，云南的工业化排名下滑到了全国倒数第二（仅好于贵州）。综合来看，1996～2015 年人均 GDP 对云南工业化的贡献最大（76.15%），产业产值比的贡献是 24.54%，工业结构指标的贡献则是负数（-14.38%）。

表3-4　各指标对云南省工业化综合指数增长的贡献度　　单位:%

时段	人均GDP	产业产值比	工业结构	城镇化率	产业就业比	工业化指数累计增加值
1996~2000年	0	-55.81	154.88	0	0	-3
2001~2005年	0	70.47	32.36	0	0	2
2006~2010年	40.67	10.77	46.4	3.62	0.3	27
2011~2015年	0	0	0	0	0	0
1996~2015年	76.15	24.54	-14.38	10.15	4.31	26

资料来源:黄群慧,李芳芳等.中国工业化进程报告(1995~2015)[M].北京:社会科学文献出版社,2017.

"十二五"是我国应对经济新常态、化解过剩产能的关键时期。作为发展程度相对落后的边疆省份,云南工业的发展更容易受国家和地方产业政策的影响,结构调整过程相对艰难、缓慢。当然,这跟云南的资源禀赋、计划经济时期的生产力布局(比如"三线"建设)以及嵌入式的工业发展道路有一定关系。长期以来,诸多因素的叠加使云南逐渐走上了一条以能源、矿产、冶炼等产业为主导的工业发展路径。该路径在工业化初期也许是合宜的,但到了工业化中后期,伴随着工业化动力的转型,其弊端则会日益显现出来。由此,或能理解工业结构指标对云南工业化进程的贡献为什么会由曾经的最大变为目前的最小。

(4)较低的人力资本和不利的自然条件制约发展。更进一步考察,云南较低的人力资本水平、特殊的自然条件同上述现象的产生有较大关联。尽管过去20年,云南的人力资本积累有了较大改变,但与全国平均水平仍有较大差距。就劳动力的平均受教育年限而言,《中国人力资本报告2016》显示,2014年云南农村劳动力人口的平均受教育年限仅为7.51年,低于全国8.61年的平均水平。按照目前工作岗位对人力资本的要求,中国第二产业资本密集型岗位要求职工具有10.4年的平均受教育水平,第三产业技术密集型岗位则要求13.3年。[①] 显然,云南农村的人力资本状况还远远不能满足非农就业岗位对人力资本的要求,这应该是劳动力在产业间转移缓慢的根本原因。

---

① 工作岗位对人力资本的要求数据来自:蔡昉.人力资本需求与教育改革[A]//发展新常态下中国经济体制改革探究[C].北京:中国社会科学出版社,2016:97-115.

自然条件方面，云南西边是横断山脉，东部是云贵高原，境内坡陡弯多、山高谷深，不利于大规模的工业化和城镇化。进而，云南工业化发展的区域不均衡特征甚为突出，工业化水平呈现出由滇中向周边递减的格局。程厚思等曾用"孤岛"模型对云南的贫困问题进行解释，该框架同样适用于云南工业化进程迟滞的解释，因为地域空间的相对封闭不仅会造成经济、技术的封闭性，还会导致文化观念的封闭性，对人力资本积累和技术进步甚为不利，容易使社会经济发展跌入"孤岛"陷阱。

（二）实现区域内经济赶超的内在需要

1. 云南经济发展滞后于全国平均水平

表 3-5 反映了云南省经济发展水平在全国中的地位。从主要经济数据看，2018 年，云南 GDP 达到 17881.12 亿元，比上年增长 8.9%，占全国 GDP 比重多年来一直保持在 2% 的水平。就三次产业的分布而言，第一产业相对全国水平而言，所占比重仍然偏高。2018 年，云南人均生产总值为 37136 元，刚刚超过全国平均值的一半，处于较低水平。从城镇化率指标看，云南也未能达到全国平均水平，基本上是全国平均值的 80%。从居民人均可支配收入看，城镇居民和农村居民收入水平均低于全国平均值，农村居民收入水平与全国平均水平的差距更大一些。对外贸易规模在全国占比不高，且在 2017 年由顺差转为逆差，进口贸易额超过了出口贸易额。

表 3-5　2018 年云南省主要经济数据占全国的比重

指标	全国	云南	云南占全国比重（%）
生产总值（GDP）（亿元）	900309.5	17881.12	2.0
·第一产业	64734	2498.86	3.9
·第二产业	366001	6957.44	1.9
·第三产业	469575	8424.82	1.8
人均生产总值（元/人）	64644	37136	57.4
城镇化率（%）	59.58	47.81	80.2
城镇常住居民人均可支配收入（元）	39251	33488	85.3
农村常住居民人均可支配收入（元）	14617	10768	73.7
货物进出口总额（亿美元）	46230	298.95	0.6

续表

指标	全国	云南	云南占全国比重（%）
·出口总额	24874	128.12	0.5
实际利用外商直接投资（亿美元）	1350	10.56	0.8

资料来源：《中华人民共和国 2018 年国民经济和社会发展统计公报》《云南 2018 年国民经济和社会发展统计公报》。

　　具体到云南在全国 31 个省份中的排名情况（见表 3-6），人均 GDP 和人均收入两个指标排名非常靠后，固定资产投资规模大体排在中游水平。2013 年和 2014 年，在人均 GDP 全国排名中，云南倒数第三，贵州倒数第二，甘肃倒数第一。2015 年开始，贵州超越云南，上升一位。2015~2018 年，在人均 GDP 全国排名中，云南倒数第二，甘肃倒数第一。2013~2018 年，云南居民人均可支配收入始终排在全国第 28 位。2018 年排倒数四位的分别是：西藏倒数第一，甘肃倒数第二，贵州倒数第三，云南倒数第四。从投资、消费和出口"三驾马车"来看，云南基本还处于以投资拉动为主的阶段，消费的带动力还未能有效发挥，出口的拉动效应也在逐渐减弱。

表 3-6　2013~2018 年云南省主要经济数据在全国排名情况

年份	人均GDP（元）	全国排名	居民人均可支配收入（元）	全国排名	固定资产投资总额（亿元）	全国排名	社会消费品零售总额（亿元）	全国排名	货物进出口总额（亿美元）	全国排名
2013	25322	29	12577.9	28	9968.3	21	4112.6	24	253.0	21
2014	27264	29	13772.2	28	11498.5	19	4632.9	24	296.0	20
2015	28806	30	15222.6	28	13500.6	19	5103.2	24	244.9	20
2016	31093	30	16719.9	28	16119.4	15	5722.9	23	199.0	20
2017	34221	30	18348.3	28	18936.2	15	6423.1	23	234.5	20
2018	37136	30	20084.2	28	—	—	6826.0	23	299.0	21

资料来源：历年《中国统计年鉴》、国家统计局数据库。

　　2. 云南在西部地区处于相对劣势地位

　　考虑到可比性原则，重点比较云南与大西南地区各省份的相对发展水平。图 3-2 反映了 2013~2018 年云南省 GDP 和大西南地区各省份的比较情况，云南省总体经济规模保持逐年稳步增长态势，始终在大西南地区保持中等水平，但近年来经济增速低于四川、重庆和贵州，发展动力有所衰弱。

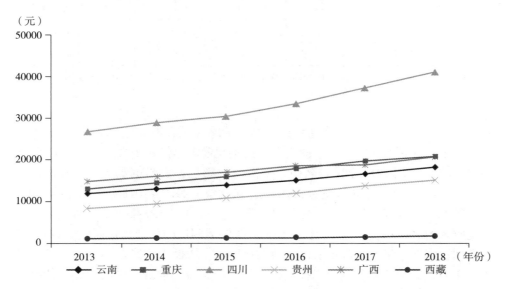

图 3-2 2013~2018 年云南省 GDP 与大西南地区比较情况
资料来源：国家统计局数据库。

从表 3-7 中云南省人均 GDP 与全国和大西南地区的比较情况看，云南省近六年来始终低于全国平均水平和大西南平均水平，同时云南省人均 GDP 与全国平均值的差距仍在扩大。从大西南地区排名情况看，自 2015 年贵州省人均 GDP 超越云南省以后，目前云南省人均 GDP 在大西南地区处于"垫底"的位置，且这种差距正在呈现逐年扩大趋势。由此可见，云南经济发展水平在大西南地区处于相对劣势，人均 GDP 绝对值低于区域平均水平，除近几年外，多个年份的经济增速也相对缓慢，而贵州、重庆、西藏的发展则较为迅速。

表 3-7 2013~2018 年云南省人均 GDP 与全国和大西南地区比较情况

地区	2013 年		2014 年		2015 年		2016 年		2017 年		2018 年	
	人均 GDP（元）	增速（%）	人均 GDP（元）	增速（%）	人均 GDP（元）	增速（%）	人均 GDP（元）	增速（%）	人均 GDP（元）	增速（%）	人均 GDP（元）	增速（%）
全国	43852	7.2	47203	6.8	50251	6.4	53935	6.1	59660	6.3	64644	6.1

续表

地区	2013 年		2014 年		2015 年		2016 年		2017 年		2018 年	
	人均GDP（元）	增速（%）	人均GDP（元）	增速（%）	人均GDP（元）	增速（%）	人均GDP（元）	增速（%）	人均GDP（元）	增速（%）	人均GDP（元）	增速（%）
大西南	30230	10.7	33170	8.8	35823	8.6	39343	8.1	42940	8.0	46347	7.1
云南	25322	11.5	27264	7.5	28806	8.0	31093	8.0	34221	8.8	37136	8.2
重庆	43223	11.3	47850	10.0	52321	10.1	58502	9.6	63442	8.2	65933	5.1
四川	32617	9.6	35128	8.1	36775	7.2	40003	7.0	44651	7.5	48883	7.4
贵州	23151	11.9	26437	10.4	29847	10.3	33246	9.8	37956	9.4	41244	9.1
广西	30741	9.4	33090	7.7	35190	7.2	38027	6.3	38102	6.3	41489	5.8
西藏	26326	10.5	29252	9.1	31999	8.9	35184	7.9	39267	7.9	43397	7.0

资料来源：历年《中国统计年鉴》、各省份统计公报。

经济发展的成果最终要落实到居民生活水平的提升。从表 3-8 中 2013～2017 年全国居民人均可支配收入指标比较情况看，云南收入水平低于全国以及东、中、西部和东北所有地区的平均水平。2017 年，云南居民人均可支配收入仅为 18348.3 元，与全国平均水平差距非常明显，仅为东部发达地区平均收入水平的 55%，刚刚超过西部地区收入水平的 90%。2018 年，云南居民人均可支配收入突破 2 万元，但增速落后于贵州和西藏，在全国的地位未能明显改善。

表 3-8　2013～2017 年全国居民人均可支配收入分地区比较　　单位：元

组别	2013 年	2014 年	2015 年	2016 年	2017 年
云南	12577.9	13772.2	15222.6	16719.9	18348.3
全国	18310.8	20167.1	21966.2	23821.0	25973.8
东部	23658.4	25954.0	28223.3	30654.7	33414.0
中部	15263.9	16867.7	18442.1	20006.2	21833.6
西部	13919.0	15376.1	16868.1	18406.8	20130.3
东北	17893.1	19604.4	21008.4	22351.5	23900.5

资料来源：历年《中国统计年鉴》。

（三）优化产业和区域结构的内在需要

1. 云南产业结构调整不到位

从自身纵向比较看，2013~2018 年，云南三次产业结构逐步改善，突出表现在第三产业比重稳步增长。如图 3-3 所示，2013 年，云南三次产业结构为 15.8：41.7：42.5，到 2018 年底，云南第三产业所占比重上升 4.6 个百分点，第二产业比重下降 2.8 个百分点，第一产业比重下降 1.7 个百分点，三次产业结构调整为 14.0：38.9：47.1。

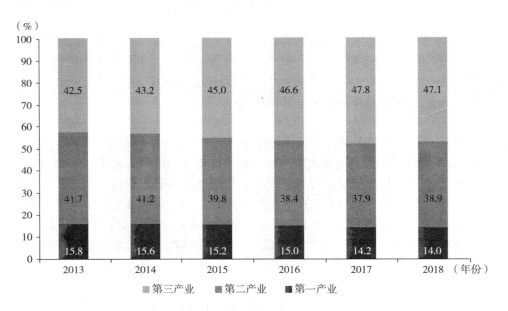

图 3-3　2013~2018 年云南省三次产业结构变化情况

资料来源：历年《云南统计年鉴》《云南省国民经济和社会发展统计公报》。

从图 3-4 中三次产业结构横向比较看，云南第一产业比重相对较高，在大西南地区仅次于广西和贵州，高于全国平均水平 6.8 个百分点；第二产业比重在大西南省份中相对较低，比全国平均水平还低 1.8 个百分点；第三产业发展也相对缓慢，所占比重比全国平均水平低 5.1 个百分点。由此可见，云南产业结构调整的步伐滞后于全国，与同区域的重庆、四川和西藏差距较大，产业转型与结构优化仍然任重道远。

从具体产业构成来看，一方面高技术产业在发展规模、产出效益、研发投

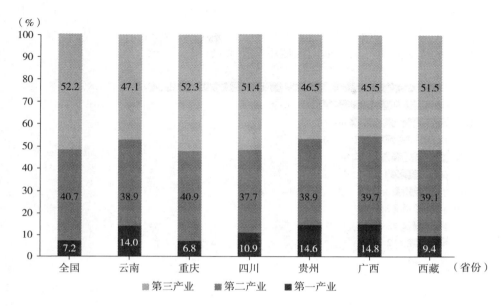

图 3-4　2018 年云南省产业结构与大西南地区比较情况

资料来源：历年《中国统计年鉴》，各省统计公报。

入、创新能力等方面存在明显不足，对全省经济增长的贡献较弱（徐波和方沁贞，2019）；另一方面高耗能产业比重仍然较大，而且重点企业如云天化（昭通市）、云锡（红河州）等多为贫困民族地区、生态脆弱地区的支柱产业。烟草、钢铁、有色冶金、化工、建材等产业资源型粗加工产业仍占主导地位，而且产业链短、附加值低，占全省 GDP 的 30% 以上，占工业比重在 80% 以上。从能源结构看，现阶段重化工业能源消费占规模以上工业的 90% 以上，超过全省能源消费的 50%，产业结构不合理，节能减排压力较大。

2. 云南区域经济发展不平衡

云南区域经济发展极化现象明显，地区发展的协调性不高。图 3-5 是云南省各州（市）GDP 总量比较情况。2018 年，GDP 超过千亿的州（市）共有六个。其中，昆明 GDP 突破 5000 亿元，达到 5206.90 亿元，占全省 GDP 总量的 29.1%，接近第二名曲靖 GDP 的 2.6 倍，是最后一名怒江 GDP 的 32.2 倍，稳居全省经济核心地位。排名第三至第六位的州（市）分别是：红河（1593.77 亿元），玉溪（1493.04 亿元），大理（1122.44 亿元），楚雄（1024.33 亿元）。排在前六位的州（市）GDP 总量达到约 1.25 万亿元，占全省 GDP 总量的 69.6%。怒江 GDP 总量最低，仅为 161.56 亿元，占全省 GDP 总量的 0.9%，但是 GDP 增速全省最高，达到 12.1%，比全省平均水平高出 3.2 个百分点。增速超过 10% 的州（市）有三个，分别是：怒江（12.1%），文山（10.3%），楚雄（10.2%）。由此可见，云南区域不平衡发展问题十分突出。

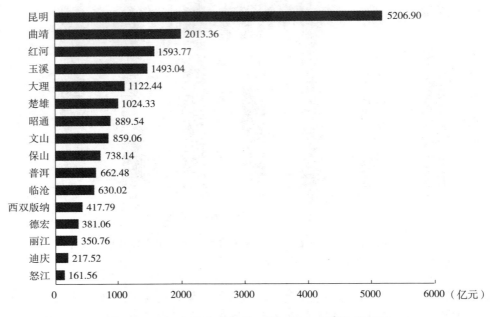

图 3-5　2018 年云南省各州（市）GDP 总量比较情况

资料来源：云南省统计局。

三、云南省具备高质量跨越式发展的基础和优势

　　云南省在多个方面已经具备了高质量跨越式发展的基础条件，并且在多个领域表现出一些突出优势。就目前而言，这些基础和优势未能得到充分发挥。要更好地利用和转化这些基础和优势，是下一个阶段推动高质量跨越式发展的动力和支撑。

（一）云南省奠定高质量跨越式发展的重要基础

1. 经济保持快速增长，经济实力稳步增强

改革开放以来，云南经济社会发展取得了前所未有的巨大成就，GDP 快速增长，1978 年为 69.05 亿元，1982 年增长到 100 亿元，1995 年首次突破 1000 亿元，2012 年超越了 10000 亿元，2018 年达到 17881.12 亿元，2019 年突破 2 万亿元，达到 23223.75 亿元，同比增长 8.1%（根据可比价计算），增速高于全国（6.1%）2.0 个百分点。党的十八大以来，云南卓有成效地推进供给侧结构性改革，推动全省经济进入新一轮增长。2012 年云南 GDP 全国排名第 23 位，到 2018 年底，云南 GDP 全国排名第 20 位。如图 3-6 所示，2013~2019 年云南 GDP 增速分别达到 12.1%、8.1%、8.7%、8.7%、9.5%、8.9% 和 8.1%，高于同期全国平均水平，2018 年云南 GDP 增速位居全国第三。

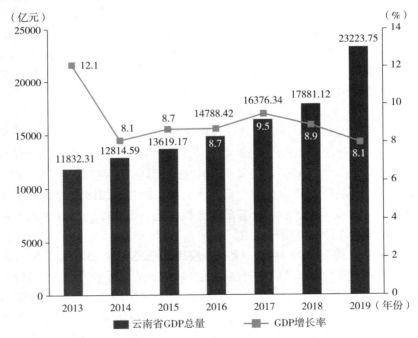

图 3-6　2013~2019 年云南省 GDP 总量及增长情况

资料来源：历年《中国统计年鉴》《云南统计年鉴》《云南省 2018 年国民经济和社会发展统计公报》以及《2019 年云南经济运行情况》。

在经济保持稳定增长的同时，云南居民可支配收入实现同步提升。改革开

放以来，云南省大力推进城乡统筹及新型城镇化发展，城镇面貌发生历史巨变，城镇居民收入水平持续跃升。如图3-7所示，2018~2019年，云南居民人均可支配收入从20084.2元增长至22082元，同比增长9.9%，增速高于全国平均1.0个百分点。全省居民生活消费支出15780元，同比增长10.7%，增速高于全国平均2.1个百分点。从农村居民收入增长情况看，呈现提速态势。2019年，全省农村居民人均可支配收入11902元，同比增长10.5%，增速高于全国平均0.9个百分点。其中，工资性收入3601元，同比增长10.5%；经营净收入6214元，同比增长11.0%；财产净收入189元，同比增长0.7%；转移净收入1899元，同比增长10.3%。全省农村居民人均消费支出10260元，同比增长12.5%，增速高于全国平均2.6个百分点。从城镇居民收入情况看，增速高于全国平均增速。2019年，全省城镇居民人均可支配收入36238元，同比增长8.2%，增速高于全国平均0.3个百分点。其中，工资性收入20347元，同比增长8.6%；经营净收入4107元，同比增长6.5%；财产净收入4959元，同比增长9.8%；转移净收入6824元，同比增长7.1%。全省城镇居民人均消费支出23455元，同比增长8.5%，增速高于全国平均1.0个百分点。总体来看，全省农村居民收入、消费增速均快于城镇居民。2019年，全省农村居民人均可支配收入、人均消费支出增速分别高于城镇居民2.3个和4个百分点。城乡居民人均可支配收入比值为3.04，比上年同期缩小0.07。①

2. 基础设施"五网"建设取得明显成效

与中东部地区相比，云南的基础设施建设滞后，不能有效满足经济社会发展需要。为了弥补这一短板，2013年5月，云南启动了综合交通基础设施建设三年攻坚战。2017年以来，云南又启动实施了路网、航空网、水网、能源保障网、互联网"五网"基础设施建设五年大会战。2013~2018年这六年，累计完成以"五网"建设为重点的综合基础设施投资超过10000亿元，达到10996.13亿元，基础设施建设取得明显成效。

（1）路网。截至2018年底，全省运输线路总里程约25.3万公里（不含民航航线里程），综合交通网平均密度约为64.87公里/百平方公里。铁路方面，2016年12月28日，沪昆客专、云桂铁路、昆玉铁路同时通车，云南进入高铁时代，截至2019年9月底，全省铁路运营里程达3856公里，其中，高铁总里程达到1026公里。公路方面，全省公路通车里程24.88万公里，其中，高速公路里程达到5300公里，83个县（市、区）通高速公路，129个县市区中有125

---

① 2019年云南居民人均可支配收入同比增长9.9% 高于全国平均［EB/OL］．云南网，http：//yn.yunnan.cn/system/2020/01/19/030573343.shtml，2020-01-19.

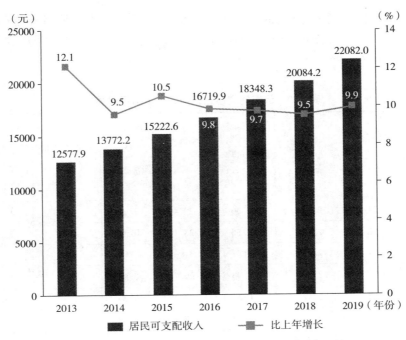

图 3-7　2013~2019 年云南省人均可支配收入及增长情况

资料来源：历年《中国统计年鉴》《云南统计年鉴》《云南省 2018 年国民经济和社会发展统计公报》。

个通高等级公路。全省农村公路总里程达 19.92 万公里，乡镇通畅率、通班车率、建制村通硬化路率达 100%。

（2）航空网。全省通航运营机场达到 15 个，机场密度达每 10 万平方公里 3.8 个，累计开通 429 条航线（其中：国内航线 346 条、国际航线 79 条、港澳台地区航线 4 条），实现东南亚国家首都航线全覆盖，昆明至南亚东南亚通航点数量居全国首位。昆明长水国际机场旅客 2019 全年旅客吞吐量达到 4807 万人次、货邮吞吐量达到 42 万吨，丽江、西双版纳、芒市、大理机场旅客吞吐量达到 100 万人次以上，云南是全国百万级机场最多的省份之一。

（3）水网。近年来，云南进一步加快澜沧江、金沙江大通道建设，内河航道运输能力大幅增长，2017 年全省航道里程超过 4300 公里。2018 年新增通航里程 45 公里，航道通航里程达 4339 公里，云南新增千吨级泊位三个，伴随千吨级航道的贯通与发展，为实现真正意义上连接"南方丝绸之路"创造了条件。航道运输服务与保障能力明显提升，重点航段通航保证率达到 90% 以上。同时，云南积极推动中缅水运通道、中越红河通道、右江珠江通道前期取得实质性进展。

交通运输基础设施建设的深入推进，促进了云南客货运输量保持稳步增长。如表 3-9 所示，2017 年全省客运量达到 4.70 亿人；全省货运量达到 13.74 亿吨，到 2018 年继续增长至 14.91 亿吨。

表 3-9　云南省交通运输线路长度与运输量

年份	铁路营业里程（万公里）	公路通车里程（万公里）	内河航道里程（万公里）	民用航空航线里程（万公里）其中：国际航线（万公里）		全省客运量（亿人）	全省货运量（亿吨）
2013	0.24	22.29	0.36	29.44	7.06	4.88	11.11
2014	0.26	23.04	0.36	33.15	10.65	5.01	11.59
2015	0.27	23.60	0.41	31.69	9.99	4.98	11.43
2016	0.34	23.81	0.43	26.70	8.45	4.88	12.19
2017	0.37	24.25	0.43	27.48	9.29	4.70	13.74
2018	0.38	24.88	0.43	27.48	9.29	4.41	14.91

资料来源：历年《云南统计年鉴》。

（4）能源保障网。云南省大力发展水电等绿色能源，提高绿色能源装机比重，提升全社会用电量和西电东送、外送电量。2018 年全省电力装机容量达 9340.71 万千瓦时。其中，火电 1508.35 万千瓦时，水电 6648.82 万千瓦时，风电 857.34 万千瓦时，光伏 326.21 万千瓦时。清洁能源占比达 84.3%，清洁能源交易电量占比达 97%，清洁能源交易居全国第一。水能利用率提升 5.09%，风能利用率提升 2.86%，太阳能利用率提升 0.3%。2014 年至 2018 年，云南省西电东送电量分别为 886.5 亿千瓦时、945.7 亿千瓦时、1100.5 亿千瓦时、1242.2 亿千瓦时和 1380.5 亿千瓦时，西电东送电量实现了"五连跳"。同时，中缅油气管道建成投产，中缅天然气管道丽江支线以及瑞丽支线投产通气。截至 2019 年 9 月底，全省已投运天然气干支线管道超过 1900 公里，水富—昭通支线、陆良支线一期（曲靖分输站—陆良末站）等项目已建成，2019 年底已投产通气，覆盖全省的油气主干输送网络基本建成。

（5）互联网。宽带云南全力推进，4G 网络广泛覆盖，全面完成"全光网省"建设，所有行政村实现光纤到村，截至 2019 年第三季度，全省光缆线路长度超 200 万公里，省级互联网带宽能力达 16.1T。国际通信业务服务范围扩大到越南、老挝、缅甸、泰国、柬埔寨、印度、斯里兰卡、孟加拉国八个国家。目前，云南正在积极部署 5G 网络，昆明市被列为全国首批开通 5G 城市，16 个州（市）建设 5G 试验站超过 300 个，将进一步夯实互联网基础设施对经济社会发展的支撑作用。如图 3-8 所示，云南互联网用户规模呈逐年增长态势。

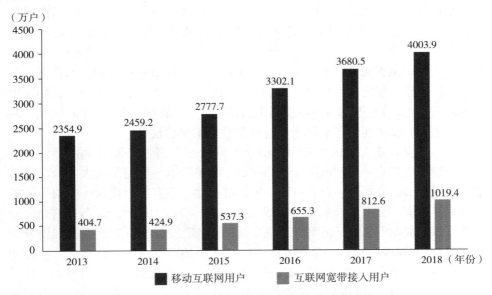

图 3-8　2013~2018 年云南省互联网用户规模增长情况

资料来源：历年《中国统计年鉴》《云南省 2018 年国民经济和社会发展统计公报》。

3. 八大重点产业呈现良好发展势头

云南省委、省政府发布的《关于着力推进重点产业发展的若干意见》提出，大力发展生物医药和大健康产业、旅游文化产业、信息产业、物流产业、高原特色现代农业产业、新材料产业、先进装备制造业、食品与消费品制造业八大产业。在巩固提高云南传统支柱产业的基础上，着力推进重点产业发展，加快形成新的产业集群，打造全省经济增长新引擎。目前来看，八大产业均得到了有力的政策和资源支持，呈现出良好的发展前景。

（1）生物医药和大健康产业。依托云南省自然资源和生态环境优势，2018 年，云南省生物医药和大健康产业厚积薄发，在 2017 年快速发展的基础上，2018 年实现主营业务收入 1685.9 亿元，同比增长 12.8%；实现增加值 519.61 亿元，同比增长 12%。其中，天然药物及健康产品原料种植养殖业实现主营业务收入 315.16 亿元，同比增长 24.9%，种植面积 794 万亩，稳居全国第一；生物医药产品制造业实现主营业务收入 626.27 亿元，同比增长 18.6%；生物医药产品商贸流通业实现主营业务收入 744.47 亿元，同比增长 4.2%。生物医药和大健康产业加速增长优势明显，成为全省支柱产业。同时，已经形成云南白药、昆药集团等一批知名云药企业和品牌产品。

（2）旅游文化产业。立足得天独厚的生态环境和旅游资源，云南着力加快发展生活性、生产性服务业，大力整治旅游市场秩序，推动旅游产业升级，2018 年 6 月推出了"一部手机游云南"全域旅游智慧平台，创新推进特色小镇、康养小镇建设，致力于打造"健康生活目的地"。尤其是得益于"一带一路"倡议和一系列对外开放政策，云南接待入境游客数量有大幅增长，国际旅游收入居西部省份之首。2018 年海外到云南旅游的人数在 700 万以上，同比增长 5%，全省游客总数为 6.64 亿，同比增长 17%，旅游总收入 8450 亿元，同比增长 22%，全省旅游业总体增长速度超过全国平均水平。

（3）信息产业。2015 年云南省提出实施"云上云"行动计划战略，随着信息化和信息产业一系列顶层设计的完成，政策影响力的持续放大，云南省信息产业在基础设施建设、产业布局、生态链构建、重点项目建设等方面已初见成效。自实施"云上云"行动计划以来，2016 年和 2017 年，云南省信息产业主营收入分别完成 826 亿元和 1004 亿元，增速超过 20%，产业投资规模分别实现 156% 和 60% 的增速。全省信息产业增加值 2017 年完成 428 亿元，同比增长 12.7%，占全省 GDP 比重为 2.6%。2019 年，云南抢抓数字经济机遇，加快建设"数字云南"，促进信息技术与实体经济深度融合，打造中国辐射南亚东南亚的数字经济中心。

（4）物流产业。伴随一系列对外开放国家战略的实施，云南作为重要物流枢纽的区位条件日益凸显且潜力巨大。截至 2019 年底，云南省已获批建设昆明综合保税区、红河综合保税区、中国（昆明）跨境电子商务综合试验区；入选全国多式联运示范工程项目 2 个，全国示范物流园区 1 个；获批全国无车承运人试点企业 5 户，全国供应链试点企业 7 户；中亚（滇越）班列实现常态化开行。云南对内衔接粤港澳大湾区、长三角地区、成渝经济区，对外辐射南亚东南亚，内联外通的物流通道体系初见雏形。多年来，云南加快发展现代物流的基础条件不断成熟，物流总量规模快速增长，发展水平明显提高。截至 2019 年 1~8 月，云南交通运输货运量达到 9.37 亿吨，比上年同期增长 8.56%；货物周转量达到 1032.62 亿吨公里，比上年同期增长 8.48%。与此同时，以云南物流产业集团、泛亚物流、天马物流、腾俊物流等为代表的物流龙头企业发展迅速，规模不断扩大，物流经营模式和服务能力也在转变。

（5）高原特色现代农业产业。利用得天独厚的资源禀赋，云南大力发展高原特色生态农业，以发展高原特色农业作为云南农业现代化建设的总抓手。近年来，云南省重点建设高原粮仓、特色经济作物、山地牧业、淡水渔业、高效林业、开放农业"六大内容"，着力打造云烟、云糖、云茶、云胶等 12 个高原特色农业产业"云"品牌，取得了丰硕成果。"云系""滇牌"等农产品受到国内外客商的广泛认可，绿色、环保、营养、安全已经成为云南农产品的形象标签，这些标签也为云南"走出去"带来更多的机遇。伴随电子商务平台建设步伐不断加快，云南生态食品出口额稳居西部省区第一位。

（6）新材料产业。基于矿产资源和产业基础比较优势，云南的新材料产业取得了长足发展。产业集群初见雏形，形成了以昆明、玉溪易门为核心的贵金属产业集群，以昆明光电子产业基地和锗材料基地为核心的锗产业集群，以楚雄禄丰为核心的钛产业集群，以昆明、红河（个旧）为核心的世界最大锡产业集群等。产品结构不断完善，初步形成了处于研究阶段、转化阶段和产业化阶段的具有可持续发展能力的产品体系。企业发展态势良好，打造了贵研铂业、云南锗业、云南钛业等一批具有良好发展前景的大型新材料企业。

（7）先进装备制造业。"十三五"期间，云南计划投资 1500 亿元发展先进装备制造业，加快构建"开放型、创新型、高端化、信息化、绿色化"制造体系。基于强劲的市场需求和扎实的技术支撑，云南把轨道交通装备制造业作为重点支持的战略性新兴产业，使之成为云南新旧动能转换、产业结构转型升级、全要素生产率提升的重要推手和增长引擎。预计到 2030 年，全省铁路运营里程将达到 8000 公里以上，高铁总规模 3100 公里，全面形成"八出省、五出境""三横四纵"的铁路网布局。同时，云南积极抢抓新能源汽车产业布局，以云南滇中新区汽车产业园为基地，引进了一批大项目和大企业入驻，充电桩和充电站等配套设施也在同步加快推进。

（8）食品与消费品制造业。2017 年，云南省围绕产业培育重点，建立工业转型升级项目库，精心谋划一批食品与消费品工业重大项目及一批产业链延伸项目。近两年，云南省食品与消费品工业发展势头良好，对工业经济增长贡献明显。为促进重点项目建设，云南省还建立了食品与消费品工业转型升级项目库，储备有食品与消费品工业亿元以上项目 259 个，其中食品工业项目 180 个，消费品工业项目 79 个。2018 年，云南省农产品加工业产值与农业总产值之比由 2017 年的 0.67∶1 提高到 1.11∶1。同时，绿色食品产业综合产值大幅提升，绿色食品进京、入沪、到港、闯中东力度加大，云茶、云花等千亿元级产业初见雏形。

4. 社会发展与生态文明建设成绩突出

云南省始终坚持以人民为中心的发展思想，持续增加民生投入，实施更加积极的就业政策，深入推进民生事业补短板行动，不断深化医药卫生体制改革，加快完善社会保障体系，努力在发展中保障和改善民生，使发展成果更多地惠及人民群众，人民群众获得感、幸福感、安全感进一步增强。

近年来，云南省全力以赴抓扶贫，脱贫攻坚取得重大进展，人民生活水平持续提升。坚持精准扶贫精准脱贫基本方略，聚焦四个集中连片特困地区和深度贫困群体，扎实推进贫困对象精准识别、动态管理，建立健全责任落实、资金投入、考核评估等体制机制，全面推行"四到县"改革，累计投入省级以上财政专项扶贫资金380.8亿元。实施易地搬迁、产业、教育、健康等精准扶贫措施，扎实开展迪庆藏族聚居区、怒江州、镇彝威革命老区等脱贫攻坚行动，"三位一体"大扶贫格局和"挂包帮""转走访"工作机制日益完善，中央单位定点扶贫和沪滇、粤滇扶贫协作扎实推进。从贫困人口的减少看，2016年减少108万，2017年减少115万，2018年减少151万，2019年减少130万，减贫人数逐年增加，减贫速度逐年加快。党的十八大以来，云南农村贫困人口规模从2012年的804万减少到2018年的179万人，累计减贫625万人，年均减贫104万人。农村贫困发生率从2012年的21.7%持续下降到2018年的4.8%，累计下降16.9个百分点，年均下降2.8个百分点。2013~2019年，云南居民人均可支配收入从12577.9元提高到22082.0元，人民生活水平得到较大改善。

与此同时，云南省坚决守住发展和生态两条底线，基本形成节约资源和保护环境的空间格局、产业结构和生产生活方式，生态文明建设排头兵步伐加快，生态文明建设成效显著。2019年底，深入推进"森林云南"建设，森林覆盖率提高到62.4%，全省90%以上的典型生态系统和85%以上的重要物种得到有效保护。昆明、普洱、临沧获得"国家森林城市"称号。实行最严格的环境保护制度，大气、水、土壤污染防治行动计划深入实施，单位GDP能耗稳步下降，全省万元GDP能耗由1978年的15.4吨标准煤，下降到2016年的0.72吨标准煤，2019年规模以上单位工业增加值能耗比上年下降3.77%。九大高原湖泊水质稳定趋好，六大水系主要出境、跨界河流断面水质达标率达100%。经过多年的持续治理，滇池流域水生态和水环境明显改善，水质企稳向好，2018年滇池全湖水质达至Ⅳ类，为30年来最好水质。2019年上半年，滇池全湖水质继续保持Ⅳ类，35条入滇河道中水质达标的有30条，综合达标率达85.7%。洱海是云南省第二大淡水湖。1996年和2003年，洱海曾两次大面积暴发蓝藻，局部区域水质下降到地表水Ⅳ类。为有效保护洱海生态环境，2016年11月，云南省开启抢救式保护工作，全面打响洱海治理攻坚战。2018年，洱海全湖水质实现7个月Ⅱ类、5个月Ⅲ类，保持Ⅱ类水月份数为2015年以来最多。2019年洱海全湖水质再次实现7个月Ⅱ类、5个月Ⅲ类，主要水质指标变化趋势总体向好。持续开展城乡环境综合整治，人居环境持续改善。改革开放以来，在人口增加两倍多、地区生产总值年均增长 9.4% 的情况下，云南省的污染情况得到了有效控制，生态环境得到了明显改善。根据 2016 各省区市生态文明建设年度评价结果，云南绿色发展指数排全国第十位，其中，生态保护指数居全国第二位，环境质量指数排名第五位，资源利用指数排名第七位。

（二）云南省拥有高质量跨越式发展的突出优势

1. 国家战略进一步强化云南区位优势

"云南经济要发展，优势在区位，出路在开放。"习近平总书记考察云南时的这一重要论断，明确了云南发展的独特优势。从区位上看，云南正处在"一带一路"倡议和"长江经济带"国家战略的重大节点上，具有非常独特的区位优势和战略优势。云南是南方丝绸之路的中心地区，北上可连接北方丝绸之路经济带，南下可连接 21 世纪海上丝绸之路，向东通过长江经济带可连接"长三角"，向西通过孟中印缅经济走廊可以连接印度洋沿岸国家，具有连接"三亚"（东亚、东南亚、南亚），肩挑"两洋"（太平洋、印度洋），通江达海的区位优势。云南也是中国唯一可以同时从陆上沟通东南亚、南亚的省份，并通过中东连接欧洲、非洲。这种独特的区位优势，使云南在"一带一路"建设中的地位日益凸显。

为充分发挥区位优势，并将其转化为经济优势，云南着力加强交通枢纽建设。目前，国际大通道建设已初具雏形，以航空为先导、以铁路和公路为骨干、以水运和管道运输为补充、以区域综合枢纽为联结，互通互联、高效便捷的现代化综合交通运输体系的骨架网络初步形成，制约云南发展的交通瓶颈明显缓解。其中，云南航空枢纽优势尤为突出，为对外开放和旅游业等的发展提供了坚强支撑。如表 3-10 所示，西部地区的成都双流、昆明长水、西安咸阳和重庆江北这四大机场都是全国前十大机场。2018 年，成都、昆明、西安和重庆的旅客吞吐量分别为 5295 万人次、4709 万人次、4465 万人次和 4160 万人次，分别排名全国机场的第四、第六、第七和第九位。伴随昆明机场再次扩建，未来旅客吞吐量将达到上亿级规模，将进一步夯实云南交通枢纽的战略地位。

表 3-10　2019 年百万级以上基础吞吐量排名情况

2018 年排名	机场	2017 年吞吐量（万人次）	2018 年吞吐量（万人次）	2019 年吞吐量（万人次）	同比增长（%）
1	北京/首都	9579	10098	10001.1	-0.1
2	上海/浦东	7000	7405	7615.4	2.9

续表

2018 年排名	机场	2017 年吞吐量（万人次）	2018 年吞吐量（万人次）	2019 年吞吐量（万人次）	同比增长（%）
3	广州/白云	6581	6973	7338.6	5.2
4	成都/双流	4980	5295	5585.9	5.5
5	深圳/宝安	4561	4935	5293.2	7.3
6	昆明/长水	4473	4709	4807.7	2.1
7	西安/咸阳	4186	4465	4722.1	5.7
8	上海/虹桥	4188	4363	4565	4.6
9	重庆/江北	3872	4160	4478.7	7.7
10	杭州/萧山	3557	3824	4010.8	4.9

资料来源：中国民航局. 2019 年民航机场生产统计公报［EB/OL］. http：//www.caac.gov.cn/XXGK/XXGK/TJSJ/202003/t20200309_201358.html，2020-03-09.

2. 资源和环境优势助力特色产业发展

云南各类能源资源丰富，为能源产业发展提供宝贵源泉。云南省河流众多，水资源极为丰富，水资源丰裕程度位居全国第三，为南水北调工程提供了巨大后盾。加之地理环境特殊，2018 年云南省的水电发电量达到 2476.8 亿千瓦小时，供给量在全国排名第二位，仅次于四川省。地热资源主要分布在西南方，地热资源是一种十分宝贵的综合性矿产资源，其功能多，用途广，是一种洁净的能源资源。云南的红土地下孕育着丰富的煤炭资源，主要分布在滇东北地区，煤炭资源储量约 240 亿吨，居全国第九位，煤种也较为齐全，烟煤、无烟煤、褐煤都有。云南省太阳能资源也比较丰富，具有良好的开发前景。实际上，回顾过去的发展历程，长期以来云南都是以资源型产业作为支柱，实现了持续的经济增长。

云南具备生物资源和民族医药基础，适宜发展大健康产业。云南拥有独特的自然环境、多样的立体气候、丰富的生态资源、众多野鲜生物资源、优越的区位优势、绚丽多姿的民族文化和创新开放的大健康产业发展环境，在全国范围内具备发展大健康产业的突出优势。云南是我国重要的生物多样性宝库和西南绿色生态屏障，素有"植物王国""动物王国""微生物王国""药材之乡""香料之都""生物基因宝库""民族医药宝库"的美誉，为发展大健康产业提供了强有力支撑，特别是傣、彝、藏、苗等民族医药挖掘开发极富潜力；云南具备打造国际区域性健康生活目的地和康养胜地的优质条件和丰富资源。经过长期发展，云南大健康产业质效日益提升，产业规模不断壮大，特色优势产业逐步凸显，品牌产品工程和企业培育工程效果日益显现，创新能力不断增强，对外开放取得新突破，大健康产业产值不断增长，新产品、新服务、新业态不断涌现，具备大健康产业较好的发展基础。

云南旅游资源丰富，气候条件优越，为发展旅游业提供了天然的条件。云南地处低纬高原，地理位置特殊，地形地貌复杂。由于受大气环流的影响，冬季受干燥的大陆季风控制，夏季盛行湿润的海洋季风，属低纬山原季风气候。全省气候类型丰富多样，囊括了热带到寒带和高原气候等七种气候类型。云南平均海拔高，空气清净。昆明地处云贵高原中部，市中心海拔 1891 米。南濒滇池，三面环山。属于低纬度高原山地季风气候，由于受印度洋西南暖湿气流的影响，日照长、霜期短、年平均气温 15 摄氏度，气候温和，夏无酷暑，冬不严寒，四季如春，气候宜人，是极负盛名的"春城"。正因如此，云南每年都吸引了大批国内外游客，同时也有越来越多的外省居民在云南长期居住。

3. 对外开放与国际交流合作基础雄厚

云南对外开放历史悠久，国际合作源远流长。历史上，云南作为古代南方丝绸之路重要组成部分，是我国连接东南亚、南亚、西亚乃至欧洲最古老的国际商业贸易通道之一。近代以来，云南是我国重要的物资运输国际大通道。在长期的交往交流交融中，云南与东南亚、南亚国家形成地缘相近、人缘相亲、商缘相通、文缘相融的关系，为新时期进一步加深友好往来、扩大合作共赢奠定了良好的社会基础。

改革开放以来，云南始终以开放的姿态，积极参与国际、国内合作平台。从 1992 年云南作为中方的主要省份参与到大湄公河次区域经济合作（以下简称 GMS），到 2015 年云南作为国家面向南亚东南亚辐射中心建设，22 年来云南主要参与了八种战略合作机制。截至 2018 年 3 月，云南省及所辖城市先后与 38 个国家的 75 个省和城市缔结了友好关系，全省拥有国家级口岸达到 25 个，跨境人民币业务地域范围已覆盖 82 个国家和地区。2018 年，云南省以高水平开放推动高质量发展，出台了加快建设面向南亚东南亚辐射中心 15 个实施方案，成功举办第五届南博会和首届中国—南亚合作论坛，积极参加首届中国国际进口博览会，加快筹建南亚东南亚进口商品昆明展示交易中心，外贸进出口增速位居全国前列。当前，在"一带一路"倡议不断深入推进的背景下，云南对外开放的进程进一步加快，作为中国面向南亚东南亚辐射中心的地位日益凸显。

在对外开放与合作过程中，云南从一个边疆省份变成一个中国面向南亚东南亚的辐射中心，战略地位不断提升。如图 3-9 所示，2018 年云南外贸进出口总额达 298.95 亿美元，比上年增长 27.5%。其中出口总额 128.12 亿美元，同比增长 11.7%；进口总额 170.83 亿美元，同比增长 42.5%。全年对欧盟进出口 14.20 亿美元，同比增长 44.7%；对东盟进出口 137.86 亿美元，同比增长 5.4%；对南亚进出口 9.71 亿美元，同比增长 14.0%。

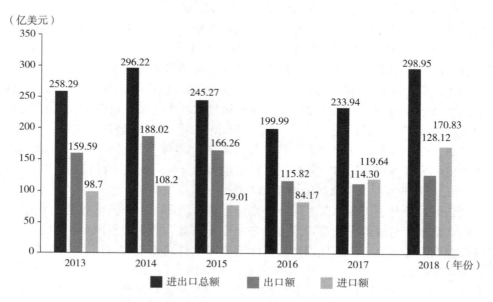

（亿美元）

图 3-9　2013~2018 年云南省进出口贸易规模变化情况

资料来源：历年《中国统计年鉴》《云南省国民经济和社会发展统计公报》。

4. 跨境民族与多元文化形成鲜明特色

民心相通是"一带一路"倡议中"五通"的重要一环。云南与南亚、东南亚邻近国家之间在民间交往上有着历史的渊源和地域上的便利，民众间保持着深厚的感情。云南与缅甸、老挝、越南毗邻的八个边境州（市）居住着大量的跨境民族，全省 26 个少数民族中，跨境民族就有 17 个。这些跨境民族地区与境外的跨境民族地区相连成片，交往密切，具有共同的历史渊源、语言和文化习俗，通婚联姻、边民互市和其他经济交往等十分普遍。自古以来，这种同源文化、亲缘民族关系和长期的民族群体接触、文化磨合、友好相处，紧密地维系着云南与南亚、东南亚国家的友好关系。民众之间特殊的民族情感和相互认同感，也使云南在与这些地区进行民间交往、交流合作中具有了得天独厚的优势。

同时，南亚、东南亚有很多华侨，中华文化早已通过他们在异国他乡落地生根，彼此友好关系久远。云南海外侨胞和归侨、侨眷人数众多，仅次于广东、福建、广西、海南，是中国第五大侨乡省份。据不完全统计，全省有海外侨胞 220 多万，分布在 70 多个国家和地区，主要聚居在东南亚国家。此外，2016 年 11 月，教育部与云南省人民政府签署《开展"一带一路"教育行动国际合作备忘录》，在政策、机制和经费方面给予云南大力支持和倾斜。近年来，云南已经与 50 余个国家、地区和教育组织建立教育合作关系，尤其是面向南亚东南亚招收了很多留学生。据统计，2017 年来滇外国留学生总人数约 1.88 万，其中南亚东南亚国家留学生占比最高，东南亚和南亚来滇留学生累计已达 4 万多人。日益深入的人才交流，也为对外开放与国际合作奠定了坚实的基础。

云南鲜明的多民族文化特征，为发展文化产业提供了得天独厚的条件。云南处于几个大的"经济廊道""文化廊道"的重要节点或者交汇点上，具有发展廊道经济文化的良好基础和条件。一方面要"走出去"，积极融入藏羌彝族文化产业走廊的建设，利用好丝绸之路、茶马古道等文化遗产和品牌优势，进一步扩大本地特色文化品牌的国际影响力，促进中华民族优秀文化的传播与展示；另一方面要"引进来"，吸收融合南亚东南亚等国家的文化元素，积极发展云南创意文化产业，打造文化创意城市，促进国际社会的互通互融与文化认同。

第四章

推动云南省高质量
跨越式发展的战略构想

本章精要

- 推动云南省高质量跨越式发展必须立足比较优势和后发优势，按照"转中求快、快中求优、转跨并举"的新要求，以"质量第一、效益优先"为导向，以供给侧结构性改革为主线，以提高全要素生产率为关键，以推动质量变革、效率变革、动力变革为重点，在坚决打好三大攻坚战的基础上，推动新型工业化、信息化、城镇化、农业现代化同步发展，加快构建以"绿色+"为特色的现代化经济体系。

- 推动云南省高质量跨越式发展需要坚持六项原则：绿色引领，生态为先；创新驱动，质效为基；改革推动，活力为要；产业拉动，特色为重；全域联动，民生为本；开放带动，合作为径。

- 推动云南省高质量跨越式发展的基本思路：一是稳增速、扩总量、促跨越，重点是实施大项目、构筑大平台、打造大产业、培育大企业、深化大开放。二是调结构、谋转型、提质效，重点是迈向产业高端，做新高端产业；打造产业特色，做精特色产业；塑造产业优势，做强优势产业；构建产业生态，做深生态产业；强化产业创新，做大新兴产业；推进经济数字化，做优数字经济。三是补短板、强基础、增后劲，重点是补基础设施短板、补人才队伍短板、补营商环境短板、补民生发展短板、补风险防化短板。

- 推动云南省高质量跨越式发展的总体目标是到 2025 年，云南省全面完成第一次现代化，第二次现代化指数提高到 45 左右，综合现代化指数达到 50 左右，初步建成我国民族团结进步示范区、生态文明建设排头兵、面向南亚东南亚辐射中心、西部地区经济新增长极。到 2035 年，云南省第二次现代化指数提高到 65 左右，综合现代化指数达到 70 左右，全面成为我国民族团结进步示范区、生态文明建设排头兵、面向南亚东南亚辐射中心，与全国同步基本实现社会主义现代化。到 21 世纪中叶，云南省第二次现代化指数提高到 90 左右，综合现代化指数超过 95。全面建立现代化经济体系，建成与富强民主文明和谐美丽的社会主义现代化强国相适应的现代化强省，与全国同步基本实现全体人民共同富裕。

- 推动云南省高质量跨越式发展的具体目标是到 2025 年，经济发展高质量实现新跨越，科技创新高质量实现新跃升，改革开放高质量实现新突破，城乡建设高质量实现新面貌，生态环境高质量实现新格局，民生福祉高质量实现新进展。

- 推动云南省高质量跨越式发展的实现路径是要开展"十二大行动"，即产业体系转型升级行动、科技创新提能强基行动、市场主体培优激活行动、质量品牌建设提升行动、人才高地打造筑牢行动、基础设施跃升完善行动、区域协调发展深化行动、乡村振兴提速提质行动、开放格局优化重塑行动、营商环境创优争先行动、生态文明引领创新行动、民生改善攻坚克难行动。

一、指导思想

以习近平新时代中国特色社会主义思想为指导，全面贯彻党的十九大和十九届二中、三中、四中全会精神和习近平总书记考察云南重要讲话精神，坚持党的全面领导，坚持稳中求进工作总基调，坚持新发展理念，紧紧把握和全力用好新时代重要战略机遇期，立足比较优势和后发优势，按照**"转中求快、快中求优、转跨并举"**的高质量跨越式发展新要求，以"质量第一、效益优先"为导向，以供给侧结构性改革为主线，以提高全要素生产率为关键，以推动质量变革、效率变革、动力变革为重点，以坚决打好三大攻坚战为基础，推动新型工业化、信息化、城镇化、农业现代化同步发展，加快构建以"绿色+"为特色的现代化经济体系，统筹推进稳增长、促改革、调结构、惠民生、防风险、保稳定工作，全面提高经济总量、科技含量、就业容量、生态环境质量、营商环境质量，最大限度增强人民群众获得感、幸福感、安全感，努力把云南建设成为民族团结进步示范区、生态文明建设排头兵、面向南亚东南亚辐射中心、西部地区经济新增长极，实现更高质量、更有效率、更加公平、更可持续的发展，确保与全国同步全面建成小康社会、同步基本实现现代化。

二、基本原则

（一）绿色引领，生态为先

全面贯彻落实习近平生态文明思想，牢固树立"绿水青山就是金山银山"的发展理念，坚持生态优先、绿色发展，坚定不移地走生产发展、生活富裕、生态良好的文明发展道路。按照成为全国生态文明建设排头兵和筑牢我国西南生态安全屏障的要求，牢牢守住生态环保底线，把经济建设与生态文明建设真正统筹起来，努力形成节约资源和保护环境的空间格局、产业结构、生产方式、生活方式。积极打造以生态优势为基础的经济发展"绿色引擎"，加快推进生态产业化、产业生态化，构建以"绿色+"为特色的现代化经济体系，最大限度地将生态优势转化为经济优势，实现绿色循环低碳发展、人与自然和谐共生，切实形成生态环境"高颜值"、经济发展"高素质"同频共振的新格局。

（二）创新驱动，质效为基

转变发展理念，坚持"质量第一、效益优先"的发展导向，加快转变经济发展方式，将质量、效率、效益作为高质量跨越式发展的基石。积极推进质量变革，坚持优质发展、以质取胜，坚定走质量振兴之路，大力实施质量强省、质量强业、质量强企战略，更加注重提质增效升级，增加有效和中高端供给，优化供给体系质量，推动云南制造向云南创造转变、云南速度向云南质量转变、云南产品向云南品牌转变。大力推进效率变革，着力破除制约效率提升的各种体制机制障碍，激发企业主体活力，改善供需关系，提高供给效率，持续提升劳动效率、资本效率、土地效率、资源效率、环境效率、基础设施运行效率、行政管理效率和科技进步贡献率、科技成果转化率，努力实现高水平的全要素生产率。深入推进动力变革，加快由要素驱动转向创新驱动，坚定不移地落实创新驱动发展战略，加快建设以企业为主体的技术创新体系，积极推行大众创业、万众创新，大力发展新经济培育新动能，推动形成以创新为引领和支撑的经济体系及发展模式。

（三）改革推动，活力为要

解放思想，深化改革，让经济社会发展迸发出更为强大、更加持久、更多来源的活力是推动云南高质量跨越式发展的关键。要紧紧盯住改革的痛点、难点、堵点集中发力，探索出一批在全国立得住、叫得响、推得开的改革成果。要充分发挥市场在资源配置中的决定性作用，更好地发挥政府作用，增进微观主体活力，促进要素资源的优化配置。要以新一轮政府机构改革为契机，加快转变政府职能，坚决破除一切不合时宜的思想观念和体制机制弊端，充分释放体制机制创新的正能量和"红利"。要大力推进"放管服"、财税金融等改革，加大对民营经济和中小企业的支持力度，打通"最先一公里"和"最后一公里"，打造国内领先、国际一流的营商环境，让企业乐意来、干得顺、发展好、留得住、根植深。

（四）产业拉动，特色为重

大力实施产业强省战略，牢固树立"产业兴则云南兴、产业强则云南强"

的基本理念，切实推动高质量跨越式发展要求落实到具体产业、具体企业、具体项目。要紧扣云南省战略定位，立足比较优势和后发优势，既要充分发挥全省拥有能源、生物、旅游、气候、人文等多个方面的资源优势和独特的区位优势，用活、做足资源文章，多角度、多层次推进资源优势的发挥和转化，又要解放思想，敢于和善于"无中生有""借鸡生蛋"，培育、创造和形成推动新技术、新模式、新业态、新产业发展的新优势。坚持有所为、有所不为，将"绿色+"作为推动全省产业高端化、高级化和国际化的"总抓手"，更加深入挖掘产业发展的地方特色条件，开发特色产品种类，打造特色细分产业类别，塑造地方特色品牌，加快构建和打造有云南自身特色又符合市场需求的现代产业体系。

（五）全域联动，民生为本

坚持全域统筹，联动发展，优化调整全省空间布局，重塑产业经济地理，既从全省视角考虑产业、交通、生态等资源的最优配置，提升全省的综合能级和核心竞争力，又推动各区域立足特色、发挥优势、协同共进，形成差异化空间功能布局。坚持以人民为中心，将增进民生福祉作为推动区域良性互动、城乡融合发展的根本要求。坚持把工业和农业、城镇和乡村、城镇居民和农村农民作为一个整体，全力推进规划城乡联结、产业城乡联动、公共服务城乡联盟、基础设施城乡联通、保障城乡联体。充分考虑云南集边疆、民族、贫困、山区、半山区多位一体的特殊省情，大力实施乡村振兴战略，坚决打赢精准脱贫攻坚战，努力实现城乡区域之间基本公共服务均等化、基础设施通达程度比较均衡、人民基本生活保障水平大体相当。

（六）开放带动，合作为径

抢抓国家新一轮对外开放的时代机遇，积极发挥云南省"东连黔桂通沿海，北经川渝进中原，南下越老达泰柬，西接缅甸连印巴"的独特区位优势，充分利用云南省作为我国面向南亚、东南亚、中东、南欧和非洲五大区域开放前沿通道的有利条件，大力实施面向国内国际市场的双向对外开放战略，扩大和深化对外开放合作，特别是提升沿边地区开发开放的层次，积极融入"一带一路"建设，推动形成立体全面开放新格局，高水平建设成为面向南亚东南亚辐射中心。主动融入和服务国家发展战略，强化区域合作，深度参与长江经济带建设，大力对接粤港澳大湾区发展，合作发展对内开放协作平台，健全东西部扶贫协作机制，承接优势产能有序转移，形成全方位、高品质扩大对内开放合作的新格局。

三、发展思路

高质量跨越式发展区别于传统的跨越式发展模式，是一种高层次、高水平、高品质的跨越式发展方式，本质上是云南省在新时代对转变发展方式的新探寻。新方式内生新思路，推动云南省高质量跨越式发展要求彻底摆脱传统的固有思维，大胆创新思路，走出一条有别于全国其他省份、不同于自身以往发展的新路子。

（一）稳增速、扩总量、促跨越

鉴于云南省发展基础较为薄弱，经济总量较小，人均 GDP 全国排名靠后的实际，而且云南经济发展已经由以往的高速增长转向中高速增长（GDP 在2016 年、2017 年、2018 年和 2019 年的增速分别为 8.7%、9.5%、8.9% 和8.1%），因此高质量跨越式发展首先需要云南省稳定经济增长速度，保持在西部和全国前列，扩大规模，增加经济总量，以较高水平的经济增速不断实现"量"与"质"的跨越。"稳增速、扩总量、促跨越"的基本途径是要扩大投资做大增量、加快转型盘活存量。

1. 实施大项目

实施大项目就是以大项目带动大投入，扩大投资规模，释放投资潜力，提高投资精准性和有效性，形成更多高质量的有效投资增量，着力增强经济增长动力和活力。实施大项目要求高质量、高水平地开展项目包装谋划，增强项目谋划的科学性、前瞻性、精准性和有效性，不断引进、挖掘、培育具有基础性、引领性、战略性、标志性的高能级大项目、好项目、新项目。特别是，要策划一批关联度大、带动面广、对全省经济社会发展具有战略意义的重大项目，推动条件成熟的重大项目尽快实施，形成谋划一批、开工一批、在建一批、建成一批、储备一批的滚动梯次接续格局，切实对稳定经济增长速度形成多点支撑。

2. 构筑大平台

构筑大平台就是以大平台吸引大项目，促进大集聚，形成更多、更高质量的经济增长极。构筑大平台要求将高新区、经开区、工业（产业）园区、边境（跨境）经济合作区、综合保税区、开发试验区、自贸试验区等建设成为全省经济发展的领跑者，全力打造技术密集、知识密集、人才密集、金融密集、服务密集的高端要素聚集区，推动园区规模化、特色化、集约化、绿色化发展，形成各类产业园区发展的升级版。特别是要结合资源特点、产业基础、市场条件和环境容量，集中资金支持，强化政策扶持，重点打造形成一批新的千亿级产业园区，推动已有千亿级产业（工业）园区上台阶、上水平，把大园区打造成为扩大经济规模的重要支撑和平台。

3. 打造大产业

打造大产业就是以大产业撬动大发展，把大抓产业、抓大产业作为稳定经济增长、扩大经济总量的重中之重，形成强大的经济增长新引擎。要不断优化八大产业结构，深化"三张牌"内涵，着力培育先进制造业、文化旅游业、高原特色现代农业、现代物流、健康服务等若干万亿级产业和绿色能源、数字经济、生物医药、新材料、环保产业、金融服务业等若干千亿级产业，巩固提升房地产、烟草等传统产业；围绕万亿级、千亿级产业集群化发展，依托重点州（市）和重点园区促进产业集聚，坚持走"产业集聚、资源集约、土地节约、绿色发展"的新路子，促进重点开发区域加快新型工业化城镇化进程。遵循市场导向完善产业政策，推动产业政策逐步由差异化、选择性转向普惠化、功能性，引导地方因地制宜打造特色优势产业，提高政策精准性和精细度，构建起特色鲜明、技术先进、绿色安全、动态迭代的现代化产业体系。

4. 培育大企业

培育大企业就是以大企业引领大突破，发挥大企业在壮大特色产业集群、推动产业转型升级中的龙头作用，推动经济发展能级的跃升。培育大企业要求以资源优化配置和产业链为基础，推出实施百千亿企业培育行动计划，培育发展一批产业结构层次高、发展潜力大、市场占有率高、自主创新能力强的大企业，梯度形成 1000 亿、500 亿、200 亿、100 亿不同等级的大企业群体。支持优势企业和行业龙头企业通过兼并、收购、联合、参股等多种形式，开展产业链整合和跨行业、跨地区兼并重组，鼓励企业利用资本市场，应用多种金融工具，推动规模扩张。重点在生物医药和大健康产业、旅游文化产业、信息产业、现代物流产业、高原特色现代农业产业、新材料产业、先进装备制造业、食品与消费品制造业等领域，加快建设一批大企业、大集团，切实增强企业对产业要素资源的配置能力、控制能力和综合成本消化能力。

5. 深化大开放

深化大开放就是以大开放创造大格局，推动内外经济要素的双向对流，形成更高层次的开放型经济，为稳定经济增长、扩大经济总量提供战略支撑。深化大开放要求全力打造更高能级的开放大平台，推动对外开放向广度深度拓展，积极探索沿边地区开发开放新模式、新经验、新体制，深化与周边国家睦邻友好合作，以开放带动开发、以开发促进开放，形成沿边开放新高地和全方位开放新格局。进一步加快中国（云南）自由贸易试验区建设，重点推进"三跨境、三智慧、三升级、三外向、一前沿"工作，即推进跨（边）境经济合作区建设，推进跨境电商发展，加快云南跨境物流发展；全面推进智慧商务发展，全面推进智慧口岸建设，全面推动智慧流通建设；进一步推动消费升级，积极推动边贸升级，推动开放型经济园区升级；促进外贸开拓发展，提升"引进来""走出去"双向投资水平，促进对外经济合作和对外援助；同时建立东西部开放平台对接机制，出台更具有含金量的开放平台支持政策，促进边境城市加快发展，建设西部沿边开放前沿。

（二）调结构、谋转型、提质效

推动云南省高质量跨越式发展要求加快调整优化产业结构，大力推进产业转型升级，切实提升产业发展档次，确保各个产业在稳定较快发展中实现结构调整与优化，做到在发展中升级、在升级中发展，以转型升级促提质增效，重点方向包括：

1. 迈向产业高端，做新高端产业

抓住新一轮国际国内分工调整的新机遇，培育竞争新优势，争取在全球产业链和价值链中占据更高地位，实现产业高端化。一方面，要注重在"产业链延伸、价值链提升、供应链优化"上下功夫，推动传统产业和支柱产业占据研发设计、品牌营销、物流配送等高附加值的"微笑曲线"两端，加快由产业链、价值链中低端向高端攀升。特别是要大力推进产品高端化，推动产品供给向质量高、声誉好、品牌响、竞争力强、附加值高的方向转变。另一方面，要紧跟国际国内产业发展前沿，前瞻性地布局和发展具有"高精尖"特征的高端产业，大力发展生物医药、新一代信息技术、新材料、先进装备制造，形成高端产业的快速集聚，提升全省在高端产业领域的竞争力。

2. 打造产业特色，做精特色产业

更加强调"特色"在产业发展中的突出作用，以"特色"开展差异化竞争，以"特色"提升产品价值，通过以"特"制胜、特色发展推动产业的高质量发展。一方面，要深入挖掘、发现、打造、传播、提升各个产业发展中的已有"特色"和潜在"特色"，包括地域特色、环境特色、细分领域特色、业务产品特色、商业模式特色、品牌特色等，争取每个产业都能做出差异性的"特色"，并将"特色"转化为特殊的价值。另一方面，要全面评估云南和各个州（市）所具有的禀赋特色，因地制宜地发展特色产业，以工匠精神做精高原特色现代农业、旅游等特色产业，将特色产业做到极致，形成精致的、品牌化的特色产业集群。

3. 塑造产业优势，做强优势产业

按照"人无我有、人有我优"的发展思路，把创造优势、利用优势、形成优势、升级优势和转换优势作为推动产业高质量发展的重要途径。一方面，要充分利用和发挥全省发展产业的各种优势条件，推动产业发展享有和形成"地域优势"，同时要深度挖掘云南省在各产业发展中的已有"优势点"和潜在"优势点"，着力打造各个产业的优势领域、优势环节、优势技术、优势产品、优势模式、优势品牌，努力实现各个产业"各有优势"。另一方面，要通过多种方式，将目前已有的优势产业（如烟草、冶金、能源）做得更优、更强，同时着力培育、发展和壮大新的优势产业，形成优势产业多点多极发展、螺旋上升、迭代更新的新格局。

4. 构建产业生态，做深生态产业

既要把"生态"作为产业发展的基础，也要将"生态"打造成产业发展的方向，生态化发展是云南省推动产业结构调整、转变发展方式、加快转型升级的根本要求。一方面，要顺应产业竞争由产品竞争、产业链竞争转向产业生态竞争的基本趋势，将培育和打造健康产业生态作为推动各个产业获取优势、实现可持续发展的关键环节，针对各个产业积极推进产产融合、产融结合、产政结合、产学结合、产地结合、产信结合、产研结合、产智结合，形成适宜产业发展需要、具有共生共演特点的产业生态系统。另一方面，要按照产业生态化、生态产业化的发展思路，大力发展生态产业，把生态产业做宽、做深，在生态农业（如绿色食品）、生态工业（如绿色能源）和生态三产（如生态旅游）中做出特色、做出优势、做出规模和做出深度。

5. 强化产业创新，做大新兴产业

坚持把创新作为引领发展的第一动力，加快创新型云南建设，推动产业创新发展，促进经济发展动能转换，培育和打造新动能、新动力。一方面，要大力推进产业创新，引导和支持企业加大技术创新投入，依托企业采取灵活多样的整合方式和共享模式，与大专院校和科研院所共建满足企业发展和行业水平提升的创新平台，研发前沿重大技术，实现产业核心技术突破，加快推动重大科技成果转化和产业化。以智能化引领技术研发体系创新、生产管理方式变革、商业模式创新和产业价值链体系重构，推动跨领域、跨行业的协同创新，构建产业竞争新优势。另一方面，要以重大技术突破和重大发展需求为基础，主动承接国际国内产业转移和技术转移，大力培育和发展知识技术密集、物质资源消耗少、成长潜力大、综合效益好的新兴产业，着力做大做强生物医药和大健康产业、新一代信息技术产业、新能源产业、新材料产业、先进装备制造业、节能环保产业，形成经济发展的新引擎和新动力。

6. 推进经济数字化，做优数字经济

以全省经济社会各领域全面数字化为目标，以资源数字化、数字产业化、产业数字化为主线，坚持特色化、差异化、协同化发展，加速推动信息技术与实体经济深度融合，大力打造数字经济、数字技术的试验场、聚集区，努力成为面向南亚东南亚辐射中心数字枢纽。重点包括：一是大力推进资源数字化，推进行业大数据中心和旅游大数据交易平台建设，高质量建成全省人口、法人、宏观经济、自然资源、电子证照五大数据库；加快建设生态环境、市场监管、综合交通物流、公共安全大数据平台；加快公共数据采集与开发，促进跨部门、跨层级数据汇聚与共享；拓展中国林业大数据中心功能，继续完善国家禁毒大数据云南中心，争取更多国家级数据中心落户云南。二是加快推动数字产业化，大力推动"数字云南"建设，加快经济社会各领域数字化发展步伐，支持鼓励各行各业和个人上云、用云，深化大数据和云计算的应用；提升电子信息、通信与网络等基础产业，做强云计算、大数据、物联网、人工智能等新兴产业，重点以区块链技术应用为突破口，把云南打造成为区块链技术应用高地。三是加快推动产业数字化，加强人工智能和实体经济融合，推动智能产品在传统产业改造提升、战略性新兴产业发展等方面的集成应用，以八大重点产业和打造世界一流"三张牌"为重点，探索数字化综合解决方案，打造产业发展的数字引擎。推进能源产业数字化，打造绿色能源数字引擎；推进农业产业数字化，逐步推进农业生产流程数字化升级，并向数字集成化、高度自动化和数字农业定制化方向发展；推进制造业数字化，加快智能化转型；推进健康生活数字化，推动生活性服务业数字化发展，加快发展智慧旅游产业，创建智慧旅游实验室，打造健康生活目的地的数字引擎。四是加快建设国际通信枢纽和大数据中心，将昆明通信出入口打造成为面向南亚东南亚的国际通信枢纽中心。

（三）补短板、强基础、增后劲

推动云南省高质量跨越式发展要求坚持问题导向和可持续发展视野，发现和破解制约高质量跨越式发展的基础性问题和关键制约因素，深刻认识到补短板、强基础是优化供给结构和扩大有效需求的结合点，是保持经济稳步较快增长和推动经济高质量发展的结合点，是发展经济和改善民生的结合点，要精准施策补短板，全力以赴强基础，增强经济发展后劲。

1. 补基础设施短板

基础设施建设滞后是制约云南省高质量跨越式发展的最大瓶颈，是需要着力解决的首要问题。全面摸底制约经济发展的基础设施短板所在，科学规划、周密计划、严密落实全省基础设施建设蓝图和重点项目，集中精力、花大力气解决基础设施建设中的难点、重点、痛点问题。要坚持推进互联互通，努力抓好以交通、水利、能源、信息、物流为主要内容的"五网"基础设施建设，加快形成有效支撑云南跨越式发展、更好地服务国家战略的现代综合基础设施体系，改变全省基础设施落后局面，尽快消除制约发展的最大"瓶颈"。要充分发挥市场配置资源的决定性作用，积极鼓励民间资本参与基础设施补短板项目建设，更好地发挥政府作用，加强补短板重大项目储备，加快项目审核进度，积极发挥政府投资引导带动作用。

2. 补人才队伍短板

无论是人才数量、质量还是结构、水平，目前云南省的人才队伍都相对不足，成为制约推动云南省高质量跨越式发展的重要瓶颈。要大力实施人才强省战略，坚定不移地把人力资源作为第一资源，将加强人才队伍建设摆在经济社会发展更加突出的位置。紧紧围绕新时代云南省经济社会发展和现代产业体系建设，统筹产业发展和人才培养开发规划，加快培育重点行业、重要领域、新兴产业高层次创新人才、产业建设人才、社会事业人才、青年人才。要搭建、整合和优化人才聚集载体，重点引进一批高层次人才、高端外国专家、青年人才和创新创业团队，培养和引进技能型人才和技术工人，促进人才各尽其能各展其长。要深化人才管理制度改革，制定完善尊重、吸引、培养、用好人才的政策，构筑人才制度优势，营造拴心留人的良好环境，释放和增强人才活力。

3. 补营商环境短板

营商环境还不理想、与企业家期盼还有差距是云南省经济社会发展的"软件"制约，高质量跨越式发展要求云南省系统推进、优化提升营商环境，补营商环境不优短板。要树立"良好的营商环境就是吸引力、竞争力，更是驱动力"的观念，按照法治化、国际化、便利化的要求，着力打造"成本最低、效率最高、服务最好、环境最优"的高水平营商环境。要积极构建"亲"而不"疏"、"清"而不"浊"的新型政商关系，营造重商、亲商、爱商、尊商、富商、安商的良好氛围。要坚持问题导向和需求导向，聚焦企业和群众反映强烈的痛点、堵点、难点，以审批更简、监管更强、服务更优为目标，持续深化简政放权、放管结合、优化服务改革，加快政府职能深刻转变，降低制度性交易成本,努力营造稳定、公平、透明、可预期的营商环境。

4. 补民生发展短板

推动高质量跨越式发展不仅要着力补齐发展要素的短板,更要补齐重视"发展为了谁"的民生领域短板。要坚持以人民为中心发展理念,把民生领域补短板作为重中之重,按照"幼有所育、学有所教、劳有所得、病有所医、老有所养、住有所居、弱有所扶"的要求,补齐教育、医疗、就业、收入分配、社会保障、住房、社会治理等方面的民生短板。要加大对脱贫攻坚、教育事业、健康云南建设、社会保障、环境保护等方面的投入力度,加快建设一批惠民生补短板项目,重点要打赢精准脱贫攻坚战,构建脱贫攻坚长效机制,补齐摆脱贫困这块最大的短板;打好污染防治攻坚战,补齐生态文明建设的短板。

5. 补风险防化短板

防范化解重大风险事关经济发展大局和人民群众财产安全,补齐防范化解重大风险的短板事关云南省高质量跨越式发展的根基。要坚决打好防范化解重大风险攻坚战,扎实做好重点领域风险防范和处置,守住不发生区域性系统性金融风险底线。要加强金融风险防控,建立健全地方金融监管体系和风险防控处置机制,加强薄弱环节监管制度建设,消除监管空白,实现所有金融活动监管全覆盖、无例外。要加强政府债务风险防控,统一归口管理政府债务,统筹加强政府性债务管理,严格控制增量债务,逐步消化存量债务。加强国有企业债务风险防控,推动企业去杠杆取得扎实进展,密切关注化解过剩产能、处置"僵尸企业"可能带来的风险。

四、发展目标

推动云南省高质量跨越式发展分三个阶段实现目标。

到 2025 年,经济保持中高速增长,全省地区生产总值保持 7%左右年均增速;经济发展质量显著提高,产业结构高端化取得重要突破,5 个万亿级产业和 8 个千亿级产业培育取得突破性进展,制造业高质量发展取得实效,形成一批具有竞争力的制造业集群;高技术制造业增加值占规模以上工业增加值的比重达到 15%,制造业质量竞争力指数超过全国平均水平,服务业顾客满意度达到 80%;制约经济社会发展的基础设施、民生事业、人才建设、营商环境等短板基本补齐,全面小康成果进一步巩固,全面布局和形成高质量跨越式发展的支撑体系;经济发展的质量、效率、动力显著优化,初步实现发展方式由规模扩张型向质量效益型转变，资源配置由粗放低效型向集约高效型转变，新旧动能对经济增长的拉动实现根本转变，营商环境达到国内一流水平，在现代化经济体系建设的各个方面即"创新引领、协同发展的产业体系，统一开放、竞争有序的市场体系，体现效率、促进公平的收入分配体系，彰显优势、协调联动的城乡区域发展体系，资源节约、环境友好的绿色发展体系，多元平衡、安全高效的全面开放体系，充分发挥市场作用、更好发挥政府作用的经济体制"均取得重要阶段性成果，初步建成我国民族团结进步示范区、生态文明建设排头兵、面向南亚东南亚辐射中心、西部地区经济新增长极。

到 2035 年，推动全省进入高质量跨越式发展快车道，基本建立协调完善的现代化经济体系，经济发展质量效益更高，生态环境更加优美，人民群众获得感更高，全面成为我国民族团结进步示范区、生态文明建设排头兵、面向南亚东南亚辐射中心，与全国同步基本实现社会主义现代化。

到 2050 年，云南经济发展协调性、稳定性进一步增强，产业价值链、产品附加值进一步提升，创新对经济增长的贡献明显增加，消费对经济增长的拉动作用增强，社会民生持续显著改善，绿色生态产品极大丰富。全面建立现代化经济体系，全省物质文明、政治文明、精神文明、社会文明、生态文明水平全面提升，建成与富强民主文明和谐美丽的社会主义现代化强国相适应的现代化强省，与全国同步基本实现全体人民共同富裕。

五、实现路径

要推动云南省高质量跨越式发展目标的实现，需要举全省之力、聚全民之心，全力以赴、真抓实干，将推动高质量跨越式发展的思路转化为扎扎实实的行动。

（一）产业体系转型升级行动

要把发展经济的着力点放在实体经济上，把握产业变革与科技革命大势，前瞻性谋划构建符合云南实际、时代特征的现代化产业体系。按照"解决产业转型升级痛点、抢抓新兴产业机会窗口"的原则，一方面，通过龙头企业引进培育、区域品牌强化提升，促进传统产业转型升级；另一方面，抓住 5G 商业应用等新动能爆发的机会窗口，着力完善新兴产业生态，力争创造后发地区引领新兴产业发展的新模式。

1. 农业绿色品牌建设行动

把握日益成熟的绿色生态、电商微商、全产业链布局等新型农业发展趋势，重点打造云南"绿色食品"品牌。近年来随着我国消费不断升级，大众消费者越发关注日常食用农产品的安全健康问题。云南省有着丰富的生态资源，其高原特色现代农业又具有良好的基础，在发展现代农业时，应抓住消费升级机遇，把生态农业作为农业经营的主攻方向，打好"绿色食品牌"。与此同时，电商微商模式和全产业链布局，正在成为新型农业的重要发展趋势，云南省应充分借助这一供给侧的变化趋势做好"绿色食品"品牌，大力推进"大产业＋新主体＋新平台"的发展模式，彰显云南特色。重点力推茶叶、花卉、水果、蔬菜、核桃、咖啡、中药材、肉牛等产业做大做强；培育和引进新主体，引进国内外大企业，培育壮大龙头企业以及农业专业合作社、家庭农场等新型经营主体，用这种新的主体来替代或者改革一家一户的组织生产；利用互联网等新平台，走一条有机化、品牌化、特色化发展之路。同时，推动建立符合产业新特征的绿色食品标准，推动成立质量、生态、人文标准认证联盟，建立农产品质量可追溯体系，率先在全国推进有机肥替代，推动云南高原特色农产品的有机认证；推动环境友好保护地产品品牌命名，将特色农产品同云南的标志性自然保护区、自然地理区域、重要野生动物栖息地结合命名。

2. 培育制造业新动能

按照"国内有需求、技术有前景、云南有基础"的原则，着力重建云南制造业发展新基础，塑造高质量跨越式发展的现代产业体系。重点发展新一代信息技术、高端装备、新能源汽车和新材料、生物产业、节能环保和新能源、数字创意、航空产业等战略性新兴产业，培育经济增长新动能，打造具有云南特色的新兴产业新引擎。抓住5G商业应用的时机，抢抓新兴技术和新兴产业发展机遇，完善5G产业常态，创造后发地区引领新兴产业发展的新模式。着力推进互联网、大数据、云计算、物联网和人工智能等技术与各行业深度跨界融合互动发展，拓展数字经济新空间，构建万物互联、联合创新、智能协同、安全可控的新一代信息技术产业体系。高端装备制造应加快突破关键技术与核心部件，推进重大装备与系统的工程应用和产业化。新能源汽车发展应以纯电动和混合动力为主攻方向，加快突破"电池、电机、电控"等关键零部件，着力引进培育龙头企业，把滇中地区打造成新能源汽车产业基地。新材料产业应加强前瞻布局纳米、智能、仿生等前沿新材料研发，形成新材料产业体系，支撑高端装备制造发展。生物技术应推进其在医疗、农业、化工、能源等领域的进一步渗透。节能环保领域，把握全球能源变革的重大趋势和云南省产业结构绿色转型的发展要求，发展以节能产品制造、节能技术推广应用为主的高效节能产业。新能源领域,建成适应新能源高比例发展的新型电网体系。航空产业,利用建设航空强省的战略契机,积极打造涵盖航空器制造、运营服务、销售、维修、培训、综合保障以及其他延伸服务等全产业链的航空产业体系。

3. 打造世界一流旅游目的地

按照"国际化、高端化、特色化、智慧化"的发展目标,全面推进"旅游革命",加快全域旅游发展,从景区景点、旅游综合体、特色小镇、半山酒店、营销宣传等全区域、全环节提升旅游产业,实现旅游转型升级,着力发展智慧旅游,把云南建设成为世界一流旅游目的地。打造全域旅游精品,创建一批全域旅游示范区,重点推动实施50个国家、省级全域旅游示范区创建。推动全省5A、4A级旅游景区创建,创建一批高A级旅游景区。推动开辟更多通往南亚东南亚、欧美澳非主要城市和成熟客源地、目的地的航线。加强城市与景区之间交通设施建设和运输组织,加快实现从机场、车站、码头到主要景区公共交通的无缝对接。大力发展智慧旅游,利用大数据、云计算、物联网等新技术,通过互联网/移动互联网,借助手机APP,充分、准确、及时感知和利用相关旅游信息,实现对旅游服务、旅游管理、旅游营销、旅游体验四个方面的智能化,促进旅游业向综合性和融合型转型的提升,基于信息化手段形成现代化的旅游管理体制,提供现代旅游服务,大幅提升云南旅游体验。

(二) 科技创新提能强基

针对云南省科技创新体系不完善、基础研究能力薄弱的问题,积极探索共性技术研发机构和科技成果转移转化的新模式,力争通过制度突破和体制机制创新激活省内外的创新资源和活力,形成完备、高效的现代产业创新体系。

1. 推动重大科技基础设施建设

云南省应推进未来重点发展的产业领域的重大科技基础设施建设,建立起一系列经科学论证、有效管理、保护产权、开放共享的重大科技基础设施。一是云南省未来在制定重大科技基础设施的建设方案时,应力求综合性能先进,符合省情,综合考虑用户群体、建设队伍和管理开放水平,加强论证,确保科学性、先进行、可行性。重大科技基础设施的规划须考虑装置的全生命周期,在重视新装置的立项和建设的同时,统筹考虑运行开放和维护、实验终端的建设以及升级改造。二是应积极探索社会各界参与重大科技基础设施建设的多种机制,调动各方积极性,加快重大科技基础设施的建设和应用水平。建立促进开放的激励引导机制。建立科研设施与仪器开放评估体系和奖惩办法。加强开放使用中形成的知识产权管理。强化管理单位的主体责任和行政管理部门的监督管理作用。

2. 建立云南省工业技术研究院

针对当前云南省自身实体性共性技术机构效率不高、公益性不足的问题，探索性地建设新型共性技术研发机构——云南省工业技术研究院，并力争与工信部合作成为国内"综合性制造业技术创新中心"。借鉴并落实国内外共性机构研发组织的成功经验，在资源、治理、管理等方面全面改进共性技术研发组织体系。一是依托海外高层次人才而不是依托既有的科研院所，全新设立云南省工业技术研究院。根据国际成熟共性技术研究机构的普遍规则，采取"公私合作"的PPP模式，从资金来源上平衡短期（竞争）导向和长期（合作）导向。二是应由技术专家、政府官员、企业家代表和学者共同组成专业委员会作为最高决策机构，研究院最高管理者（主席）采取全球公开招聘的方式，通过专业委员会和管理社会化减少政府的行政干预，同时又保证研究院的高效运营和专业管理。三是研究院研究人员收入宜以具有竞争力的固定报酬为主，项目收入仅作为研究人员的报酬补充，避免研究内容和项目设置过度商业化；研究院机构设置按照产业发展需求而不是学科体系设置，研究人员考评应以社会贡献而不是学术成果为主，以此保证研究成果的应用服务功能。云南省政府可以考虑设立配套的引导资金，引导研究院为中小企业、前沿技术和落后地区等具有较强社会外部性的领域投入。

3. 探索开放多元的科技成果转移转化机制

探索有利于科技成果转移转化的国有无形资产的管理办法和相关配套性措施。研究出台了《云南省促进科技成果转化条例》，进一步明确全省各级政府和部门在科技转化中的职责，并就促进科技同经济的对接、创新成果同产业发展的对接、创新项目同市场需求的对接、科技人员创新劳动同其利益收入的对接作出明确规定。承认职务科技成果等国有无形资产的特殊属性，重点解决现行国资体制下科技成果转化难的问题，针对高校院所"专利权等国有无形资产越严格管理越实质流失"的问题，一是坚决落实关于科技成果转化中的免责条款，并适时上升到法律层面；二是推广国有股回购政策，给予科研团队在适当溢价的基础上拥有向有关单位回购国有股的优先权；三是试点科技成果所有权改革，规范实施职务科技成果所有权确权；四是研究建立针对国有无形资产的专门管理制度，尤其是与国有无形资产对价的国有股的管理办法，消除制度瓶颈。积极鼓励发展内部和市场化的科技成果转化机构。建设兼具独立性专业性的内部技术转化专门机构。在云南省高校院所内部建立技术转移办公室等专门机构，强化专业分工并完善转移机制，激活院所的科技成果转化。

（三）市场主体激活培优

按照市场竞争、规模经济、专业分工、产业配套的原则，提高产业集中度，形成以产业链为纽带，骨干企业为龙头，大中小企业协作配套、产业链上下游企业共同发展，国有企业与民营企业活力竞相迸发的市场主体结构，全面增强大中小企业的发展素质，有效规范和健全市场竞争与产业运行秩序。

1. 推动大中小企业持续健康协调发展

按照构建健康和谐产业生态系统的要求，推动大企业进一步做大做强做优做深，中小企业进一步做专做精做特做新，形成优势企业主导、大中小企业协调发展的市场格局。重点鼓励通过壮大主业、创新升级、优化重组、资源整合、流程再造、资本运作、战略合作等方式，推进技术创新、管理创新和商业模式创新，着力培育形成主业突出、产业关联度大、核心竞争力强、带动作用大的一批主营业务收入过千亿元以及主营业务收入过百亿元的大企业、大集团。坚持梯次培育、动态管理，按照"储备一批、培育一批、提升一批"的原则，打造具有持续创新力和竞争力的中小微企业群体。筛选一批成长型中小微企业，集中政策资源，培育一批成长型、科技型和初创型小微企业，扶持一批企业成为国内细分市场领域的"单打冠军""配套专家"和"行业小巨人"。鼓励中小微企业进入战略性新兴产业和现代服务业领域，进一步促进中小微企业集聚发展，打造形成具有较强竞争力的中小微企业集群。

2. 推动民营经济发展大升级大跨越

坚持毫不动摇地鼓励、支持、引导、保护民营经济发展，把加快发展民营经济摆在更加突出的位置，全方位推动民营经济加快发展，全面激发民营经济的活力和创造力，大幅提高民营经济在全省经济总量中的比重，充分发挥民营经济对高质量跨越式发展的支撑作用。重点是要着力破解制约民营经济发展的突出困难和问题，不断优化民营经济发展环境，包括减轻企业税费负担、解决民营企业融资难融资贵问题、营造公平竞争环境、构建"亲""清"政商关系、保护企业家人身和财产安全、完善政策执行方式等。积极引导民营企业创新转型，拓宽民营资本投资领域，鼓励引导民营资本向全省重要产业投资，特别是鼓励、支持、引导民营企业助推脱贫攻坚，参与乡村振兴，提高自身发展质量。鼓励民营资本参与国有企业混合所有制改革，支持民营资本开展并购重组，推动国有和民营共同发展、齐头并进。调整布局结构，引导民营企业按照区域功能定位，以差异化、特色化发展为方向，以园区为载体，以产业链为纽带，推动集聚集约发展，加快民营经济示范园区建设。

（四）质量品牌建设提升

以开发品种、提升质量、创建品牌、改善服务、提高效益为重点，全面实施质量兴省和品牌战略，构建品种丰、品质优、品牌强的云南特色产品供给体系，持续提高产品附加值和竞争力，加快推动质量变革，走出一条质量更优、效益更好、结构更合理的质量强省之路。

1. 全面开展质量提升工程

牢固树立质量第一的强烈意识，坚持优质发展、以质取胜，提升质量控制技术，完善质量管理机制，夯实质量发展基础，优化质量发展环境，全面提升质量水平，努力实现供给产品、工程和服务质量再上新台阶，达到国内甚至国际一流水平。重点是推广高质量的设计方法，提高质量功能配置和功能优化、质量可靠性和稳健性等设计能力。加快先进质量保证技术和自动化、智能化技术装备的应用，支持企业采用工业控制、物联网等信息技术，提高质量在线监测、在线故障诊断、质量问题追溯等制造过程的质量控制能力。推动质量管理体系升级，推广先进质量管理方法，广泛推行 ISO 9000、ISO 14000、ISO 18000、HACCP 等管理体系认证，引导有条件的企业使用卓越绩效管理模式、精益生产、零缺陷管理、六西格玛管理等先进的质量管理方法和工具。加快建立"政府协调、部门监管、企业主体、社会监督"四位一体的质量安全监管体系，强化企业质量主体责任，严格实施产品"三包"、产品召回等制度，保障关系国计民生、健康安全等重点产品的质量安全。

2. 深入实施品牌引领战略

鼓励企业追求卓越品质，形成具有自主知识产权的名牌产品，构建相互关联、相互支撑、特色鲜明的品牌体系，形成一批品牌形象突出、管理水平卓越、质量水平一流的企业及产业集群，打造一批"专精特新"行业及"单打冠军"类中小型企业品牌。重点是要建立较为完善的品牌培育、发展、保护机制，尤其是要建立完善"企业主体、政府推进、部门监管、行业参与、社会监督"的品牌工作机制。全面加强品牌培育，针对国际知名品牌、制造业品牌、消费品品牌、服务业品牌及区域品牌建设，建立完善品牌培育库，打造品牌建设梯队，有目标、有重点、有计划、分层次地精准指导培育。全面提升品牌创建能力，发挥企业主体作用，切实增强品牌意识，引导企业加强品牌战略和规划的制定与实施，鼓励企业推进品牌的多元化、系列化、差异化，支持企业按照"地方性品牌—国内领先品牌—国际一流品牌"的思路做大做强自主品牌。强化品牌保护，严厉打击制售假冒产品。推进品牌文化建设，倡导健康理性消费，支持企业开展品牌营销，培育引导消费者品牌忠诚度，提升品牌价值和形象。

（五）人才高地优先打造

实施有效的人才培养和引进战略，加快人才队伍建设，打造人才战略高地，要通过培养和引进人才，逐步建设知识型、技能型、创新型劳动者大军。

1. 加强人才培养引进利用

强化人才第一资源对支撑高质量发展的重要作用。留住和用好本土人才，加大高端人才引进力度，积极培养引进科技领军人才、创新创业团队以及高素质管理人才和高技能人才。制定人才发展促进条例，落实博士和博士后人才创新发展政策措施。提升人力资本素质，促进高等教育补短板、强特色，加强职业技能培训。完善人才评价激励和服务机制，弘扬劳模精神和工匠精神，在荣誉称号、物质奖励、薪资体系等方面加强改进，让工人技师也有崇高的地位。

2. 完善人才集聚管理制度

推动省级及各州（市）人才支持政策相互衔接、人才工作体系相互配套、人才资源市场相互贯通、人才发展平台相互支撑，构建与国际接轨、有利于人才发展的体制机制，加快构筑国际化人才高地。一是实施海外高层次人才居住证制度，大规模引进海外高层次人才。二是加大股权激励力度，鼓励企业以股票期权、限制性股票等方式对科技人员给予股权激励，使企业科技收益与研发人员个人收益有机结合；引导高校院所、国有控股的院所转制企业建立健全科技成果所有权的认定和激励机制，鼓励科技人员以自有知识产权作价入股企业或转让，加快科技成果转化，激发人才创新创造活力。三是加快建设一批人才发展平台，支持中国昆明人力资源服务产业园等集聚区建设。

3. 健全配套保障机制

实施高层次人才安居工程，完善子女入学和医疗保健服务政策，努力为高层次人才提供社保、医疗、住房、子女入学、配偶就业、出入境等综合服务。推动科研管理体制改革，赋予科研人员更大的人财物支配权、技术路线决策权，加快出台相关政策，解决科研人员课题申报、经费管理、人才评价、成果收益分配等方面的问题。改革省级财政科研项目和资金管理，加强统筹配置和分类管理，着力营造以人为本、公平竞争的良好环境，最大限度调动科研人员的积极性。加快发展云南的生活性服务业，良好的生活性服务水平是吸引人才的重要基础之一，云南的生活性服务业发展在全国范围来讲仍然相对滞后，有效供给不足、质量水平不高、消费环境有待改善等问题突出，迫切需要加快发展。总之，要真正形成多层次人才梯队，吸引人才源源不断在云南集聚，关键在于做足"三生"文章，即生产、生活、生态，让人才在云南有发挥才智的空间，消除子女入学教育、医疗、住房等后顾之忧，充分享受七彩云南的优美生态。

（六）基础设施跃升完善

坚持加快构建互联互通、功能完善、高效安全、保障有力的基础设施网络，进一步加强以交通、水利、能源、信息、物流为主要内容的"五网"基础设施建设，形成有效支撑云南跨越式发展、更好地服务国家战略的综合基础设施体系。

1. 全面推进"五网"建设

以高铁和机场为重点，全面推进现代综合交通基础设施建设。铁路基本全覆盖各州（市），机场建设全面提速，扎实推进县域高速公路"能通全通"工程，加强"四好农村路"建设，推进水运航道、港口、泊位等水运基础设施建设。突出民生，加快滇中引水等重大水利项目建设。加快完善水源工程网、城镇供水网，着力构建区域互济、均衡优质、安全可靠的水安全保障体系。围绕能源的供、输、配、用，加快骨干电源、城乡电网和油气管网建设。扩大西电东送、云电外送规模。建立电力协调和交易中心，开展新一轮农网改造。有序开发风能、光能和生物质能。依托中缅油气管道，将云南建成国家重要的跨区域能源枢纽。加快新一代信息基础设施建设，在完善安全保障体系的前提下加强新一代信息技术如5G、物联网等的运用，构建以"网络+云资源+公共平台"一体化为特征的信息基础设施，向建成面向南亚东南亚的国际通信枢纽和区域信息汇集中心目标迈进。加强物流园区与交通基础设施的无缝衔接。坚持物流枢纽、物流园区与综合交通体系同步规划、同步建设，尽快成为区域性国际现代物流中心。

2. 加快城镇基础设施建设

实施城镇基础设施和公共服务设施补短板工程，完善城市路网，深入推进六个国家智慧城市试点，加快建设地下综合管廊、轨道交通等重大城市基础设施，启动实施城市暴雨内涝防治工程，深入开展城市设计和"城市双修"试点，推进棚户区和"城中村"改造，全面改善城市整体形象，提升城市综合承载力。

（七）区域协调发展深化

坚持新发展理念，深入贯彻落实区域协调发展战略，构筑地区差距合理、地区比较优势充分发挥、地区间基本公共服务均等化的区域新格局。坚持高点站位，立足全球视野谋云南发展，主动抢抓"一带一路"、长江经济带等国家重大区域战略，全面对接粤港澳大湾区建设，积极融入成渝双城经济圈建设，承接国内外产业转移。

1. 优化提升省域中心城市能级

大胆突破体制藩篱，深入推进昆明市和滇中新区联动、融合发展，增强昆明市作为省域乃至国际次区域中心城市的能级。充分发挥昆明市要素、产业、政策、区位等优势，利用各类特殊政策的叠加效应，培育发展一批能够引领省域跨越发展的新兴产业，使昆明市加快建成我国西南地区的经济"强中心"、我国面向东南亚和南亚开放发展的前沿阵地、物流枢纽和国际交往中心。大力实施区域协同发展，发挥昆明市的辐射带动作用，通过产业链、人才链、园区链、资源链强化辐射其他城市，带动搞活省域经济发展。

2. 推进滇中城市群高水平一体化发展

加大加快基础设施投资，大力推进滇中城市群高速公路、民用机场、高铁、跨境铁路等交通基础设施建设，统筹推进电力、水利、通信、燃气等基础设施网络建设，逐步形成互联互通、高效运行、优势互补的现代基础设施网络。打破行政区界限制，深化体制机制改革，加快推动省域市场一体化建设，促进要素、商品和信息自由有序流动，建立更加高效、竞争有序的市场经济体系。以产业链、园区链、生态链、能源链为依托，探索区域产业对接协作新模式、新载体、新机制，构筑地区间产业合作大平台，开创区域融合发展大局。

3. 补齐补强区域发展短板

全面贯彻习近平总书记扶贫思想，把扶贫工作置于全省发展的重要位置，落实党中央、国务院关于精准扶贫的有关部署，扎实抓好深度贫困地区脱贫攻坚，积极为同步建成小康社会创造更有利的条件。借鉴东部沿海省份经验，大胆创新体制机制，激发县域经济发展活力，大力支持县域创业兴业，扶持特色经济发展，探索新时代县域高质量发展的新样板。加快美丽县城建设，特色小镇建设，积极推进新型城镇化，因地制宜实施乡村振兴战略，有序推进城乡高水平融合发展，建立城乡均等化的基本公共服务体系，促进城乡要素双向对流。

（八）乡村振兴全面提速

坚持农业农村优先发展，按照产业兴旺、生态宜居、乡风文明、治理有效、生活富裕的总要求，加快高质量推进乡村全面振兴步伐，抓重点、补短板、强弱项，实现云南乡村产业振兴、人才振兴、文化振兴、生态振兴、组织振兴，推动农业全面升级、农村全面进步、农民全面发展。

1. 优化乡村发展布局

坚持规划先行，树立城乡融合、一体设计、多规合一理念，在产业发展、人口布局、公共服务、基础设施、土地利用、生态保护等方面，因地制宜推进乡村振兴，加强分类指导，精准施策，一张蓝图绘到底，久久为功搞建设。重点是要坚持乡村振兴和新型城镇化双轮驱动，统筹城乡国土空间开发格局，优化乡村生产生活生态空间，分类推进乡村振兴，打造各具特色的现代版"富春山居图"。特别是，要按照人口资源环境相均衡、经济社会生态效益相统一的要求，打造集约高效生产空间，营造宜居适度生活空间，保护山清水秀生态空间，延续人和自然有机融合的乡村空间关系。

2. 加快推进产业振兴

坚持将产业兴旺作为乡村振兴的重点，不遗余力地加快推进高原特色农业现代化步伐，发展壮大特色乡村产业，推动乡村产业高质量发展、融合发展、绿色发展、开放发展、新旧动能转换，引入新理念新技术新模式，加快实现产业兴旺。重点是要坚持质量兴农、品牌兴农、绿色兴农，加快推进高原特色农业现代化，深化农业供给侧结构性改革，构建现代农业产业体系、生产体系、经营体系，推动农业发展质量变革、效率变革、动力变革，大力打造世界一流"绿色食品牌"，持续提高农业创新力、竞争力和全要素生产率，实现由农业大省向农业强省转变。以完善利益联结机制为核心，以制度、技术和商业模式创新为动力，推进农村一、二、三产业交叉融合发展，加快发展根植于农业农村、由当地农民主办、彰显地域特色和乡村价值的产业体系。特别是要立足产业优势、文化底蕴和生态禀赋，依靠能人带动、企业带动、电商带动、高铁带动、扶贫带动、开放带动等多种方式培育壮大优势特色产业，形成"一村一品""一镇一业"。

3. 全面提升乡村面貌

按照乡村全面振兴的要求，着力推动乡村容貌、文明面貌、生活面貌和相应的治理面貌全面改善提升，加快实现美丽宜居乡村，加快建设一批世界唯一、中国领先、云南特有的特色小镇。重点是要健全配套机制，集中投入人力、物力和财力，进一步开展改路、改水、改电、改房、改厕、改厨、改厩等行动，推动村容村貌持续变化向好。传承发展优秀传统文化和丰富多彩的民族文化，推进乡风文明建设，把农耕文明、生态文明、民族传统文化等方面统一起来，弘扬社会主义核心价值观，走乡村文化兴盛之路。深入推进"产业富民""服务惠民"和"基础便民"等专项行动，促进农民增收和实现生活富裕。从基层党建抓起，从农村带头人抓起，发挥基层党组织战斗堡垒作用和基层党员先锋模范带头作用，建立健全党委领导、政府负责、社会协同、公众参与、法治保障的现代乡村社会治理体制，探索符合民情、民意、民风的自治、法治、德治相结合的乡村治理体系。

（九）对外开放格局优化重塑

立足区位优势和特色资源，主动服务和融入国家发展战略，积极参与推动"一带一路"建设，坚定不移地推进更高水平对外开放，不断深化与周边国家和省区的经贸往来，全力推进面向南亚东南亚辐射中心建设，超常规、大力度、开创性打造对外开放载体，加速集聚中高端产业、优质要素和国家政策，全面加快全域高水平对外开放。

1. 实施多路并进、跨地协作、互利共赢的对内开放

云南加快"八出省、五出境"铁路骨架网、"七出省、五出境"高速公路主骨架网、广覆盖的航空网、"两出省、三出境"水运通道建设，构建辐射南亚东南亚的综合交通运输体系。加强与长江流域、泛珠三角区域、京津冀、成渝经济区和周边省区的交流合作，既服务好内陆省区市走向南亚东南亚和印度洋周边经济圈，又大力招商引资引智引技，把东部的产业、技术、人才招过来，构建要素集聚平台在新一轮的西部大开发中，充分发挥大通道优势，支持各地探索"飞地经济"模式，建设各种合作形式的"飞地园区"。精准对接国内外科技创新资源，大力引进知名科技企业或科技机构到昆明设立科技成果孵化转化基地。瞄准北京非首都功能疏解的机会，承接有色、水电、生态资源、烟草等行业领域的中央企业到云南落户发展。利用省域优势资源，加快推进休闲旅游目的地、健康生活目的地和健康农产品网上直供平台建设。充分利用沪滇、粤滇、东莞等对口帮扶的机会，深化异地帮扶、合作共赢新模式。

2. 实施分步有序、重点突破、全域推进的对外开放

围绕面向南亚东南亚辐射中心建设，实施"自由贸易试验区+边境对外贸易试验区"双轮驱动、内引外联的对外开放，逐步形成以点带线、以线带面、多点支撑的开放格局。加快推动以昆明市为核心的国际化城市建设，高标准实

举措推进中国（云南）自由贸易试验区昆明片区、红河片区、德宏片区建设，持续改善瑞丽、勐腊（磨憨）、河口和清水河四个对外开放战略节点的发展环境。瞄准我国加大进口的重大机遇，大力实施双向对外开放，依靠综合保税区、中外经济合作区等对外开放平台承接面向国内市场的大产业项目，探索沿边内陆对外开放新模式。立足地缘优势，加强对接东南亚和南亚国家的合作项目，吸引跨国公司设立面向东南亚和南亚的运营总部，承接我国同东南亚和南亚国家人文交流项目，建设中国—东南亚和中国—南亚的国际交流交往的功能枢纽。

（十）营商环境创优争先

坚持问题导向、破立结合、先行先试的思路，找准改革的突破口，主动回应社会关切，对标国际一流的营商环境标准，坚持一抓到底，解决长期存在但没有处理好的问题，积极为各类市场主体创造公平、开放、有序、优质的发展环境。

1. 深入推进营商环境的重点领域体制改革

按照党中央、国务院的有关部署，着力深化"放管服"改革，根据各级政府的承接能力，有序下放项目审批权限。坚持特事特办、特区特管的原则，对于列入省级及以上重点项目原则上予以地方政府更大的审批权限，加速推进一批重大项目落地；对于国家级试验区或开放载体原则上实施扩权强区，予以更大的行政审批权限。持续推进商事制度改革，探索包容审慎监管模式。发挥信息技术推动简政放权、强化职能监督等领域改革支撑作用，让企业和百姓"少跑腿、快办理"成为新常态。主动转变政府职能，强化事中事后监管职责，创新监管方式方法，切实降低企业商务成本。鼓励地方政府大胆创新，积极探索营商环境体制改革的地方经验，不断拓展改革深度广度。贯彻落实新一轮的减税降费改革，简化税收征收管理流程和手续，加大对官商勾结、"吃拿卡要"等现象的惩戒力度，降低企业制度性交易成本，明显降低企业负担。

2. 构建亲、清的新型政商关系

深入贯彻落实习近平新时代中国特色社会主义经济思想，高度重视民营经济发展，支持不同所有制企业公平发展，消除不同所有制有别的歧视性政策规定。依法依规探索建立政府职责清单管理制度，发布政商交往的行为规范准则，打消党政领导干部与企业家的后顾之忧，杜绝政商"亲"而不"清"或"清"而不"亲"。充分发挥各级党组织的作用，建立政企制度化的沟通机制，引导党员领导干部深入企业走访，继续做好党员领导干部到企业蹲点、挂钩联系等工作，帮助各类企业排忧解难。妥善解决企业改制、股权交易等历史遗留问题，推动处理一批产权不清、审判证据不充分、改制不到位的涉企案件，依法解决一批长期未得到妥善处理的民营企业家冤假错案。

(十一) 生态文明引领创新

贯彻落实习近平生态文明思想，结合云南省生态和资源环境的现实状况，强化资源保护和管理，发掘资源深度价值，促进云南"资源依赖模式"向"竞争优势模式"转变，在发挥资源优势的基础上摆脱"资源诅咒"，实现资源向资本的转化，真正实现资源的当前和潜在价值；真正抓好生态环境的保护，在国家主体生态功能区定位的框架下，增加生态环境保护的整体投入，对重点产业强化节能减排，探索推动碳汇价值和排放权交易，并通过区域合作和国家合作，加快生态补偿机制建设，实现资源、环境、生态协同发展。

1. 推动资源节约型社会建设

要进一步强化资源保护的力度，重点加大土地资源保护力度，为云南高质量跨越式发展营造良好的地理空间；促进矿产资源节约高效利用，为云南省经济社会发展提供可持续的资源保障；加大水资源保护，为云南乃至流域内经济社会发展保持纯净的"血脉"。实现资源的节约和高效利用，以产业转型升级促进资源价值的发挥和深挖，并在发展过程中注重云南资源要素的供给结构调整，保证云南高质量跨越式发展所需要的要素基础。创新资源要素供给，支撑云南在未来朝着高质量阶段发展，摆脱"资源依赖型"的发展路径，其核心是在发挥"资源优势"的同时，强化能力建设，尤其是强化云南省在技术、知识以及承载技术和知识的人才供给。

2. 促进生态环境保护与价值发挥

夯实环境生态质量根基，为高质量跨越式发展创造良好的环境生态条件，也为高质量跨越式发展创造新的增长点和动力。按照生态文明建设排头兵的要求，推动主体功能区建设，推动科学发展，促进环境生态质量提升，促进全体人民生活环境和生活质量提升，实现云南省经济社会的长期可持续发展。利用云南的生态环境优势，吸引人才、留住人才，打造好"美丽云南""生态云南""绿色云南""康养云南"等品牌，强化生态价值的挖掘，真正实现生态经济化和经济生态化的基本目标，实现云南在新时代的"换道超车"。以规划为导向，统领高质量环境生态发展新格局，以治理制度为依托，构筑环境生态发展的保障条件。关注重点产业节能减排，尤其是产业和能源体系的转型发展。推动生态功能区碳汇管理，实现生态环境经济功能。加快生态补偿机制建设。注重人居环境改善，真正实现环境生态服务于民众高质量生活。

(十二) 民生事业提升改善

始终坚持以人民为中心的发展思想，坚持在发展中保障和改善民生，按照"重精准、补短板、促攻坚"和"尽力而为、量力而行"的思路，紧紧围绕解决好群众最关心最直接最现实的问题，系统谋划、集聚资源、精准施策，把增进民生福祉的实事办实、好事办好，最大限度增强人民群众获得感、幸福感、安全感。

1. 建立健全社会保障体系

按照兜底线、织密网、建机制的要求，发挥社会保障的托底功能，兜住民生保障底线，兜牢社会稳定底线，切实保障人民群众基本生活需求；特别要强调社会保障的普惠性，实现社会保障权利的普遍拥有和社会保障资源的均等配置，使人人平等共享基本社会保障。重点是要全面建成覆盖全民、城乡统筹、权责清晰、保障适度、可持续的多层次社会保障体系，全面实施全民参保计划，完善城镇职工基本养老、城乡居民基本养老、统一城乡居民基本医疗和大病、失业、工伤等保险制度，健全城乡社会救助体系，千方百计帮助困难群众排忧解难，切实保障困难群众基本生活和基本权益。

2. 补齐民生领域短板

始终坚持问题导向，抓住和抓准全省在就业、教育、健康、社会保障、文化、公共安全等民生领域发展不足、发展不优、发展不平衡的突出问题，找准民生领域短板，分清轻重缓急，精准发力突破，增强社会事业发展的全面性、协调性和平衡性。针对优质教育资源供给总量不足、城乡分布不均等问题，针对结构性就业矛盾突出、就业稳定性不强、人才社会性流动渠道不畅等问题，针对社会收入分配还不尽合理和城乡居民之间、不同地区行业收入差距仍然偏大等问题，制定出台切实管用的政策举措，真正加快补齐民生短板。

3. 巩固脱贫攻坚成效

始终聚焦民生难点，把农村、贫困地区特别是深度贫困地区的民生保障和改善，在打赢精准脱贫攻坚战的基础上，结合乡村振兴战略，坚持开发式扶贫和保障性扶贫相统筹，因地制宜综合施策，系统综合治理，打好政策组合拳，下足"绣花功夫"，健全完善政策机制，巩固脱贫攻坚成果，逐步建立解决相对贫困问题的长效机制。

第五章

供给与需求结合推动高质量跨越发展稳中有进

本章精要

- 当前，云南的供给体系效率和质量并不高，背后的根本原因在于微观基础，即要素、基础设施、产品和服务等的供给质量不高，因此，全面提升云南供给体系效率和质量，关键在于促进生产要素、基础设施、产品和服务等的供给高质量。

- 加快吸引人才源源不断在云南集聚，形成多层次人才梯队，关键在于解决好"生产、生活、生态"三个问题，让他们没有子女入学教育、医疗、住房等后顾之忧，充分享受七彩云南的优美生态，充分发挥才智的空间。

- 加强金融对高质量跨越发展的支持力度。切实解决金融供给不足对扶贫攻坚工作的影响，解决金融支持产品匮乏、服务不到位等制约企业开展科技创新的问题。解决贷款难、成本高等制约民营经济发展的问题。解决公益性和准公益性基础设施建设融资难等突出问题，提升公共服务供给质量。

- 提高国土开发强度，激活山地和丘陵资源，优化调整空间布局，提高土地供给的亩均产出强度和效率。

- 基础设施仍是当前制约云南高质量跨越发展的主要瓶颈，坚持加快构建互联互通、功能完善、高效安全、保障有力的综合基础设施网络，着力补齐基础设施"短板"。

- 实施质量强省战略，积极提高云南产品和服务质量，利用云南特有的资源优势，提供高质量"云品"，打造世界知名"绿色三张牌"。

- 大力推进供给侧结构性改革，重点在"破""立""降"上下功夫，加快构建"传统产业+支柱产业+新兴产业"迭代现代产业体系。

- 坚持发挥固定资产投资的关键作用，提升消费的基础性作用以及增强出口的带动作用。

党的十九大报告提出"要把提高供给体系质量作为主攻方向，显著增强我国经济质量优势"以及"扩大由居民消费水平支撑的国内需求，不断改善人民生活水平"的新要求，为云南推动高质量跨越发展明确了思路。近年来，云南牢牢把握供给与需求相结合的思路，从两端发力，一方面着力推进供给侧结构性改革，另一方面积极扩大有效投资需求、释放内需潜力、扩大进出口贸易，取得了明显成效。未来云南仍需进一步解决当前供给和需求中出现的发展不平衡不充分问题，推动高质量跨越发展稳中有进。

一、全面提升供给体系效率和质量

以供给侧结构性改革为主线，推动经济发展质量变革、效率变革、动力变革，提高全要素生产率，是云南实现高质量跨越发展的必经之路。

当前，云南省供给体系效率和质量并不高主要表现在两个方面：

其一，产业结构不合理，2017 年云南省三次产业结构比例为 14∶38.6∶47.4，与上年相比产业结构出现了一定程度的调整优化，第一产业比重有所下降，第二、第三产业比重有所上升，但是根据中国社会科学院工业经济研究所发布的《工业化蓝皮书：中国工业化进程报告（1995～2015）》，云南正处于工业化的中期后半段，"三、二、一"的总体格局与该发展阶段并不匹配。进一步，本章测算了云南的三次产业泰尔指数为-0.244,[①] 而一些发达地区如江苏、上海、广东、浙江的泰尔指数不超过 0.1。此外，工业结构中重化工比重较高，接近 40%，云南对有色金属、水泥、钢铁等传统重化工业的依赖度较大。

其二，实体经济欠发达。云南省工业化程度不高，且进程缓慢，实体经济

---

① 泰尔指数的计算公式为：$TL=\sum(Y_i/Y)\ln[(Y_i/L_i)/(Y/L)]$，其中，TL 表示泰尔指数，Y 表示行业产值，L 表示就业人数，i 表示某一产业。TL 越大，说明经济越偏离均衡状态，产业结构也越不合理；TL 为 0 时，经济处于均衡状态。

不发达，许多产品多以原材料初级加工为主，较为低端，有高技术含量带来的高附加值的产品较少，尤其缺乏高技术含量的大批龙头企业来带动云南经济实力的发展，实体经济难以支撑和带动云南经济的快速发展。

这些问题背后的根本原因在于微观基础，即要素、基础设施、产品服务等的供给质量不高，因此，全面提升云南供给体系效率和质量，关键在于促进生产要素、基础设施、产品服务等的供给高质量。

（一）要素供给高质量

1. 加快形成多层次人才梯队

人是生产要素中最重要最活跃的决定因素。从调研反馈的情况来看，云南人才战略高地尚未形成，不仅对高层次人才缺少足够的吸引力，对其他不同层次的人才吸引力也不足。面临着杰出研发人员、企业家等高端人才与高技能技术工人等的"双重短缺"。

近年来，云南省委、省政府高度重视人才工作发展，相继发布并推动实施《关于创新体制机制加强人才工作的意见》《深化人才发展体制机制改革的实施意见》，以高层次创新创业人才和高素质技能人才队伍建设为重点，以政策创新激发人才活力，以重大工程引领人才发展，以重要活动聚集人才智力，切实做好培养人才、聚集人才、使用人才各项工作，积极为云南经济社会发展提供坚实的人才保证和智力支持。一是人才协同工作机制初步构建，成立云南省人才工作领导小组并召开会议，印发年度工作要点，分解任务、挂牌督办、立项督查、建档管理、台账推进，成员单位和有关部门联络员不定期会商研究难点问题。二是弥补制度短板，强化政策创新。例如，出台人才"放管服"改革举措30条，制定职称制度改革实施意见，试点开展高校、公立医院编制备案制管理，出台高层次人才直聘办法、专业技术人员离岗创业实施意见、科技人才双向兼职办法等。三是推动重点项目落地。整合实施"云岭英才计划"，配套五个专项办法，重点引进一批高层次人才、高端外国专家、青年人才和创新创业团队。四是积极打造平台载体。举办"云南国际人才交流会"，着力打造国际范、中国风、云南味的综合性人才交流平台，同时积极打造柔性引才用才平台。

虽然这些政策举措取得了一定的成效，引进了一批海外高层次人才，并促成多项优秀人才智力项目落户云南，但总体来看效果并不显著，尤其是引进的高层次人才多以柔性引进为主，这使引才、用才效果大打折扣。因此，要实施有效的人才培养和引进战略，加快人才队伍建设，打造人才战略高地，逐步建设知识型、技能型、创新型劳动者大军。具体来说：

一是加强高层次人才培养吸收利用。强化人才第一资源对支撑高质量发展的作用。加大高端人才引进力度，积极培养引进科技领军人才、创新创业团队以及高素质管理人才和高技能人才。制定人才发展促进条例，落实博士和博士后人才创新发展政策措施。提升人力资本素质，促进高等教育补短板、强特色，加强职业技能培训。完善人才评价激励和服务机制，弘扬劳模精神和工匠精神，在荣誉称号、物质奖励、薪资体系等方面加强改进，让工人技师也有地位及崇高的身价。

二是完善人才集聚管理制度。推动云南省及各州（市）人才支持政策相互衔接、人才工作体系相互配套、人才资源市场相互贯通、人才发展平台相互支撑，构建与国际接轨、有利于人才发展的体制机制，加快构筑国际化人才高地。实施海外高层次人才居住证制度，大规模引进海外高层次人才。加大股权激励力度，鼓励企业以股票期权、限制性股票等方式对科技人员给予股权激励，使企业科技收益与研发人员个人收益有机结合。引导高校院所、国有控股的院所转制企业建立健全科技成果所有权的认定和激励机制，鼓励科技人员以自有知识产权作价入股企业或转让，加快科技成果转化，激发人才创新创造活力。加快建设一批人才发展平台，支持中国昆明人力资源服务产业园等集聚区建设。

三是健全配套保障机制。实施高层次人才安居工程，完善子女入学和医疗保健服务政策，努力为高层次人才提供社保、医疗、住房、子女入学、配偶就业、出入境等综合服务。推动科研管理体制改革，赋予科研人员更大的人财物支配权、技术路线决策权，加快出台相关政策，解决科研人员课题申报、经费管理、人才评价、成果收益分配等方面的问题。改革省级财政科研项目和资金管理，加强统筹配置和分类管理，着力营造以人为本、公平竞争的良好环境，最大限度调动科研人员的积极性。加快发展云南的生活性服务业。良好的生活性服务水平是吸引人才的重要基础之一。云南的生活性服务业发展在全国范围来讲仍然相对滞后，有效供给不足、质量水平不高、消费环境有待改善等问题突出，迫切需要加快发展。总之，要真正形成多层次人才梯队，吸引人才源源不断在云南集聚，关键在于做足"三生"文章，即生产、生活、生态，让人才在云南有发挥才智的空间，没有子女入学教育、医疗、住房等后顾之忧，充分享受七彩云南的优美生态。

2. 加强金融对高质量跨越发展的支持力度

目前，云南主要在扶贫攻坚、科技创新、民营经济发展、公共服务四大领域的资金矛盾最为突出。扶贫攻坚方面，金融供给和需求不足同时存在。一方面，由于贫困地区和贫困农户中，符合金融机构要求的可抵押资产少、质量差、范围窄，加上当地财政可用于贴息、免息和风险补偿资金不足，使与商业银行传统的绩效考核模式有所冲突，金融机构普遍对扶贫积极性不高，且服务手段单一。另一方面，云南省山区坝区发展差异大，特别是深度贫困山区发展基础薄弱、吸引产业资本投入难度大，贫困农户在产业发展方面突破口不多，可实施项目少、小，金融需求有待深度挖掘。科技创新方面，金融支持产品匮乏、金融服务不到位制约云南企业开展科技创新。应鼓励有条件的金融机构开展科技金融创新试点，探索出符合科技创新特征的金融支持模式。民营经济发展方面，企业，尤其是制造业企业贷款难、成本高已成为普遍现象。金融机构对民营企业放贷总量的80%以上是通过抵押或担保机构进行放款，接受的抵押物主要是土地和厂房等固定资产，折价较低，申请贷款额与抵押品价值的比例一般在50%~70%之间，大部分高新技术企业、新兴产业企业属于"轻资产"，难以达到银行抵押要求。此外，金融机构对民营企业的贷款利率上浮10%~90%不等，加上与融资相关的服务费和"隐形"成本，导致民营实体企业信贷融资综合成本在12%以上，企业实际贷款成本居高不下。公共服务方面，目前，云南省各级政府在公共服务领域，特别是公益性和准公益性基础设施的融资难问题非常突出。这一难题产生主要根源在于公共服务项目本身的非营利或低盈利属性。

加强金融对高质量跨越发展的支持力度，在精准扶贫方面，着力解决两大难题：一是增强政策制定的激励相容性。政府在制定支持金融机构发放扶贫贷款的政策时，应将低利息、微利息的经营平衡作为前提，以鼓励金融机构提供便宜的资金，帮助支持贫困户实现脱贫致富作为政策的出发点，制定出能让金融机构执行的相关政策。二是加强政府部门与金融机构信息沟通。政府相关管理部门要及时更新贫困户脱贫、非贫困户返贫人员数目名册，加强农户基础信用信息与建档立卡贫困户信息的共享和对接，完善金融信用信息基础数据库，使金融机构及时准确核定扶持对象的贷款额度、利率执行水平，提升扶贫小额信贷的精准性和有效性。

在科技创新方面，针对科技型企业的轻资产，且抵押物主要是无形的知识产权等特点，创新金融机构信贷和担保产品、商业模式。例如，可以试点建立专门服务于中小微企业科技创新活动的信贷融资业务政策性金融服务机构，鼓励商业银行增设科技金融部门。有核心知识产权的科技型中小企业探索创新"知识产权质押+保险公司担保"新产品和服务模式。积极发展多层次资本市场，进一步发挥风险投资、知识产权质押贷款、债券市场、证券市场融资、种子基金、创业投资基金的补充作用等。

在民营经济发展方面,加大产品与服务创新力度,精准服务民营企业,尤其是制造业民营企业。一是对客户进行标准化、专业化分类,针对民营企业适当降低客户信贷业务准入门槛,下调相关行业、产品客户评级准入标准。二是主动适应民营企业经营状况,开发更多期限和规模灵活的信贷产品,帮助企业减少资金占有;提供借还便捷的融资产品,推广循环贷款模式;开展保理、应收账款质押、贸易融资等业务;运用企业供应链大数据,积极开发应收账款融资等产品;拓宽抵质押范围,支持民营企业采取知识产权、商标、仓单、商铺经营权、商业信用保险保单、商业保理、典当等多种方式质押融资等。

在公共服务方面,首先,要制定相关政策文件,明确金融支持公共服务项目范围,例如包括推进义务教育均衡发展,提升省内贫困地区县域医疗卫生服务能力,健全基本养老服务体系,提升公共就业创业服务水平等。其次,省内各地区根据自身情况明确金融资金补齐公共服务短板的重点和思路,充分发挥有效市场和有为政府的作用。最后,加大金融资金对公共服务项目投入。鼓励各地政府依法合规采取政府和社会资本合作(PPP)等方式,吸引更多社会力量参与建设、运营和服务,同时综合利用债券、保险、信贷、产业投资基金等方式,为社会领域公共服务项目融资提供支持。

3. 提高土地的亩均产出

云南的国土面积为39.4万平方公里,占全国陆地总面积的4.1%,在全国排第八位,其中,94%是山地和丘陵。云南有"植物王国、动物王国、有色金属王国"的美誉。森林覆盖率高,2017年云南的森林面积达2300.62万公顷,在全国排第三位,森林覆盖率达到59.7%。水资源丰富,在全国排名第三。但是丰富的森林、水资源、矿产资源等尚未被激活和充分利用。2017年,云南国内生产总值为16376.34亿元,排在全国31个省份的第21位;从亩均产出来看,云南单位国土面积GDP为427.25万元/平方公里,排在全国31个省份的第25位,远低于全国4219.5万元/平方公里的平均水平。

当前,云南推动高质量跨越发展中土地供给越来越面临硬约束,主要体现在:一方面,基本农田保护和生态环保压力加大。国家提出,云南至2020年耕地保有量8768万亩,基本农田保护面积7341万亩。2017年,云南现状耕地面积为9319.97万亩,但质量较差,25度以上陡坡耕地比例较大,受污染耕地和石漠化等不稳定耕地面积数量较多,生态退耕压力较大。云南地处长江、珠江等六大江河的上游或源头,是我国西南重要生态安全屏障,由于94%的国土面积是山区,石漠化和水土流失严重,且连续多年干旱,地震、滑坡、泥石流等自然灾害频发,生态环保压力较大。另一方面,保障各类用地需求压力较大。《全国土地利用总体规划纲要(2006—2020年)调整方案》明确云南省至

2020 年全省建设用地不超过 1731 万亩（115.4 万公顷），建设用地指标偏紧。但是，云南各类用地需求不断加大，包括"一带一路"等涉及区域重大互联互通交通基础设施用地量大，西部大开发等国家战略涉及的能源、水利等基础设施用地量大，滇中城市群等重点区域新型城镇化发展用地紧缺，沿边开放涉及国家级战略区域用地需求量剧增，农村扶贫开发用地量大等。

由此可见，突破土地供应瓶颈的唯一办法就是提高亩均产出，让土地利用更加集约高效。具体来说，一是激活山地和丘陵资源。云南最大资源是山地丘陵，在生产配置中多处于沉睡状态，没有充分发挥作用。要在保护的前提下有序开发利用，比如开发、打造云南特有的生物多样性产业链，开发旅游度假、民族文化等多方面的服务业，发展一些高原特色产业。

二是提高国土开发强度。目前，云南建设用地面积为 1598 万亩，国土开发强度仅为 2.78%，远落后于全国国土开发强度的 4.03%，有较大的提升空间。可以适当在容积率、建筑密度、建筑高度、绿地率等上下一些功夫，国内不少发达地区已经开始进行"空间换地"，向天空要空间，向地下要空间，实施"零土地"技术改造，提高企业建筑容积率和空间利用效率。

三是实施空间布局优化调整。进一步加强对财税、土地、考核等政策的研究，突出集约集聚推动产业布局优化，加强对"散乱污"企业的整治，用亩均产出指标去指导招商选资工作，从源头上提高引进企业的质量。

（二）基础设施供给高质量

由于历史原因以及地处边境等区位因素，云南的交通、水利、能源等基础设施建设严重滞后，常住人口城镇化率仅为 49.21%，低于全国平均水平 9.29 个百分点。近年来，云南大力推进以交通、水利、能源、信息、物流为重点的基础设施建设，努力弥补短板。2013~2017 年，云南累计完成以"五网"建设为重点的综合基础设施投资超过 8800 亿元，取得明显成效。交通方面，云南迈入高铁时代，新增铁路运营里程 1166 公里，16 个重大项目纳入国家中长期铁路网规划。新增高速公路通车里程 2079 公里，总里程突破 5000 公里，实现所有建制村通硬化路。昆明长水国际机场旅客年吞吐量排名全国第六位，泸沽湖、沧源、澜沧机场建成通航。水利方面，牛栏江—滇池补水工程通水，云南新增蓄水库容 12.2 亿立方米。能源方面，新一轮农网改造升级工程启动实施，电力装机突破 8550 万千瓦，西电东送电量 1382 亿千瓦时。信息方面，国际通信枢纽和信息汇集中心建设提速，新增光缆线路 75.9 万公里。物流方面，物流示范园区和冷链设施建设取得新进展。

　　但是，基础设施仍是当前制约云南高质量跨越发展的重要方面，应坚持加快构建互联互通、功能完善、高效安全、保障有力的基础设施网络，围绕八大重点产业、数字经济、"五网"基础设施、脱贫攻坚民生工程、生态环境治理、新型城镇化等重点领域，突出重点，提高项目针对性，开展基础设施"补短板"行动。其中，最为重要的是提升完善以交通、水利、能源、信息、物流为主要内容的"五网"基础设施建设，初步形成连通国际、畅通国内、城乡覆盖广泛、枢纽功能完善、服务一体高效的综合交通运输体系，形成有效支撑云南跨越式发展、更好地服务国家战略的综合基础设施体系。

　　一是以高铁和机场为重点，全面推进交通基础设施建设。随着高铁的逐渐兴起，我国的经济地理正在被重塑。国际经验表明，在航空、铁路、水运、公路四类中，航空虽然贸易量最小，约5%，但是贸易额最大，占到超过30%。云南的铁路发展严重滞后，但在高铁上差距并不像普通铁路那么大，昆明的长水国际机场是我国西南门户枢纽机场，2017年，旅客吞吐量和货邮吞吐量分别位居全国各大机场的第六位和第八位，具备较好的基础。因此，综合以上理由，云南在全面推进交通基础设施建设过程中应该明确重点，集中有限资金首先确保高铁和机场的建设。其一，推进高速铁路、高速公路、枢纽机场、支线机场建设和航线开发，打造高品质快速交通网络。加快推进铁路州（市）全覆盖工程，完成广大铁路扩能改造，开工建设弥蒙高铁，做好渝昆高铁等前期工作。推进泛亚铁路国际通道建设，实现与周边国家铁路网有效衔接。其二，推进城际交通、城市交通、交通枢纽建设，形成高效衔接的综合交通网络。加快建设"两网络一枢纽"，建设国际化广覆盖航空网。基本形成以昆明长水国际机场为核心、干支线机场为基础、通用机场为补充，布局合理、规模适度、功能完善、协调发展的机场网络。其三，推进国省干线、农村公路、通用机场建设，完善广覆盖的基础交通网络。扎实推进县域高速公路"能通全通"工程，加密高速公路网，全面改造提升高速公路服务区。加快怒江美丽公路和"四好农村路"建设。其四，推进水运航道、港口、泊位等水运基础设施建设，集中力量优先打造金沙江—长江黄金水道、右江—珠江水运航道，改善通航条件。

　　二是突出民生，加快滇中引水等重大水利项目建设。水利工程是民生工程，要大力推进"兴水强滇"战略，着力构建区域互济、均衡优质、安全可靠的水安全保障体系。以滇中引水工程为骨干、大中型水电站水资源综合利用为依托、大中型水库为支撑、连通工程和农田灌溉渠系工程为基础，加快构建干流和支流水资源开发利用，大型水库与中小型水库联合调度的供水保障体系。一方面，加快完善水源工程网。大力推进滇中引水一期控制性工程进度，做好二期工程前期工作。加快德厚、阿岗、车马碧水库和柴石滩灌区等重大工程进度。另一方面,加快完善城镇供水网。实施城镇供水工程网、农村供水工程、污水处理网、城市雨水管网等工程,全面实现农村饮水安全。

三是围绕能源的供、输、配、用,加快骨干电源、城乡电网和油气管网建设。能源是云南的潜在优势,要加强对能源供、输、配、用等设施建设的投资,将潜在优势转变为竞争优势。其一,强化省内骨干电网、西电东送通道,与周边国家互联互通网架建设,推进农村电网改造升级工程,提高供电的可靠性和能力。强化省内主网和配网建设,加快与周边国家输电线路项目建设,扩大西电东送、云电外送规模。建立电力协调和交易中心,开展新一轮农网改造。有序开发风能、光能和生物质能。其二,开工一批大型水电项目,增强电源供应能力。以三江干流水电基地为基础,继续加快水能资源开发,推进白鹤滩、乌东德等大型水电站和特高压直流输电重大工程建设。其三,完善天然气管网建设,加快应急储备中心及储气库项目建设,建设石油炼化一体化项目,延伸石化产业链。依托中缅油气管道,将云南建成国家重要的跨区域能源枢纽。利用石油炼化基地支撑中缅原油管道规模化、常态化,加快省内天然气网络及场站建设,形成布局合理、科学储配、辐射边远的天然气输送网络体系。其四,巩固提升煤炭采掘的安全性和推进洁净煤炭技术的普遍运用。

四是加快新一代信息基础设施建设。随着以大数据、人工智能为代表的新一代科技革命、产业革命的兴起,培育强化云南,尤其是昆明的信息枢纽地位很可能成为推动高质量跨越发展过程中的新竞争优势,必须牢牢把握住这次"弯道超车"的绝佳机遇,努力向建成面向南亚东南亚的国际通信枢纽和区域信息汇集中心目标迈进。其一,持续开展骨干网、城域网扩容和宽度接入网建设工作,拓展固定宽带网络在农村地区覆盖深度,要在完善安全保障体系的前提下加快 5G 网络覆盖,构建以"网络+云资源+公共平台"一体化为特征的信息基础设施。其二,加强以昆明为中心,区域中心城市、边境城市为节点,连接国内外、辐射南亚东南亚的光纤骨干网建设,抓好昆明区域国际通信出入口建设。其三,统筹推进数据中心、区块链项目建设。利用已有资源统筹布局大型数据中心,整合资源,加强平台建设,促进大数据、云计算、云服务等产业发展,实现交通运输、水电基地、工矿企业、物流枢纽等重要设施数据的及时监测和反馈运用。

五是加强物流园区与交通基础设施的无缝衔接。坚持物流枢纽、物流园区与综合交通体系同步规划、同步建设,努力成为区域性国际现代物流中心。按照昆明中心物流基地,瑞丽、河口、磨憨三个口岸物流基地,重要节点物流基地三个层级,加快仓储、配货、装卸、分货、集货、流通加工等基础设施建设，加强云南物流网络体系建设。推进物流示范园区和冷链设施建设，积极发展多式联运、高铁快运、智能仓储。推进供应链体系建设，组建跨境物流集团，加快构建跨境物流高效快速通道。建设交通运输物流大数据分析平台，着力提升物流信息化水平。

此外，还要实施城镇基础设施和公共服务设施补短板工程，加快新型城镇化建设步伐。完善城市路网，深入推进六个国家智慧城市试点，加快建设地下综合管廊、轨道交通等重大城市基础设施，启动实施城市暴雨内涝防治工程，深入开展城市设计和"城市双修"试点，推进棚户区和"城中村"改造，谋划退出治理拥堵城市病的城市公共停车场项目，全面改善城市整体形象、城乡人居环境，提升城市综合承载力和城市品质。

进一步加强脱贫攻坚基础设施建设。加快实施贫困地区交通、住房、水利、电力、通信、卫生、教育等基础设施和公共服务设施建设，全面解决贫困人口住房、饮水安全、义务教育、医疗救治、环境整治等问题。全面优化旅游基础设施建设，强化"全域旅游""文化小康""全民建设"设施建设。统筹推进九大高原湖泊治理、以长江为重点的六大水系保护修复、水源地保护、城市黑臭水体治理、农村农业污染治理、生态保护修复、固体废弃物污染治理等领域的基础设施建设。

（三）产品和服务供给高质量

云南推动高质量跨越发展必须积极培育经济发展新动能，大力推进供给侧结构性改革，促进实体经济创新发展，着力在供给侧方面提供高质量产品。

1. 积极提高产品质量

云南工业体量小、底子薄，生产、生活所需工业产品大多需要从省外输入，而农业是云南的优势产业，对外输出的产品主要是本地特色农产品。因此，提高云南产品供给质量，除了要加快发展先进制造业，推动互联网、大数据、人工智能和实体经济深度融合外，应着力提升农产品的供给质量。

总体上，提高云南产品供给质量需要实施质量强省战略。强化制度保障，如深入建立产品质量惩罚性赔偿、安全事故强制报告、安全风险监控制度，建立产品伤害监测系统。建立产品生产、流通全过程质量责任追溯制度。制定开展"质量提升三年行动计划"，实施重点产品质量比对研究提升工程、优质品牌培育工程，全面提升云南产品、工程、服务、环境质量。推进内外销产品"同线同标同质"。加强质量基础体系建设，鼓励有条件的企业参与行业国际标准制定，构建新技术新产品新业态等计量、标准、认证直通车制度。

　　提高农产品质量，一方面要加大农业科研、技术和研发的投入，大面积提升云南农业技术，引导农业走向产业化，扩大农产品优质增量供给；另一方面要进一步强化建设农产品质量安全监管体系。目前，云南虽然已初步建立以农业执法、监督检测、"三品"认证、质量追溯体系为支撑的农产品质量安全监管构架，逐步实现对农产品质量安全"从田间到市场"的一体化监管，但是监管制度尚未健全、监管责任尚未厘清、监管队伍建设滞后。因此，要尽快建立和完善农产品质量安全管理方面系统性、操作性、实务性强的法律法规和工作准则。将《云南省农产品质量安全条例》《农药管理条例》尽快列入地方立法程序，加快制定《关于加强农产品质量安全管理工作的意见》，主管部门出台相应的制度办法，进一步强化执法监管的法规制度保障。建立和落实风险评估、市场准入、监测预警、监督抽查、投诉举报、应急处理等长效机制，建立农村巡回检查制度。各地成立农产品质量安全工作管理办公室，优先保障和充实工作队伍，形成上下对口，协调一致的省、州（市）、县区、乡四级农产品质量监管网络，并将监管工作延伸到村、到企业。

　　2. 大力推进供给侧结构性改革

　　党的十九大明确了供给侧结构性改革作为推动经济高质量发展的工作主线。近年来，云南扎实推进供给侧结构性改革，不折不扣地完成"三去一降一补"各项任务，并以此促进经济结构战略性调整和转型升级。2017 年，去生铁产能 125 万吨、粗钢产能 376 万吨、煤炭产能 1896 万吨，超额完成去产能任务。"僵尸企业"市场化退出稳妥推进。商品住宅待售面积预计下降 6.4%，库存控制在合理区间。执行差别化信贷政策，直接融资比重不断提高，全国首个地方国企债转股项目落户云锡集团。全面落实国家和省减税降费等降成本政策措施，为实体经济直接减负 800 亿元左右。基础设施建设、产业发展、民生改善等补短板工作得到加强。

　　应着力深化供给侧结构性改革，重点在"破""立""降"上下功夫，加快构建"传统产业+支柱产业+新兴产业"现代产业体系。

　　一是破。针对宏观经济中存在的"重大结构性失衡"问题，"破"主要是运用结构性政策对供给侧的存量进行调整。对于云南来说：一方面，完善去产能刚性约束机制。在坚持用市场化、法治化手段推动钢铁、煤炭等行业化解过剩产能的前提下，制定实施产业退出目录清单，关停和淘汰能耗、环保、质量、安全、技术达不到标准的企业；强化司法、工商、税务等部门配合，完善"僵尸企业"出清重组机制；建立传统产业发展监测预警机制，防止形成新的落后过剩产能；制定技改行动计划，实施普惠性政策支持，持续推动企业智能化、信息化、绿色化改造。另一方面，构建资源高效配置的市场机制，促使资源向优势企业、创新企业集中。发展利用多层次资本市场，推动各类优质企业规范改制和发行股票上市。深化政府投资基金运作市场化改革。推进水、电、气、流通等重点领域改革，完善市场决定价格机制。推进农村集体产权制度改革，促进土地资源高效配置。加快建立多主体供应、多渠道保障、租购并举的住房制度，因城因地去库存，优化供需结构，促进房地产业持续健康发展。

二是立。具体来说，一方面要树立绿色发展底线。实行最严格的环境保护制度，这是打好世界一流的"绿色能源""绿色食品""健康生活目的地"这"三张牌"的基础。要制定生态环境损害赔偿制度改革实施方案，完善生态环境损害责任终身追究制。实行地方党委和政府领导成员生态文明建设一岗双责和终身追责，推动领导干部自然资源资产离任审计。逐步收严重点行业、重点污染物、重点区域、流域污染排放标准。另一方面要确立产业协同发展体系。健全产业政策与创新、财政、金融、人才、土地政策的统筹协调机制。做优做强绿色能源产业，紧扣把绿色能源产业打造成云南重要支柱产业的目标，拓展省内外和境外电力市场。在保护环境的前提下，推进水电铝材、水电硅材一体化发展，培育和引进行业领军企业，着力发展新材料、改性材料和材料深加工。加快发展新能源汽车产业，大力引进新能源汽车整车和电池、电机、电控等零配件企业，尽快形成完整的产业链。大力发展从"现代中药、疫苗、干细胞应用"到"医学科研、诊疗"，再到"康养、休闲"全产业链的"大健康产业"。支持中国昆明大健康产业示范区加快发展，按照"世界一流"的标准打造国际医疗健康城。坚持以"零容忍"态度整治旅游市场秩序，围绕"国际化、高端化、特色化、智慧化"目标，以"云南只有一个景区，这个景区叫云南"的理念打造"全域旅游"。

三是降。要提升政府服务，降低企业制度性成本，降低企业的经营风险，增加其投资吸引力和竞争力。一方面要深化"放管服"改革，优化营商环境。进一步压减省级政府部门权责清单，制定行政审批事项标准规范。构建科学的监管职责体系，强化信用监管，搭建统一信用信息平台，将企业信用纳入信贷审批、政府采购、工程招投标、国有土地出让等工作的审批程序。打造"数字政府"，提高服务效率，为企业开办、成长和退出提供"一条龙"服务和"一站式"服务。采取停止征收坝区耕地质量补偿费等一系列降成本措施，继续清理不规范的中介服务，取消"红顶中介"，推进行政机关与协会、商会彻底脱钩。依法依规征收、减免税款，坚决杜绝收"过头税"。另一方面要防范重点领域重大风险。制定出台金融、房地产、国有企业等重点领域的防风险行动方案，建立国有企业投资项目负面清单。明确监管部门责任，推行企业全员安全生产责任制，落实企业安全生产责任追究制度。

二、充分发挥需求对经济的拉动作用

习近平总书记在党的十九大报告中指出"增强消费对经济发展的基础性作用"。云南推动高质量跨越发展在推进供给体系质量和效率提升的同时还需要进一步夯实需求基础。从理论上讲，供给侧结构性改革更多的是要解决影响长期经济增长的结构性问题，这是系统性、全局性和长远性的改革。但改革需要在一定的经济总量和经济增长速度前提下进行，否则容易造成经济"失速"，改革亦难以为继。因此，云南省在实施具有系统性、全局性和长远性的供给侧结构性改革政策措施的同时，需要进行合理的需求管理，要充分发挥固定资产投资的关键性作用，提升消费的基础性作用，并主动增强出口的带动作用。

（一）发挥投资关键性作用

投资是连接需求和供给的重要手段，在长短期具有对经济增长的双重效应。在我国深入推进供给侧结构性改革的过程中，运用恰当的投资政策既能实现短期稳增长，又可以落实长期调结构的双重目标。云南省经济社会发展相对滞后，多领域短板亟待弥补，同时发展不平衡不充分的矛盾突出。投资对社会总需求拉动效应明显，是解决云南省总需求不足的最关键因素。同时，当前的投资结构直接影响未来的经济结构，投资结构的优化将作用于供给结构及产业结构的优化。发挥投资的关键作用，必须服务于经济社会发展大局，从当前经济社会主要矛盾出发，既要充分发挥投资拉动经济增长作用，也要重视通过投资优化供给结构，形成有效供给和新需求，推动经济高质量发展。

1. 增加有效投资，优化投资结构

投资对云南经济增长的贡献排名决定了扩大有效投资对于释放内需潜力，确保经济运行在合理区间的关键作用。围绕增动力、强弱项，云南省扩大投资的领域主要集中于构建现代产业体系的产业投资，以及铁路、公路、航空、物流以及信息设施等基础设施建设投资，教育、卫生、医疗、扶贫等民生投入，以及生态保护修复、区域均衡发展、对内对外开放等。通过有效投资形成物质资本和人力资本的积累，促进供给结构得到长期优化，形成经济发展新的比较优势与增长潜力。一是加大教育、医疗、体育、健康投资，促进人力资本积累。二是加大科技投入，促进科技创新和技术进步。三是加大产业投资，优化产业结构。一方面，支持传统产业优化升级，促使第一、第二产业与现代服务业更加深度融合，加快发展先进制造业和现代服务业；另一方面，发展新技术、新产业、新业态和新模式，培养经济发展新动能。具体举措如，大幅提高工业投资占比，尤其是新兴制造投资占比。在未来 5~10 年，结合云南实际，加大资金投入，大力支持新材料、高端装备、新能源汽车和生物高技术四大战略性新兴产业发展。加快"3 个 100"工业转型升级重点项目建设和 20 项智能制造重点示范项目建设。积极推动在滇各大央企、国内知名企业和外企实施新建产能投资和滚动再投入，促进省内有实力企业与中国 500 强及省外优质企业开展项目合作。四是弥补基础设施短板。基础设施一方面是优化供给，另一方面也是政府及政府自身投入或吸引社会资本投入形成重要资产，是实体经济的重要组成部分。另外，优化投资结构也包括激活民间投资和重点区域投资，如滇中五个州（市）、滇中新区等。

2. 加强项目及平台建设拓展投融资渠道

紧紧围绕国家"资金跟着项目走"思路，加强政策研判，把握重点投向，根据高质量跨越式发展要求，切实加强项目谋划、储备、前期工作推进以及项目实施。打造一批市场前景好、产业链条长、社会贡献大、带动性能强、具有良好基础或比较优势的项目。在融资方面，要分类采取差别化措施。如在基建方面，云南省以地方政府和国企为主导，在地方政府债务收紧和金融监管加强的背景下，难点在融资。要推进基础设施投融资体制改革，实现项目高效运行和财务可持续，消除市场的不确定预期，完善投资项目资本金制度，将专项债券已筹资金加快落实到补短板项目，并有序推进政府与社会资本合作项目，同时探索创新地方政府专项债券品种、对基础设施企业和项目引入混改、加快基建领域开放和利用外资等。对于产业投资，特别是制造业投资，关键还是在于畅通货币政策传导机制，降低融资成本、税负成本，适当降低社保费率，进一步落实简政放权、放管结合、优化服务改革综合措施，进一步改善营商环境。对民间投资而言，最重要还是信心问题。要打破行业垄断、服务业开放不足等体制性障碍，鼓励民间资金进入环保、交通能源、社会事业等领域，积极支持民间资本控股。基于云南省中小企业融资对信贷模式的过度依赖，应加大区域性股权平台建设，鼓励企业通过债券、股权、上市挂牌交易等多种方式直接融资，扩大在主板、上市中小板、创业板上市企业个数和提高上市公司质量，争取企业能在创业板上市。制定政策措施吸引天使投资、创业投资参与云南科技创新企业。

在平台载体打造方面，要提升云南智慧化水平，推进云计算、大数据、互联网、物联网、移动互联网等新一代信息基础设施建设，推动政务、教育、医疗、旅游、农业、交通、物流等重点领域的行业云和大数据中心建设，着力打造支撑相关行业发展的全国性、国际化大数据服务平台。推动滇中新区加快发展，支持国家级开发区、试验区、跨（边）境经济合作区等建设，并以此为平台，加快央企投资、国内省外资金和外资的"引进来"与云南项目建设、产业投资"走出去"，提升固定资产投资开放发展水平。鼓励各级各地政府根据实际需要，积极组建招商团，主动到粤港澳、长三角地区及京津冀、成渝经济区等区域各省份，开展学习考察及经贸合作交流活动，提高招商引资的针对性、科学性，提升引资质量，优化引资结构。

（二）提升消费基础性作用

云南应适应消费升级需求，增强消费对经济发展的基础性作用。除了完善消费、旅游、休闲、度假、娱乐、医疗、健康、养老等硬件设施和服务，适度引导有效需求和消费，实现供需动态平衡，通过消费拉动云南经济快速发展外，还应该着力增加居民收入，营造良好的消费环境。

1. 增加居民财产性收入和经营性收入

一方面，创造条件提高居民财产层次，提高居民财产性收入水平。逐步降低市场准入门槛，支持民营资本进入基础设施、政策性住房、智慧云南、现代服务业、社会事业和农业等领域。加强对居民投资理财的宣传教育，引导居民通过债券、股票、基金、保险、不动产投资等金融产品的投资，获得股息、利息和分红，逐步从存款保值向投资生财转变，使财产性收入成为居民增收的新增长点。进一步加大对公民财产权的保护力度，尤其是在拆迁、征地、征用公民财产过程中，确保公民的财产权利和财富增值权利不受侵犯。进一步明晰产权，并且让它们成为可以抵押、转让、出售、出租等广泛交易流动的金融资产。另一方面，优化草根阶层的创业环境，鼓励劳动者通过创业提高收入。要从根本上改变普通城市居民家庭中经营性和财产性收入低迷或下降局面，最现实、最有效的措施就是优化草根阶层的创业环境，使其能够轻松入门、无忧创业。要建立与规范多层次的资本市场平台，创造良好的投资环境，积极引导民间投资方向。

2. 以制度创新培育壮大中等收入群体

加强居民收入倍增的制度创新，云南可以从以下三个方面入手：一是加强社会保障制度建设，目前云南已经初步建立了基本养老、基本医疗、失业、工伤、生育五项社会保险制度，基本形成以低保为重点的社会救助体系。今后的主要任务是，逐步扩大保障覆盖面，提高保障水平和保障标准。二是实施积极的就业政策，鼓励居民自主创新，努力减少贫困。三是改革分配制度，多渠道增加收入，逐步实现"两个同步"，即居民收入增长和经济发展同步、劳动报酬增长和劳动生产率提高同步。

3. 减税与转税并举

云南要充分发挥税收杠杆作用，积极落实中央的"减税"政策，并在某些领域创新出台"转税"举措。所谓"转税"，就是将减税应当减免的资金通过转移支付的形式增加低收入群体的工资。首先，对于企业而言，转移支付的资金具有先行垫付的性质。当企业没有能力为员工增加工资或者增加的幅度达不到收入倍增目标的需要时，可以向税务机关提出申请转移支付。受理转税的机关应为企业指定整改，当企业经营状况好转时应当返还先行垫付的员工工资，以保证先行垫付的可持续性。如果过了整改期仍然不能为员工正常增长工资的，应当考查其转型创新的力度，力度不够的向员工发出从业警示。其次，转移支付以直接划拨到员工个人账户的方式进行，以保证基层劳动者成为减税的直接受益者。转移支付的数额主要根据工资增幅的考核结果而定，凡是工薪收入没有达到云南当年平均工资水平的劳动者都可以申请转移支付。转移支付的数额以工资增幅所应达到标准的差额为准。同时督促企业制定出工资正常增长的整改计划，以促进工资正常增长机制的形成。最后，加强转移支付的劳动监察。在转移支付中确保弱势群体的收入增长底线需要全社会齐抓共管，比如需要为每一位劳动者建立唯一的工薪收入账户，在不同的银行间联网使用等。

（三）增强出口带动作用

一直以来，云南的外贸占全国的份额均非常小，根源在于产业特征。增强出口的带动作用可以从以下方面入手：

1. 大力推动昆明城市功能的国际化

在昆明建设一批国际社区、学校和医院，打造国际化商务载体、生活街区、邻里中心，增强国际快速通达能力，营造国际化的生活环境、服务环境、营商环境。大力推动城市形象的国际化，扩大展会的影响力，加快旅游的国际化，密切友城交往，讲好昆明故事，不断提高城市的国际知名度和美誉度。

2. 加快外经贸转型升级

创新参与"一带一路"建设机制，构建完善信息、法律、知识产权等专业咨询服务体系。创新境外经贸合作区发展模式，推进云南龙头企业等牵头建设境外经贸合作区，制定合作区认定考核和扶持办法。提升昆明枢纽经济能级，申报国家临空经济示范区，拓展航空、高铁、水运网络，构建全方位国际物流大通道。培育外贸新业态新模式，支持建设一批进口商品集散地和分销中心。进一步支持转口贸易、离岸贸易、维修检测、研发设计等国际业务规范快速发展。提升利用外资结构和水平，引进一批高质量、强带动的外资项目。对接国际高标准投资贸易规则体系，简化外商投资负面清单，打造国际贸易"单一窗口"。

3. 推动云南企业"走出去"

"走出去"主要是为了实现两大战略目标：一是发挥国内企业的资本控制力，进行海外并购，充分虹吸国外高级要素，尤其是创新要素来实现产品创新和价值链升级，增强企业的盈利能力。二是化解产能过剩矛盾，降低企业的亏损率。治理产能过剩应该多管齐下，重点实施"走出去"战略。云南现在"引进来"和"走出去"的差额很大，真正能"走出去"的企业很少。不同类型的行业应采取不同的"走出去"方式：第一，资源导向型重工业企业"走出去"的区位，应选择那些自然资源丰富、能源产量高的国家或地区，投资方式应以新建为主。尤其要以与我国外交、经贸双边关系好，社会、政局比较稳定的周边和非洲国家为重点，兼顾拉丁美洲、油气资源丰富的中东地区以及其他矿产资源丰富的国家。应以新建投资为主，分阶段进行，逐步建立工作基础。第二，市场导向型轻工业企业"走出去"的区位，应首选市场需求大的国家或地区，投资方式应以新建为主。考虑到当前世界需求结构的调整、经济发展阶段的差别以及云南轻工业产品特征，主要还是应以发展中国家或地区为重点。例如，云南目前存在产能过剩风险的许多项目，在东南亚、南亚某些国家依旧是朝阳项目，利润也比国内高。投资方式也应以新建为主，但尤其需要重视销售终端的建设，如建立连锁专卖店、品牌专卖店等，掌握销售渠道和价值增值环节，从而提升国际市场竞争力。第三，技术导向型新兴产业企业"走出去"的区位，应选择同类产业发展迅速、技术领先的发达国家，投资方式应以并购为主。新兴产业产能过剩的根本原因在于沿用了以前传统产业的发展模式，如依赖外需、重复投入、低端定位、"只造不制"等。破解新兴产业产能过剩危局的根本路径是：一方面转而补贴消费者，刺激国内需求扩大；另一方面提高技术水平，加强产品创新，增强产品的市场竞争力。实施"走出去"战略，进行跨国并购，可以充分利用国内市场规模，广泛吸收国外高级生产要素来提高云南新兴产业整体技术水平和产品全球竞争力。

第六章

高质量的区域协调发展

本章精要

- 云南高质量的区域协调发展要突破既有的思维范式，引入"5D"思路框架，从密度（Density）、距离（Distance）、分割（Division）、多样（Diversity）和需求（Demand）五个视角去构思全省区域协调发展。
- 实现高质量的区域协调发展需要做好三篇大文章：做强提升滇中，搞活沿边、做强县域经济，打好脱贫攻坚战。

当前，深入推进省域区域协调发展是贯彻落实高质量发展的主要任务，也是提升区域竞争优势的主要途径。党的十九大以来，党中央、国务院将区域协调发展战略上升为国家战略，出台了一系列政策，旨在完善相关体制机制，推动形成新的区域发展格局。推进云南省高质量的区域协调发展，为云南省建设民族团结进步示范区、生态文明建设排头兵、面向南亚东南亚辐射中心提供有力支撑。

一、区域协调发展的基本内涵

区域协调发展是改革开放 40 年中我国解决区域问题所经历的伟大历史实践，具有世界示范意义。区域协调发展已被中央列入高质量发展的理论、理念和实践框架之中，并适应了我国大国的国情。与过去相比，高质量的区域协调发展是从相对较低的区域均衡发展向高水平的区域协调发展迈进的过程。

20 世纪 90 年代中后期以来，区域协调发展逐渐受到各级政府的重视，从学术讨论逐步转向政府决策。在党的十九大报告中，区域协调发展战略首次写进了党代会报告中，其重要性是前所未有的。经过 20 年来的实践，我国区域协调发展战略重点领域、核心理念和主要目标日趋清晰。党的十八大以来，在东部率先发展、中部地区崛起、西部大开发和东北全面振兴的基础上，京津冀协同发展、长江经济带发展、粤港澳大湾区建设和长三角区域一体化发展先后上升为国家战略，这意味着现阶段国家正在着力实施"4+4"的区域发展战略，依靠区域板块、跨地带联动和区域协同发展加快形成新时代我国区域发展新格局。2017 年中央经济工作会议更是将现阶段的区域协调发展目标聚焦于实现基本公共服务均等化、基础设施通达程度比较均衡和人民生活水平大体相当三个基本方面，这一表述进一步丰富了区域协调发展的基本内涵，也体现了习近平新时代中国特色社会主义思想。2018 年 11 月 18 日，中共中央、国务院出台了《中共中央　国务院关于建立更加有效的区域协调发展新机制的意见》，进一步明确了区域协调发展的八大机制，这些机制对破解我国区域协调发展难题具有重要的指导意义。

"协调发展"是国家"十三五"规划纲要提出的五大新发展理念之一，是高质量发展的一个重点方向，主要包括了区域协调发展、城乡协调发展等方面。理论上看，一个区域在富起来、强起来的过程中不断实现经济结构动态升级，发展水平不断提高，这是从低水平的均衡状态向高水平的均衡状态跃迁升级、提质增效的过程，但这个变化过程往往伴随着区域发展不平衡不充分问题，而解决好发展不平衡不充分问题的方向是促进区域协调发展，这不仅有利于发展成果和谐共享，也有利于挖掘区域发展潜力。目前，国际上并没有对区域协调发展做过比较系统的理论论述，只是散见在一些文献的观点中。我国学者对这方面的政策解读和理论探讨比较深入，但至今仍然没有实现理论上的突破，还停留于套用西方的理论解释中国区域发展问题，更没有在高质量发展框架下讨论区域协调发展问题。

综上看来，高质量的区域协调发展就是区域差距和城乡差距缩小到适度范围内，区域均等化的基本公共服务体系建立起来并惠及城乡和各地区居民，各地区交通便利化程度大致相当，居民生活水平接近，区域市场一体化程度达到较高的水平，区域产业协作联动较强和区域生态环境协同治理机制比较完善。

云南是我国西南地区面向南亚东南亚开放的重要枢纽，具有得天独厚的区位优势和资源条件。同时，云南省作为一个以昆明市为中心的内陆沿边省份，长期形成了相对独立的产业体系和典型的"中心-外围"空间组织结构，并且，民族文化、生态资源和自然环境的多样化造就了云南省各州（市）各具特色的产业结构、发展路径和制度环境。改革开放40多年来，云南省经济社会发展取得显著的成就，但跟全国平均水平相比，仍存在不小的差距，特别是怒江、迪庆等深度贫困地区，要实现与全国同步建成小康社会的目标还需加倍努力。跟其他省份相比，云南省既要解决后发赶超、加快发展的问题，又要解决发展不平衡不充分问题。这些发展问题又跟民族地区发展、边境安全、生态保护等任务相互交织起来，因此，破解这些问题变得复杂、困难和迫切。从这点看，云南省高质量的区域协调发展就是要着力破解这些长期想解决但没有解决好的问题。

二、区域协调发展的现状特征、主要问题与挑战

（一）云南省区域协调发展的现状特征

第一，滇中城市群建设步伐加快。滇中地区是云南省土地资源相对丰富的

地区，地势相对平坦，集中全省 2/3 的平地。气候极有利于人的身心健康，特别适宜人类居住。矿产资源储量大、经济价值高，旅游文化资源丰富，生物资源种类繁多，生态环境总体良好。滇中城市群作为国家重点城市群之一，包括昆明、曲靖、玉溪、楚雄以及红河州七个县市，是云南省经济发展水平最高、发展条件最好、开发强度最高的地区。滇中城市群内基础设施建设成效突出，经济高速发展。作为我国西南地区重要的城市群之一，滇中城市群是我国面向南亚东南亚的辐射中心，在对外开放与区域协作发展方面都有重要意义。滇中城市群位于云南省的地理中心，是云南省人流、物流、资金流和信息流等汇集的中心，是云南省进一步扩大对内对外开放的最优区域，是云南城镇化水平最高的区域。滇中城市群近年城镇化呈平稳发展。

　　第二，公共服务水平差距趋于缩小。从人均公共财政预算支出看（见图6-1），2017 年受中央和省政府扶贫资金集中投入的影响，迪庆人均公共财政预算支出为全省最高，达到 33966 元，远超经济较为发达的昆明市（11439 元），其次是怒江、丽江，分别为 16393 元、12465 元。人均公共财政预算支出的地区差距从侧面反映出云南省当前加大对深度贫困地区的公共服务投入是史无前例的。滇西北、滇西、滇东北等地区州（市）教育基础设施、教师配备、医疗条件等方面将随着政府近些年加大投入而明显改善，逐步缩小了与滇中地区的发展水平差距。

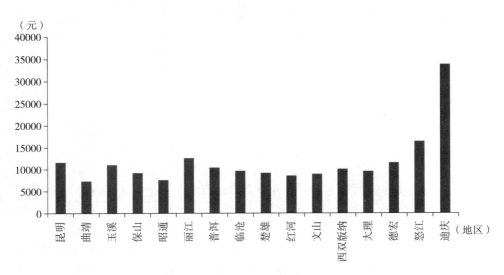

图 6-1　2017 年云南省各州（市）人均公共财政预算支出比较

资料来源：《云南统计年鉴》（2018）。

第三，区域交通出现结构性改善。云南是一个山多、海拔落差大的省份，2017年全省高速公路通达里程5022公里，平均路网密度为127.4公里/平方公里（见图6-2）。怒江和迪庆两个州至今仍未通高速，临沧和丽江两市高速公路通达里程不足100公里，分别为17公里和63公里。2017年云南省铁路营业里程3700公里，平均路网密度达到93.88公里/平方公里，怒江、迪庆、保山、临沧、普洱、西双版纳、德宏等州（市）至今仍未修通铁路。云南省是我国省域航线网络最为发达的省份之一，截至2017年底已建成运营机场13座，形成了以昆明长水国际机场为中心、州（市）民航机场为支点的航空客运网络，其中昆明长水国际机场是我国大型门户枢纽型机场，拥有双跑道起降的通达能力。

（公里/平方公里）

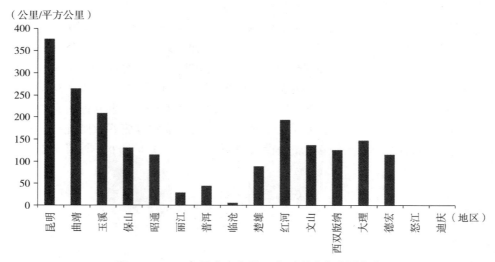

图6-2　2017年云南省各州（市）高速公路网密度

资料来源：《云南统计年鉴》（2018）。

第四，产业对接协作发展处于起步阶段。由于省域内资源禀赋、产业基础、人才结构等方面比较接近，所以各州（市）主导产业雷同度较大，州（市）间产业项目招商引资竞争激烈。在这样的背景下，州（市）政府现阶段推动产业协同发展的意愿不强，产业链条普遍较短。另外，近年来，昆明市中心城区制造业向外转移的趋势开始显现，有些企业将加工制造环节转移到曲靖、玉溪等周边城市，带动了产业链在更大区域内延伸拓展、布局配置。

第五，扶贫攻坚取得明显进展。党的十八大以来，云南省各级政府按照中央脱贫攻坚战略部署，建立了贫困对象精准识别、动态管理，持续完善责任落实、资金投入、考核评估等体制机制，全面推行"四到县"改革，积极借助中央单位定点扶贫、粤滇扶贫协作、沪滇扶贫协作等外力，通过产业扶贫、教育扶贫、异地搬迁、劳务输出等措施已经解决了550多万贫困群众的脱贫致富问题，并逐步将扶贫工作聚焦到四个集中连片特困地区和深度贫困地区。目前，全省加快实施迪庆、怒江、昭通等深度贫困地区脱贫攻坚行动，着力解决"两不愁三保障"突出问题。

第六，生态补偿机制不断完善。经过前期摸索和学习借鉴，云南省逐步建立跨区域、多元化的生态保护补偿机制，探索重点生态功能区补偿、流域跨界生态补偿、公益林生态林补偿、草原生态补助奖励、退耕还湿补偿、高原湖泊生态补偿等多种形式的生态补偿方式。为了确保这些生态补偿政策落地实施，云南省建立各级政府生态补偿资金投入机制和生态功能区财政转移支付制度，并采取正向激励的重点流域横向生态保护补偿机制，调动了地方政府协同推进生态治理的积极性。

（二）云南省区域协调发展面临的主要问题

第一，州（市）之间的地区发展差距比较明显。从 GDP 的规模看，昆明、曲靖、红河和玉溪是全省经济体量最大的州（市），分别占全省 GDP 的 29.66%、11.85%、9.03%和8.64%，这四个地州 GDP 之和占全省的 59.18%，但国土面积仅占全省的 17.7%，人口占全省的 39.42%。从人均 GDP 看，2017 年全省人均GDP 达到了34221 元，只有昆明、玉溪和迪庆人均 GDP 超过全省平均水平，分别为全省平均水平的 2.10 倍、1.74 倍、1.41 倍；普洱、文山和昭通的人均 GDP 水平是全省最低的三个州（市），分别为全省平均水平的 69.61%、65.16%和44.18%。从工业增加值看，云南省工业地区集中度比较高，2017 年昆明市工业增加值占全省的28.35%，玉溪占 16.20%，曲靖占 13.83%，红河占 12.21%，以上四个州（市）工业增加值累计占全省的 70.59%。以上数据表明，云南省地区存在滇中与外围地区的差距，工业分布不平衡是导致地区差距的主要原因（见表6-1）。

表6-1　2017 年云南省各州（市）经济发展水平差距

地区	地区生产总值（亿元）	州（市）GDP/全省（%）	人均 GDP（元）	州（市）人均GDP/全省人均 GDP	工业增加值（亿元）	州（市）工业增加值/全省（%）
全省	16376	—	34221	—	4089	—
昆明	4858	29.66	71906	2.10	1159	28.35
曲靖	1941	11.85	31806	0.93	565	13.83

续表

地区	地区生产总值（亿元）	州（市）GDP/全省（%）	人均GDP（元）	州（市）人均GDP/全省人均GDP	工业增加值（亿元）	州（市）工业增加值/全省（%）
玉溪	1415	8.64	59510	1.74	663	16.20
保山	679	4.15	26058	0.76	159	3.89
昭通	832	5.08	15119	0.44	218	5.34
丽江	339	2.07	26368	0.77	72	1.76
普洱	625	3.81	23821	0.70	118	2.89
临沧	604	3.69	23942	0.70	123	3.01
楚雄	937	5.72	34192	1.00	246	6.02
红河	1479	9.03	31479	0.92	499	12.21
文山	809	4.94	22299	0.65	182	4.46
西双版纳	394	2.40	33490	0.98	58	1.43
大理	1067	6.51	29846	0.87	302	7.38
德宏	357	2.18	27427	0.80	58	1.41
怒江	142	0.86	25940	0.76	24	0.58
迪庆	199	1.21	48334	1.41	20	0.50

资料来源：《云南统计年鉴》（2018）。

　　第二，县域经济不发达。县域经济不活跃，创业活力不强，缺乏强有力的特色产业支撑，是云南省县域经济发展滞后的主要原因。跟浙江和福建相比，云南省县域经济发展水平较低，规模偏小（见表6-2）。云南省县域经济缺少企业家资源，本地的企业家"小富即安"的观念十分突出，企业家创新创业精神缺失，难以在社会上形成崇尚爱拼敢赢的创业精神。

表6-2　2017年云南与福建、浙江县域经济发展情况比较

地区	地区生产总值		县域常住人口（万人）	人均GDP（元）	产出强度（万元/平方公里）	固定资产投资强度（万元/平方公里）	人均居民储蓄存款余额（元）	人均公共财政预算收入（元）
	县域经济规模（亿元）	占全省比重（%）						
云南	10300	62.9	3235.73	26444	288	357	19927	1719

续表

地区	地区生产总值		县域常住人口（万人）	人均GDP（元）	产出强度（万元/平方公里）	固定资产投资强度（万元/平方公里）	人均居民储蓄存款余额（元）	人均公共财政预算收入（元）
	县域经济规模（亿元）	占全省比重（%）						
福建	17039	52.77	2408.1	70757.4	—		54475	3629
浙江	22860	44.84	2926.37	78116	2903	1725.95	65017	6809

注：上表的县域只涉及县和县级市，不含市辖区。

资料来源：《云南统计年鉴》（2018）、《福建统计年鉴》（2018）、《浙江统计年鉴》（2018）。

第三，州（市）之间产业分工不明显。由于要素资源禀赋比较接近，招商引资竞争激烈，许多州（市）主导产业技术层次比较接近，存在一定程度的低水平重复建设的现象，也造成了许多要素资源的浪费或低效利用，特别是有色金属深加工等资本密集型产业表现最为突出。各州（市）主导产业的产业链较短，下游高附加值的加工应用环节多分布在沿海发达地区。例如，在电子信息、机械加工等行业领域，云南省一些州（市）主要从事零部件生产加工，而下游环节整件装配则在省外。

第四，富足资源未能转化为经济优势。受国家政策、当地产业配套能力、本州（市）场需求等多方面因素的影响，云南省水能资源、矿产资源、生态资源等尽管量大质优，并没有有效转化为本地的经济优势，资源深加工能力不足，"资源不富民"现象比较突出。

第五，城际铁路和高铁高速公路网建设明显滞后于周边省份。与贵州、广西、四川等周边省份相比，省域城际铁路网建设明显滞后，高速公路距"能通尽通"目标尚有差距，各州（市）居民交通通达程度较低，甚至低于西南地区其他城市。省域城际铁路和高速公路建设步伐不快，带动文化旅游、现代物流等产业发展能力不强。

第六，全省贫困面较大。虽然近些年来，云南省脱贫攻坚工作取得了显著的进展，贫困人口大幅度减少，贫困地区经济社会事业取得进步，但有些地方要完成全面脱贫目标的难度是相当大的。迪庆和怒江已被国家列入深度贫困地区，这两个州的贫困人口规模较大，少数民族贫困人口占绝大多数，其中有不少贫困人口是"直过民族"，脱贫任务十分艰巨。

第七，社会事业发展欠账较多。跟全国平均水平相比，云南省教育、医疗、卫生、文化等社会事业发展表现出明显的地区不平衡特点，昆明、曲靖、玉溪等城市发展水平较高，而滇西北和滇东北地区的农村教育、医疗、卫生、文化等公用事业发展相对滞后，硬件设施比较落后，中小学教师、医疗卫生人员等方面人才长期不足。

（三）云南省区域协调发展面临的挑战

总体看来，云南省推进高质量的区域协调发展任务艰巨，需要克服各种困难和挑战。当前，云南省区域协调发展既处于复杂的国际环境和国内经济增长放缓的宏观背景，又面临着广西、贵州等周边省份和越南、老挝、缅甸等周边国家激烈区域竞争。全球气候变暖、宗教极端势力壮大、边境安全不稳定因素增多等问题都将对云南区域协调高质量发展等产生深远的影响。

三、高质量区域协调发展的基本思路

（一）新时代云南省区域协调发展任务

为了将区域发展差距缩小至合理的区间、实现基本公共服务区域均等化、促进各地区比较优势有效发挥和建立相对均衡的基础设施通达程度，云南省今后区域协调发展既不能脱离高质量发展的实际，又要紧密结合省情，超常规、创新性、持续性深入贯彻落实高质量区域协调发展。总体来说，云南省高质量区域协调发展的基本思路是：

一是找到切入点引爆点，激活全省发展大局。在扶贫攻坚方面，补好区域发展的短板，建立长效机制解决深度贫困地区脱贫问题，为同步建成小康社会创造更好的条件。在对外开放方面，加快构筑以昆明市为中心的内陆边境联动开放体系，着力破解对内对外开放瓶颈问题。在优势资源开发利用方面，深入实施资源创新转化带动战略，将水电资源、高原绿色农产品资源和优质的生态旅游资源转化成富民强省兴边的大产业好产业。

二是通过昆明市和滇中新区融合发展，进一步壮大滇中城市群的实力，提升昆明市作为区域性国际中心城市地位。没有"强中心"的云南难以在经济体量和经济速度两个方面赶超周边省份，也难以缩小与发达地区的发展差距。因此，要从体制创新入手，全面推动昆明市和滇中新区的融合发展，使这两个省域中心融合发展成为省域超强中心，通过产业链、创新链、园区链、资源链、资金链强化辐射其他城市，带动搞活省域经济发展。

三是搞活做实县域经济。云南省是一个经济欠发达的省份，但具有民族多样性、生态多样性、文化多样性、资源多样性等特点，这些特点为县域经济发展提供天然的土壤，为此要打造具有高品质创新创业生态环境的载体，依托县域各类产业园区，点燃县域创新创业的"火苗"，培育造就一批敢于创业、穷则思变的草根企业家。

（二）云南省区域协调发展的路径

云南省区域协调发展既不同于国家层面的战略，又与其他省份存在明显的区别。世界银行曾组织专家对全球经济地理进行深入研究，得出了一些具有规律性的特征，这项成果最终形成了《世界发展报告2009》[①]。下面将借鉴世界银行的研究成果，并结合实际情况，对云南省今后区域协调发展提出如下基本思路（见图6-3）：

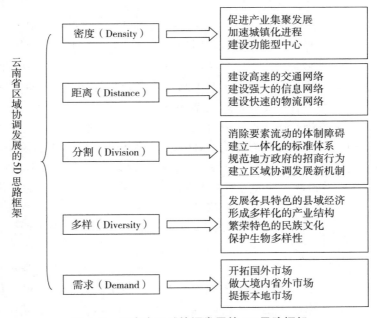

图6-3　云南省区域协调发展的5D思路框架

---

① 世界银行. 世界发展报告 2009 [M]. 北京：清华大学出版社，2009.

第一，追求高质量的密度经济。提高昆明市产业集聚的能力和水平，建立产业高质量的集聚机制，探索"亩均论英雄"的产业布局调整优化机制，引导各类产业园区提高产业集聚效率，完善产业园区的产业链配套、功能配套和要素支撑配套。根据各州（市）的实际，加快推进质量导向型的城镇化，逐渐形成功能有序、规模适度、协同发展的城镇体系。昆明市作为省会城市和省域中心城市，今后要加快开放步伐，建设国际金融中心、国际人文交流交往中心等功能平台；沿边城市也可以利用区位优势建设中国与南亚、东南亚地区经贸、人文、政治等领域交流的中心。

第二，压缩不同城市节点和微观个体交流活动的经济距离。在宏观经济增速放缓的背景下，云南省可以提档加速基础设施投资，适当超前建设，实现跨越发展。在交通基础设施方面，建设覆盖州（市）的高速交通网络，特别是"能通尽通"高速公路和城际高速铁路网建设要加速推进，打通高速公路"断头路"和瓶颈路段。在信息基础设施方面，实施"数字强省"战略，建设跨代直过、全域覆盖的5G网络。在现代物流网络方面，从跨省跨境的更大视野统筹推进省域物流枢纽、节点和网点的布局，改造升级传统物流基础设施，引入一批现代物流企业建设现代商贸物流基地，培育发展面向周边国家、国际性的商贸物流基地，促进现代物流业与文化旅游、出口加工等产业结合。

第三，消除妨碍地区行政分割的障碍。消除地区间的体制机制障碍，推动解决各州（市）的政府监管、行政执法、信息平台等方面"鸿沟"问题。加快推进省域市场一体化，促进要素、商品和信息自由有序流动，带动各地更加合理分工。加速推进省域交通基础设施一体化，实现有速度、有效率、有规模的互联互通，为市场一体化创造更有利的条件。着力遏制各州（市）间的招商引资恶性竞争，规范地方政府行为，建立更加高效有序良性的地区互动发展新格局。创新运用市场、行政、人事等手段，深入探索州（市）互助、利益补偿、公共服务均等化等机制，加大对地方政府开展区域协调发展工作的考核评价。

第四，大力发展多样化的经济形态。一方面，针对地形、资源和文化多样的特点，大力发展特色县域经济，每个县主打1~2个特色优势产业，全面激发省域经济发展活力。另一方面，每个州（市）都要打破"一企独大、一业独大、国有企业独大"局面，大力支持中小微企业发展，着力推进资源型城市转型，促进资源性产业与非资源性产业协调发展，鼓励民营经济发展，创造公平开放的竞争环境。繁荣发展特色鲜明的民族文化，抢救一批处于濒危、绝学状态的少数民族非物质文化遗产。加强生物种群的调查研究，争取在国家级自然保护区的基础上加快开展国家公园试点，在保护生物多样性方面发挥先行先试作用。

第五，积极开拓国内外市场需求。立足"一带一路"和长江经济带区域性功能枢纽，面向东南亚和南亚，积极对接周边国家的市场，大力发展满足周边国家需求量大、增速快的产业。面向西南周边省份的市场，建立对市场快速响应的产业发展机制，建立市场需求导向的产业基地，利用资源优势超常规谋划发展一批新兴产业。鼓励本省城乡居民消费，加强新消费的宣传引导，提振和扩大本地消费市场。

四、区域协调发展战略的格局构建与机制完善

（一）构建"一核一环双边五廊"发展新格局

"一核"就是着力打造滇中城市群。全面提升昆明作为区域性国际中心城市的功能，促进昆明市与滇中新区融合发展，辐射带动曲靖、玉溪等周边城市发展，强化滇中城市群在全省经济发展中的核心地位。

"一环"就是建设滇西旅游大环线，加快制定实施滇西旅游大环线规划，以生态保护为前提，以交通互联互通为基础，以产业协同发展为支撑，将迪庆、怒江、保山、大理、丽江等地连接起来，高水平打造"德钦—香格里拉—丽江—大理—保山—瑞丽—腾冲—泸水—贡山—德钦"大滇西旅游环线，通过这条旅游环线开发建设，带动滇西一体化发展。

"双边"就是建设国际边境和省际交界对内对外开放"双高地"。立足国际地缘优势，充分利用边境地区，加快边境开放步伐。全面提升边境开放水平，利用边境合作区、开发开放试验区、自由贸易试验区等平台，大力支持瑞丽、磨憨、河口三个边境口岸开放发展，建设边境小康村，深入推进兴边富民工程改善沿边群众生产生活条件三年行动计划，加快建成面向周边国家开放的国际化、现代化的宜居城市，增强沿边开放窗口示范作用。发挥开阔的省际边界线的区位优势，依托沪昆、成昆和南昆三大通道，支持曲靖和昭通建设省际交界区域中心城市，加强与成渝城市群、珠三角等国内地区合作。充分利用好泛珠三角区域合作平台和机制，落实泛珠合作年度重点工作，积极参与珠江—西江经济带建设，推动粤桂黔高铁经济带向云南延伸。持续推动落实滇粤、滇黔、滇桂、滇川、滇琼深化经济合作框架协议。充分发挥"云台会"等平台作用，扎实推进云台经济文化交流合作的措施落地。以产业、通道、开放为重点，打破行政

区划限制，支持发达省（区、市）与云南各级各类园区深度合作，建设"园中园""飞地经济园区"。健全跨省毗邻州（市）协同开放发展机制，支持曲靖、昭通、文山、迪庆、怒江等州（市）加强与四川、贵州、广西、西藏等省区毗邻州（市）建立统一规划、统一管理、合作共建、利益共享的合作新机制，推动滇藏川"大香格里拉"旅游合作，加快百色—文山跨省经济合作区建设。

"五廊"就是统筹推进五大经济走廊建设。服务和融入国家"一带一路"和长江经济带建设，深入推进孟中印缅经济走廊和中国—中南半岛经济走廊建设，率先实施基础设施互联互通工程，依托瑞丽、磨憨、河口三个国家级中外跨境经济合作区，探索边境地区国际产能合作的新模式，建立产业共育、园区共建、管理共商、利益共享、风险共担等机制。同时，充分利用沪昆、成昆、南昆三条出省大通道，因地制宜推进省际交界地区承接产业转移载体建设，建设面向国内开放的三条产业发展走廊。

（二）调整产业布局与承接产业转移

第一，依托龙头企业建设特色基地。历史上，云南省曾是西南地区工业体系较为完整的省份，但改革开放以后受企业改制、企业重组、市场竞争等诸多因素的影响，许多原本具有技术优势的行业龙头企业陷入发展困境甚至破产。在新时代背景下，云南省可以依靠行业龙头企业带动，选择一些市场前景好、带动效应大的产业项目，在较短时间内加快形成规模优势。在汽车产业领域，东风云汽项目建成投产将加快云南省千亿级汽车生产基地建设，带动承接省外的汽车零部件企业布局，进而形成专用车、客车、SUV、皮卡、新能源汽车等系列产品，并成为面向东南亚和南亚的汽车生产、研发和销售中心。在装备制造领域，云南省在矿冶成套设备、轻工业专用设备、高原电力设备等领域具有优势，可通过现有的龙头企业发挥"以大带小、协同作战"的作用，带活一批配套协作的中小微企业发展，加快形成另一个千亿级的产业集群。在信息服务业领域，云南省具有产业发展的优势条件，尽管起步较晚，但可以承接国内领先的科技公司建设行业大数据中心，谋划建设有色金属、花卉、绿色食品、林业等行业大数据中心，借力供应链金融和区块链的商业模式加快提升云南省在这些领域的市场话语权和整合能力。

第二，依托优势资源建设产业基地。云南省地形地质条件多样，蕴藏着丰富的矿产资源，特别是有色金属和磷矿资源最为丰富，素有"有色金属王国"之称。经过长期的开发和积淀，云南省已成为全国重要的有色金属生产基地，云南铜业集团、云南锡业集团等企业成为我国有色金属采选、冶炼加工的骨干企业。然而，云南省虽有矿产资源优势，但没有形成较强的产业链下游的加工和研发能力。同样，云南省拥有储量巨大的水能资源，尽管水电开发取得明显进展，但大量的廉价电力资源通过西电东送通道输往珠三角地区，却没有转化为当地产业优势。在新一轮的产业转移和承接中，云南省要用足用好国家有关政策，带动水电铝材和水电硅材两条产业链率先取得突破，壮大这两大产业链群，打造千亿级绿色低碳水电铝材一体化基地，吸引下游的加工和应用产业转移。另外，云南省是生态资源大省，花卉、中药材、绿色食品等方面都具有得天独厚的优势，但长期以来却存在着产业粗放发展、产业规模"天花板"效应明显、产业链条偏短等问题。在新一轮科技革命与产业变革中，云南省生态资源产业迎来了"换道超车"的机遇，通过互联网深度介入和推动整合从种植、加工、配送、仓储、销售到消费体验的各个环节，进而改变了过去只注重生产和销售环节而忽视消费体验环节，借此增加更多的"卖点"和利润点。

第三，依托开放载体建设开放型产业基地。近年来，云南省积极向中央争取了许多对外开放的政策，设立了自贸区、昆明综合保税区、红河综合保税区、沿边金融综合改革试验区、瑞丽国家重点开发开放试验区、境外经贸合作区等开放平台，带动了一批保税物流、出口加工相关产业发展。但由于综合配套能力不足，云南省对外开放平台建设整体处于起步阶段，辐射带动能力仍然偏弱，外向型产业规模不大不强。在日趋复杂多变的国际形势下，云南省要依托以上开放载体，挖掘内陆开放的潜力，打通各类对外开放平台，承接一批面向东南亚和南亚市场的出口加工、跨境贸易、转口贸易等产业。同时，云南省还可以利用毗邻越南、缅甸和老挝的区位优势，统筹跨境经贸合作园区建设，利用境外丰裕的劳动力资源和国内的生产加工能力，大力承接珠三角地区面向美国市场的加工贸易企业转移。

第四，完善产业转移承接设施建设。新时代背景下，产业间紧密性在增强，转移产业的关联度也在不断提高，因此对转移地综合经济竞争力、产业配套能力和转移区域消费市场等的要求也不断增强。而云南目前承接的主要产业仍以低附加值的加工型或劳动密集型产业为主，对高端产业的承接能力依然较弱。而设施建设是制约云南承接产业转移的重要因素，下一步，云南省要下大力气加快完善产业转移承接设施建设，优化环境，提高产业转移吸引力。一是重点加大交通基础设施建设。加快构建以航空为先导、陆路为骨架（铁路、高等级公路）的国内、国际大通道网络体系。二是加强产业承接基地建设。以园区经济发展为核心，把滇中产业新区、沿边金融综合改革试验区、瑞丽重点开发开放试验区和跨境经济合作区等打造成为承接产业转移的主要平台，完善承接基地的软硬件设施，增强承载力。

（三）完善产业布局协调机制

第一，建立重点项目布局协调机制。云南省是一个山多平地少的省份，在全省大规模、分散化建设产业园区是不可行的，也没必要，未来需要在省、州（市）两级建立统筹机制。在省级层面可以建立一个针对粤滇、沪滇协作的跨地州产业项目布局统筹机制。但绝大部分产业投资项目宜采取州（市）层面统筹方式推进，各州（市）根据自身实际统筹产业项目布局，以便于这些项目更好更快落地（见图6-4）。

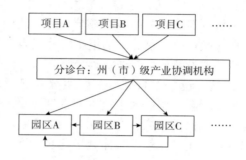

图6-4 州（市）级层面产业项目布局协调机制

在具体操作方面，各州（市）成立产业项目统筹布局的协调领导小组及其办公室，领导小组组长由各州（市）政府有关负责同志担任，办公室作为各州（市）政府有关部门的一个职能处室。各州（市）政府可以借鉴医院分诊台疏导病人的做法，将所辖的县（市、区）今后引进的项目都纳入这个州（市）级协调平台，由协调领导小组负责审核项目的合规性、统筹安排合规项目的布局、用地指标以及相应政策保障，各县（市、区）主要负责项目落地后的服务保障。原则上，产业项目根据行业类型和产业配套要求进入专业园区布局发展。

第二，建立合作园区或合作项目的利益分享机制。在"飞地园区"和"飞地项目"同步推进的过程中，这些不同形式的合作利益共同体都应基于利益分享的合作，因而更需要相对稳定的制度性安排。为此，省政府应出台相关管理办法，尤其要确保省内跨州（市）和本州（市）内跨县（区、市）的合作园区或合作项目的收益分成的实施细则，各类合作项目协议参照实施细则制定，确保合作协议依法、合规。对于省内跨州（市）的产业合作项目，省、州

（市）两级财政部门负责项目税收地方留成部分的转移支付；对于本州（市）内跨县（市、区）产业合作项目，州（市）财政部门负责对项目税收地方留成部分的转移支付。各类产业合作项目要将协议报省财政和统计部门备案，省统计部门制定 GDP 核算数分配的实施细则，产业项目合作方如需分享 GDP 核算数的，须由省统计部门负责核算、认定。各类产业合作园区原则上按照协议对产业项目产生的税收的地方留成部分进行分成，同时通过招商引资奖励、税收分成、GDP 指标数分成等途径补偿给合作方。

第三，建立帮扶问题地区的区域援助机制。云南省地区发展不平衡比较突出，深度贫困地区贫困面较大，边境地区发展条件较差，老、少、边、穷地区依靠自身力量难以实现脱贫脱困，也谈不上实现致富奔小康目标，充分利用这些地区相对较好的生态环境和农林业资源，引导省内外农业开发企业、农副产品精深加工企业、旅游开发企业、电商企业到这些地区实施产业扶贫和投资兴业，集成运用各级政府的支持政策，建立产业对口帮扶机制，探索产业扶贫模式，逐步解决老、少、边、穷地区的发展问题。另外，云南省分布着一批矿产资源枯竭型地区和濒临破产的农场，省政府也应采取必要的援助政策，组合实施财政专项、税收优惠、土地置换、国企改革、产业基金、人事体制等方面政策，大力引入新兴产业，革新产业发展生态，变输血为造血，使之尽快恢复活力。

五、优化城镇体系带动区域协调发展

（一）全面推动滇中崛起

全面提升昆明作为区域性国际中心城市的功能，加快昆明城区与滇中新区融合发展，加快昆明、曲靖、玉溪、楚雄一体化进程，推进城际间、县域间基础设施互联互通，共同构建滇中地区现代产业体系，在全省率先实现经济高质量发展。第一，加快推动现代交通网络建设。虽然国家已将昆明作为大通道建设的主要节点城市，在不同时期规划建设了沪昆铁路、沪昆高铁、成昆铁路、桂昆铁路、桂昆客专等多条重要铁路和"七出省、四出境"高速公路大通道。但这些铁路和高速公路主要承担了省际物流和人流，不能有效分担省域内物流人流，也不能有效改善和带动省域交通一体化。在现实情况下，滇中城市群城际快速铁路和县际高速公路建设要加快提上议事日程，尽早开工建设，要形成以昆明为中心、1~3小时的交通圈。同时，滇中城市群内部要打通一批"肠梗阻"和"断头路"路段，升级一批公路等级过低的省道和物流、人流量较大的路段。此外，为了提升旅游出行便利化，滇中城市群也要加快实施蒙自、宣威、楚雄、玉溪、会泽等民用机场前期选址、项目论证和开工建设，稳步推进罗平、元谋、弥勒、建水等通用机场建设，最终形成以昆明为核心的"一核、多点、联网"的滇中城市群1小时左右的空中快速交通网。

第二，深入推动产业协作联动。昆明市作为省会城市和西南地区重要的中心城市，承接了一大批国家级或省级重点产业项目布局，具有典型的"一市独大"的特征，并对周边城市的产业和人才产生了明显的"虹吸效应"。从滇中城市群的整体发展看，各城市之间产业联系并不紧密，甚至出现重复引进和布局的现象。而理论和实践都表明，城市之间可以通过产业链上下游或关联配套进行合理分工，进而促成产业链、创新链、人才链、园区链的交织融合发展，这是区域高水平一体化的方向。从现实看，滇中城市群应在汽车、装备制造、有色金属深加工、绿色食品、现代物流等产业领域培育若干个千亿级的产业集群，依靠龙头企业带动形成比较完整的产业配套体系。

第三，协同推进生态环境保护和水资源高效利用。滇中城市群发展条件相对省内其他地区好，但面临着生态环境恶化和水资源紧张的突出问题。从城市群可持续发展看，要建立人口密集地区空间优化开发的机制，探索多中心、网络化开发模式，避免人口和产业向昆明市过度集中。加大对滇中大水系生态环境综合整治，持续改善滇池水环境。同时，为了解决滇中城市群水资源短缺问题，云南省在继续采取跨流域调水思路的同时，还应采取科学的节水措施，改变以往有水快流的城市给排水思路，推进海绵城市建设，结合城市地形地貌和地下管廊布局，新建或改建一批海绵城市工程项目，逐步建立以城市为核心、覆盖城市群的水资源综合利用网络。

（二）强化多极支撑作用

打破滇西、滇东南、滇东北、滇西南和滇西北切块发展的思路。云南省除了滇中城市群之外，滇西等外围地区的城市群形态发育还处于萌芽期，没有出现一些能起到龙头带动作用的核心城市。从全省适度均衡发展来看，滇中城市群的外围区域可以采取一环、多点、网络化发展模式进行统筹布局，即环绕滇中城市群的外围地区建设环滇中城市带，并将昭通、丽江、临沧、普洱等城市作为带上的节点城市进行重点打造，将滇中城市群与环滇中城市带串联起来有效带动滇西、滇东南、滇东北、滇西南、滇西北城镇群的协调发展。

六、促进县域经济发展与乡村振兴

（一） 发展特色县域经济

坚持以人民为中心，以"五网"建设为基础，以特色产业为支撑，以科技创新为动力，抓住重点和关键，突破难点和瓶颈，增强县域经济竞争力和创新能力，全力推动县域经济转型发展再上新台阶。第一，分类引导县域产业发展。坚持特色发展，依托资源禀赋、产业基础、区位优势、发展潜力，精准定位，精准施策，推进优势互补、错位发展，鼓励县域经济发展走差异化发展路子。云南省县域经济发展要注重特色化、差异化、品牌化，宜工则工、宜矿则矿、宜农则农、宜游则游、宜商则商，根据优势产业方向聚焦发展重点，提升县城城市配套。根据产业强县思路，基础较好的县（市）既要大力发展环境友好的优势特色产业，做精做强，打造地域产业品牌，将资源优势真正转化为经济优势，同时也要创新招商引资方式，坚持无中生有、有中变新，引入一批带动力强、能够发挥当地优势或区位条件的加工企业，吸引有能力的外出人员回乡创业，带动农村转移人口就近就业。同时，以产业园区为主体的产业载体建设不仅要完善交通、供气、供电、供水、环保等配套基础设施，同时也要集约化发展，高效利用土地，淘汰占地多、排放大、产值少的低效企业，吸引投资规模大或吸纳就业多的环境友好型加工业项目落户。生态资源较好的县（市）可以将产业发展重点放在高原特色农业和旅游业，结合当地特点，打造"绿色食品"和"健康生活目的地"，培育发展优质特色农产品及其加工业、功能性饮品、休闲旅游等产业。矿产资源富集的县（市）要根据矿产资源储量、开发条件和市场需求情况安排开发时序，适度发展资源开采和加工业，积极发展非资源产业发展。

第二，优化提升县城的城市服务功能。全面提升县城基础设施建设水平，按照优化结构、完善功能、适度超前、统筹规划的要求，大力加强交通、能源、水利、信息、物流等基础设施建设，加快推进地下空间开发利用。完善教育、医疗卫生、文化、体育等基本公共服务，提升县城公共服务配套水平，增强县城整体功能。全面提升文明素质，形成社会行为更加规范、社会秩序更加良好、社会文化更加繁荣、社会关系更加和谐的发展局面。坚持先规划、后改造和先地下、后地上的思路，分块推进，集中连片改造，实现在改造中升级、在扩容中提质。人口较多、产业基础较好的县城可以考虑建设新城新区，解决老城容量有限、城市功能提升和吸纳新市民问题。在县城改造升级中，基础设施可适度超前，尽可能彻底解决历史欠账；城市建筑注重特色，保留一些有少数民族地方特色的街区；城市空间留有余地，合理确定城镇开发边界、生态保护红线和永久基本农田"三区三线"。此外，县城改造升级也要着眼于未来城市的发展，积极引入智慧城市、海绵城市等先进的城市规划理念，统筹布局城市信息化基础设施、城市海绵体、城市公园、邻里中心、街区路网、郊野森林等。

第三，建设美丽县城。找准县城特色发展的定位，通过打造美丽街景、美丽路景、美丽水景、美丽山景、美丽边境等景观，提高美丽县城识别度，凸显云南特色、民族特征和人文特点。高水平规划建设，坚持"一以贯之"，抓好高水平建设规划编制工作，注重"多规融合"，注重全过程和专业化设计，在县城总体规划的指导控制作用下，完善控制性详细规划和各类专项规划。加强精细化管理，坚持管理服务创新，建立健全管理、执法、服务"三位一体"的大城管格局，探索县城在户籍、人口、就业、社会保障、土地管理、城市管理、投融资等市政管理机制方面率先创新、先行先试。提升县城智能管理水平，结合"一部手机游云南""一部手机办事通"等平台，推进县城管理规范化、精细化、智能化。强化产业支撑，坚持产城融合发展，推进特色农业高质化、全域旅游高端化、生态工业高新化、产业平台高效化，优化提升县城产业结构，推进产业链条延伸，增强承接大城市产业转移，提高区域协作发展能力。坚定生态立城，走绿色发展道路，注重优化人居环境和生态环境，促进资源要素节约集约利用，提升县城经济可持续发展水平。全面推进县城环境综合整治，净化美化县城环境。在城区建设上要加大绿化投入增加人均绿地面积，在招商引资上严把环保准入关。

第四，实行县域经济发展分类考核评价。根据全省主体功能区规划，结合各地资源禀赋、发展基础、地理人口等情况，按照重点开发区县、农产品主产区县、重点生态功能区县三个类别分类考评县域经济发展状况，为区域政策制定和调整提供参考。

（二）扎实推进乡村振兴

第一，挖掘优势，促进产业兴旺。云南省乡村振兴发展要立足地形地貌、产业优势、文化底蕴和生态禀赋，根据城郊融合型、集聚提升型、特色保护型和搬迁撤并型的分类推进思路，依靠能人带动、企业带动、电商带动、高铁带动、扶贫带动、开放带动等多种方式培育壮大优势特色产业，以打造高原特色农业的"绿色食品牌"为重点，加快建设以茶叶、水果、蔬菜、花卉、坚果、咖啡、中药材、肉牛、烟叶、糖料蔗、橡胶、油菜、猪禽鱼"十三类产品"为主体的农产品主产区。针对云南省生态优势明显、特色农产品多样、外出务工人员多等特点，促进乡村产业兴旺的重点方向应放在电商兴农和乡村旅游。成立一家农村电商创业培训学校，培养一批农村电商带头人，通过他们的致富示范效应带动本村或周边村民开设电商，网上销售优质农产品、特色工艺品、时令水果等。促进乡村旅游快速发展，根据高速公路走向和高铁站分布统一规划若干条乡村旅游观光带，把乡村旅游点、旅游景区、文化旅游基地、现代农业示范园等旅游资源串联起来，带动沿途乡村经济发展。

第二，健全配套机制，保障生活宜居。健全经费保障、运转维护、工作协调等相关机制，有效解决垃圾处理、污水处理等方面维护运转资金和责任主体问题。继续加大政府财政投入，建立村级公共服务和社会管理专项资金，并将之纳入财政预算支出管理；加快探索市场化途径，以县级为单位组建农村集体经营性资产公司，负责对本市（县、区）农村集体性经营资产进行开发，收入所得用于支付村集体的股息、乡村建设投入和维护费用等。垃圾回收处理、污水处理、自来水供应等方面日常维护面向社会招标，以购买服务的形式委托企业负责管理。

第三，传承发展优秀传统文化，推进乡风文明建设。云南省是多民族聚居之地，民族之间友好相处、互帮互助，"民族团结一家亲"的观念根深蒂固。在乡风文明建设中，云南省要始终坚持党的统一领导，把农耕文明、工业文明、生态文明、民族传统文化等方面有机统一、叠加起来，弘扬社会主义核心价值观，走乡村文化兴盛之路。立足农村公共文化设施比较完善的优势，因地制宜开展农村思想道德建设，通过春节、少数民族节日等传统节日举办民俗活动，加大宣传和传承农村优秀传统文化，通过微信群、手机短信、入户宣传等方式开展移风易俗专项行动，建立农村留守儿童和留守老人的关爱帮扶体系，丰富农村群众的精神生活，培育文明乡风、良好家风、淳朴民风，不断提高乡村社会文明程度。

第四，创新体制机制，建立乡村治理体系。乡村治理体系建设要从基层党建抓起，从农村带头人抓起，发挥基层党组织和基层党员作用，建立健全党委领导、政府负责、社会协同、公众参与、法治保障的现代乡村社会治理体制，探索符合民情、民意、民风的自治、法治、德治相结合的乡村治理体系。探索村民自治实践模式，严肃查处基层组织不正之风和侵占农民利益、村集体资产，冒领和挪用扶贫款的"微腐败"，对农村黑、赌、毒、黄、邪、贩"六股势力"要严厉打击并保持高压之势，建设平安乡村，确保乡村社会充满活力、和谐有序。

第五，深入推进专项行动，实现生活富裕。农业强、农村美、农民富是乡村全面振兴的目标追求，而这三个方面又具有内在的统一。让农民过上幸福的生活是乡村建设活动和"产业富民""服务惠民"和"基础便民"等专项行动最终要实现的目标。在农村宜居环境改善和公共服务提升的基础上，结合各地实际情况，因地制宜采取促进农民增收的发展思路，例如，对于滇东北、滇西北等深度贫困地区脱贫致富问题，地方政府要采取产业扶贫、易地扶贫搬迁等方式逐步解决；对于滇东地区农村奔小康，要通过发展现代农业和转移就业实现农民增收。此外，农村转移人口省外务工、进城就业和城镇化也是促进农民增收和实现生活富裕的方向。

（三）加快贫困地区和特殊类型地区发展

建立健全长效普惠性的扶持机制和精准有效的差别化支持机制，加快补齐民族、贫困、边境地区基础设施、公共服务、生态环境、产业发展等短板，聚焦迪庆、怒江、昭通等深度贫困地区，扎实做好扶贫"六个精准"，深入实施深度贫困地区"十大攻坚战"，重点解决实现"两不愁三保障"面临的突出问题，推进产业、消费、就业扶贫，提高脱贫质量，确保到2020年现行标准下农村贫困人口全部实现脱贫，贫困县全部摘帽，保持民族地区主要经济指标增速高于全省平均水平，维护民族团结和边疆稳定。出台支持资源枯竭地区、生态严重退化地区可持续发展的政策措施，引导个旧、东川、易门等资源枯竭城市转型发展。

七、优化区域协调发展政策体系

（一）强化区域与城乡发展政策的协同

第一，建立区域均等化与城乡均等化基本公共服务体系同步推进的政策协调机制。充分发挥财政转移支付在促进区域协调发展中的作用，在一定期限内加大对深度贫困地区财政转移支付，构建全省城乡居民基本公共服务体系，确保全省各州（市）城乡居民公共服务人均水平投入大致相当，建立各级政府事权与财力分担相匹配的机制。各州（市）应建立城乡均等化的基本公共服务体系及其保障机制，在教育、医疗、卫生、文化等重点领域要确保城乡居民平等共享，着力解决农村居民享受基本公共服务出现的难题，加大对农村特别是贫困村的投入，提高农村基本公共服务水平。

第二，建立促进区域协调发展与城乡融合发展的政策衔接机制。加强区域协调发展政策在基本公共服务均等化、交通基础设施便利化、产业对接协作发展、市场一体化建设和生态环境协同治理，加强城乡融合发展政策在县域经济、乡村振兴、脱贫攻坚和城乡融合发展的支持，推进城乡公共服务均等化。强化区域协调发展和城乡融合发展的组织保障，省发展改革部门牵头负责组织区域协调发展有关工作，省住房和城乡建设部门负责推进城乡融合发展工作。

（二）完善区域协调发展的体制机制

第一，建立基本公共服务均等化协调机制。在全省层面，建立中央和省级财政投入为主的均等化基本公共服务体系和财力保障机制，确保各州（市）无论是城市还是农村都能享受均等化的基本公共服务，实现相关待遇全省统筹共享，即使是外出务工人员，只要在省内就业和居住都可以享受均等化的基本公共服务，例如，城乡居民实现异地就医和异地报销。在基本公共服务供给能力比较薄弱的地区，地方政府要采取公助民办、政府购买服务等方式，积极探索社会力量提供基本公共服务模式。

第二，建立要素自由流动机制。放宽昆明落户条件，省内其他城市全面取消落户限制，完善配套政策。允许有稳定就业和固定住所的进城农村居民落户到市辖区或城镇，促进人力资源优化配置。深化农村土地制度改革，推动建立城乡统一的建设用州（市）场，进一步完善承包地所有权、承包权、经营权三权分置制度，探索宅基地所有权、资格权、使用权三权分置改革。健全土地流转规范管理制度。推动产业技术创新战略联盟建设，促进创新要素充分流动。

第三，建立基于不同发展功能的区域补偿机制。在全省大江大湖治理中，探索建立流域上中下游生态保护补偿机制，形成以纵向、横向相结合的财政补偿为主、以市场化的排污权转让为补充的生态补偿体系。完善省内重点流域横向生态保护补偿制度，落实长江流域和南盘江、赤水河流域省内生态保护补偿实施方案，支持各州（市）建立流域横向生态补偿机制。针对全省生态功能区面积较大，要尽快开展生态补偿试点，按照生态功能区面积和区域人口设计生

态补偿基金实施方案，建立生态保护、居民就业转换、建设用地指标跨州
（市）流转等多种形式的经济补偿，确保生态功能区居民生活水平、基本公共
服务与其他州（市）相当。完善支持高原特色农产品主产区发展的配套政策，
集中各类专项支农资金，加大对特色农产品主产区的专项财政转移支付，重点
支持种植基地建设、优质种苗培育、先进农业技术推广等，增强特色农产品主
产区内生发展动力。鼓励引导生态受益地区与保护生态地区通过资金补偿、对
口协作、产业转移、人才培训、共建园区、优先满足当地居民就地需求、优先
使用当地产品和服务等方式实施补偿。

第四，建立健全省内地区联动合作机制。加强滇中城市群、其他城镇群内
部的紧密合作，探索建立协作治理模式，鼓励成立多种形式的合作联盟。加快
推进州（市）政府建立互访机制和跨州（市）重大问题协调解决机制，完善
高层协商与沟通制度，推动州（市）间基础设施布局、产业分工协作、公共服
务均等化、生态环境共建共保等协同联动，构建优势互补、联动发展、互利互
赢的省内区域合作新格局。

（三）加大城乡发展的功能平台政策创新

第一，规划建设城乡联动发展的电子商务产业集聚平台。实施全省光纤入
户工程，支持电子商务发展基础较好、产业特色突出的淘宝村分类发展，鼓励
不同类型的电商专业村朝着规模化、品牌化、产业化、专业化的方向加快发
展。在电子商务起步较晚的村子，推进"电商微中心"建设，支持敢于"吃螃
蟹"的农户在政府的帮助下开始电商创业。各州（市）根据网店分布的情况举
办深入基层、流动性的电商创业培训营，聘请电商专家远程讲授电商创业技能
课程，辅导有志于致力电商创业的农民创业。为了发挥能人带动作用，地方党
委和政府要支持电商专业村建立电商党支部，发挥电商党员的带头示范作用。

第二，规划建设城乡互动的农产品直销平台。为了解决农村农产品滞销、
农产品质量提升缓慢等问题，各州（市）要鼓励辖区或县城综合超市、机关事
业单位食堂、企业单位食堂等机构与农业种植大户和农民专业合作社建立产销
对接关系，共同打造从田间地头到餐桌的无公害农产品种植、配送和销售的绿
色供应链。地方政府要采取税收减免、贴息贷款等政策鼓励企业发展 P2C 的优
质生鲜农产品电商平台，支持企业在农村设立果蔬生产基地，由基地直接配送
到城市客户家中，实现基地到农户的规模化种植、订单式销售、快速生鲜
配送。

第三，规划建设农村小规模的农产品冷藏和大型农产品综合物流基地。为

了解决农产品保鲜冷藏储运问题,地方政府要采取奖补结合、贴息贷款等办法鼓励有经济实力的农户或农民专业合作社利用闲置的集体建设用地建设小规模的冷库,采取分摊租赁方式帮助农民解决生鲜果蔬的冷藏问题,让果蔬产品实现跨季销售。另外,地方政府也可以引进大型农产品物流企业在云南省农产品产量较大、上市较集中、交通便利的州(市)设立大型农产品综合物流基地,帮助云南省把优质农产品配送、外销到全国各大中城市。地方政府在企业的项目用地、税收、高速公路收费、电费、融资等方面予以适当的政策倾斜。

第七章

创新驱动产业高质量
跨越发展

本章精要

- 高质量现代产业体系是顺应世界科技发展新趋势，利用信息化、数字化、智能化生产变革，采用网络、协同、融合等新型组织架构，形成具有强大创新能力的动态演进系统。其典型特征是关注知识复杂性、技术分工和产业互动等，基于长期、动态、内生视角考察现代产业体系问题。

- 遵循产业跨越式发展的客观规律，新时代下云南省应依托构建"234"三层次架构，推进创新驱动产业高质量发展。主要包含两大体系（高质量现代产业体系、高质量技术创新体系），两大核心（创新能力与融合创新、系统与开放），三大方向（结构高度化方向、工业升级方向、服务业转型方向），四大支撑（共性技术研发机构、创新型企业、重大科技基础设施、产学研合作机制）。

- 云南省推进农业产业化发展，应在绿色农产品、高原特色现代农业产业、生物医药、大健康产业方面重点发力。利用绿色生态、电商微商、全产业链布局等新型农业发展趋势，重点打造云南特色的"绿色食品牌"。

- 云南省推进工业高质量发展，应优化工业结构，推进信息化和工业化深度融合，切实提升制造业创新能力，特别是原始创新能力，重点引导和加速新兴产业通用技术创新与应用。坚持绿色发展，改造提升云南优势传统制造业。积极培育一批特色战略性新兴产业，着力部署5G产业生态，形成云南经济发展新动能。

- 云南省促进服务业高质量发展，应发挥平台网络效应，实现服务业转型升级和服务经济发展。深度开发旅游文化资源，打造倡导绿色生态和健康生活的生态型服务业态，加快推进现代物流产业发展。嫁接主导产业优势，积极培育发展数字经济，防止出现制约后发地区经济发展的"数字鸿沟"，高标准建设数字经济公共服务平台和产业服务体系，科学构建数字经济创新孵化机制。

推动高质量发展，要着力打造创新这个新引擎。创新是引领发展的第一动力。新产业蕴藏新动能，新动能推动新发展。推动云南产业高质量跨越发展，就是要建设与云南省经济社会发展以及产业战略定位相适应的高质量现代产业体系，支撑创新驱动的高质量技术创新体系。要大力发展高原特色现代农业、现代装备制造业，发展现代服务业，培育新产业、新动能、新增长极，不断提升科技进步贡献率，让创新驱动力更加澎湃。要不断深化改革，破除体制机制障碍和弊端，推进制度创新、科技创新、文化创新等各方面创新，营造良好环境和社会氛围，让创新的源泉充分涌流、创造的活力充分迸发，为高质量发展开掘源头活水。在此基础上，构建多元发展、多极支撑的云南现代产业新体系，形成优势突出、结构合理、创新驱动、区域协调、城乡一体的发展新格局。

一、创新驱动产业高质量跨越发展的
理论和总体思路

（一）高质量现代产业体系的理论

经过改革开放 40 多年来的发展实践，中国的现行产业体系已经嵌入全球经济体系之中，面对正在进行的新一轮全球产业分工体系变化与整合，中国的产业体系迫切需要变革调整，以推动高质量发展、增进人民福祉的面向未来的现代产业体系。

现代产业体系问题的提出和发展，既是产业经济学和发展经济学理论发展的需要，同时也是中国经济增长的主要动力由配置效率向动态效率转变、中国的产业发展模式由多国普遍模式向中国独特模式转变的客观要求，是中国进入产业结构体系已经比较完备、产业增长开始趋于均衡、产业发展需要探索新的动力和方向的特殊阶段的客观要求（贺俊和吕铁，2015）。现代产业体系是代

表生产、流通、组织与技术等未来发展方向的有国际竞争力的新型产业体系，是现代经济体系的核心，是中国未来在国际分工中拥有竞争优势的基础（芮明杰，2018）。

对知识复杂性、技术分工和产业互动等经济现象的关注是现代产业体系的典型特征。需要从长期、动态和内生的视角来理解现代产业体系问题。

相对于传统的产业结构概念，现代产业体系概念至少具有以下三个方面的独特性（贺俊和吕铁，2015）：一是产业发展所基于的知识的复杂性和经济活动的差异性能够为产业结构理论和经验研究提供有价值的洞见；二是分工的形式是多层次的，传统的产业结构和贸易结构研究常常掩盖了更为复杂的产品内分工以及越来越重要的技术分工问题；三是产业之间的边界并不总是可以清晰界定的，在对经济系统进行有意义的结构化分析时，必须同时注意被分解了的产业要素之间的互动和融合特征。因此，现代产业体系这一概念，是在提炼新的典型事实的基础上对产业结构概念的理论内涵和外延的谨慎拓展。研究现代产业体系，要旨在于从理论上能够更好地反映变化了的典型事实这一基本原则出发，通过对经济现象进行创新性的结构分析以及对被各类结构分析分解了的产业、产品和经济活动之间的互动融合关系的分析，最终实现对经济现象的系统性认识。

在经典产业结构研究的语境下，对现代产业体系问题的基本理解，首先应当是一个长期发展问题，因而不宜与短期经济问题混为一谈；其次是一个动态问题，应当避免任何教条式的比较和照搬；最后是一个内生性问题，有关现代产业体系的刻画和分析不应简单地作为产业政策的目标。

高质量现代产业体系是顺应世界科技发展新趋势，利用信息化、数字化、智能化生产变革，采用网络、协同、融合等新型组织架构，所形成的具有强大创新能力的动态演进系统。

在上述认识论的基础上，结合当前新一代信息技术和第三次工业革命的实践，构建新时代中国的高质量现代产业体系，至少应当具备以下五大基本特征（芮明杰，2018）：第一，现代产业体系是低碳、环保、智能化、互联网化的投入产出体系，是人工智能技术、大数据技术、互联网信息技术等与实体产业的融合，是以互联网为基础的大规模智能化定制生产方式为主导的体系，是与生态环境友好的、与城市发展相互依赖的体系。随着全球化与信息化的进一步发展，互联网信息产业、现代通信产业、智能装备产业等已成为现代产业体系的基础性新兴产业，同时它们也融合改造着大批现行传统产业。第二，现代产业体系一定是全球资源有效配置的体系。只有高度开放的产业体系才能够进行全球资源配置，这个资源包括了资本、服务、知识、信息、文化等方面，也包括

了人力资本与企业家才能。现代产业体系的全球资源有效配置表现在部分核心
产业在全球分工条件下，具有产业链、价值链的控制力，自我创新能力强，附
加价值高；具备关键领域的核心技术与竞争力，能作为"链主"掌握产业链并
关联带动其他产业协同发展。第三，现代产业体系是新型的产业跨界融合的体
系，是智能制造与智慧服务融合一体为主的体系。现代产业体系的结构是服务
业制造化、制造业服务化的融合结构，是各类纵向产业链或价值链与各类横向
产业链或价值链交织而成的网络状结构，其中心节点是各类平台尤其是互联网
平台。第四，现代产业体系的产业组织体系是形成以各类平台为基础的产业生
态圈、大企业主导的生产服务协作网络，以及中小企业有序协同的组织体系。
根据现代产业协同网络中的合作竞争发展趋势，核心产业群组成的产业生态圈
以及围绕这些产业群中核心企业的一系列中小企业协作网络，在不同空间集
聚，使分工合作方式不断变化，投入产出效率提高，实现高的全球资源配置效
率。第五，现代产业体系是动态演进的产业体系。动态演进的核心是强大的技
术进步与产业创新能力，动态演进的结果就是产业体系在不断自我更新、不断
进行技术进步与新兴产业的诞生与发展。

总之，现代产业体系强调从不同于传统统计意义上的、多维度的产业结构
视角来观察经济发展过程，从更加微观的产品和知识分工的角度来观察经济发
展过程。因此，从某种意义上讲，现代产业体系研究的目标是寻找不同于传统
产业结构分析的、更能够解释经济发展本质和包容新的经济现象的"结构"分
析框架和工具。现代产业体系在承认结构分析的意义并不断努力发现经济系统
新的结构特征的同时，也强调被特定结构所分割了的部门和产业之间的互动和
融合。而在新一轮技术革命的背景下，针对产业间甚至产业内部不同价值环节
之间的互动和融合的分析显得尤为重要。

（二）高质量技术创新体系的理论

当前，全球正在经历"第三次工业革命"，这是一场基于数字化、智能化、
网络化的生产制造技术的突破性创新和大规模产业化过程（贺俊等，2015），
势必塑造全球新的格局。在这一趋势下，构建新时代高质量技术创新体系，必
须首先从理论上充分认识"第三次工业革命"的技术经济特征，据此明确推进
技术创新体系建设的相关政策及其战略调整。

1. "第三次工业革命"的技术结构特征

从技术的本质是既有知识的新组合的认识出发，为了更好地分析"第三次
工业革命"的技术结构特征，这里将"第三次工业革命"所涉及的技术系统划

分为相互关联的四个层次，即底层的使能技术、生产制造设备（工具）、生产制造系统和处于最顶层的工业物联网。

第一层次是以信息技术、新材料技术和生物技术等通用技术为核心的"底层技术"或"使能技术"，这些技术本身不属于生产制造的范畴，但这些技术的突破使新一代生产制造设备或系统的技术突破和大规模产业化成为可能。例如，虽然 3D 打印和工业机器人都是 20 世纪就出现的技术，但近年来这些生产设备的应用价值和生产效率的大幅提升却是由于信息存储、传输成本的大幅下降，以及在此基础上传感技术和大数据技术发展共同驱动的信息处理能力的大幅改善使然。又如，激光技术和金属新材料等技术的进步使 3D 打印机的生产效率获得了根本性的提升，从而使其应用从原来的实验室产品原型制造这一狭隘的领域逐步扩展到骨骼打印、精密零部件打印等更加广泛的工业领域。

第二层次的技术是以数字制造、人工智能、3D 打印、工业机器人等为代表的新兴生产制造装备或工具，这些工具或设备直接改变了生产制造方式，对工业生产方式和生产效率产生了重大的影响。例如，以 3D 打印机为代表的增材制造（additive manufacturing）促进了个性化制造生产成本的大幅下降以及产品功能、性能、开发周期的综合优化。总体上看，第二层次技术对工业生产的影响主要由技术本身的先进性决定。

第三层次的技术是应用和集成了前述使能技术和制造技术的大规模生产系统、柔性制造系统和可重构生产系统等现代生产制造系统。如果说第二层次的技术是"设备"层面的技术，生产系统则是"生产线"和"工厂"层次的技术，该层次的技术最终决定了生产设备与人和组织之间的界面和组合方式。换句话说，生产系统层面的技术对工业运营效率的影响不仅取决于技术本身，而且取决于互补性的人的技能和知识、生产组织管理方式以及产业组织结构的有效性。

第四层次或顶层的技术是工业物联网。德国"工业 4.0 计划"所强调的"数字物理系统"（Cyber-Physical System）的核心就是工业物联网，即将原来自动化的元器件、工业以太网、数据分析建模仿真等技术通过网络进行更高层次的系统化的整合。因此，工业物联网的本质，一是生产制造的数字化和智能化，包括通过在生产设备和生产线中加入嵌入式系统来提高生产的智能化，通过设备的互联互通生成、存储和分析大数据，提高生产的柔性和效率；二是通过生产系统之间以及生产系统与能源系统、交通系统、消费系统等其他经济系统的互联互通，实现在更大经济系统而不仅是原来工厂层次的资源优化配置。

因此，"第三次工业革命"包含的四个层次的技术分别是：外围的使能技术以及内部的设备层面、工厂层面和物联网层面的技术，这四个层面的技术相对独立又相互作用，共同体现了新工业革命在技术方面的结构性和层次性（贺俊等，2015）。从技术簇群，而不是个别关键技术的视角，来刻画"第三次工业革命"的技术结构特征，对于构建高质量技术创新体系具有重要的政策含义。

2. 基于"第三次工业革命"技术经济特征的科技政策战略

科技政策的目标应当是促进形成独特的系统性优势，而不是简单占领个别技术"制高点"。

由于"第三次工业革命"是紧密联系、相互作用的四个层面技术的协同突破和应用，因此，中国在"第三次工业革命"背景下针对美、日、德等主要工业化国家的技术和产业部署就不能仅仅停留在工业机器人、3D 打印等少数所谓的关键技术领域的突破，还要协同推进在传感、大数据、纳米新材料等底层技术领域的突破，同时更要加强在智能化、数字化、网络化生产制造系统和工业物联网等更高层面的战略部署。综观金融危机以来美、日、德的制造业战略可以发现，其政策安排都充分体现了"扬长补短"的系统性特征。例如，德国在其装备工业和信息应用优势的基础上进一步推进工业物联网的发展，日本通过促进工业机器人和 3D 打印机的成本降低和性能提升来构筑新的装备工业优势，而美国则在继续加强信息技术和新材料等通用技术优势的同时，通过优化制造业的整体发展环境来培育先进生产制造技术创新和应用的土壤。如果中国的制造业战略不是着眼于在整个生产制造技术系统形成独特的技术优势，而是简单地瞄准所谓的"制高点"集中科技资源攻关，则在新工业革命竞争的起点上就已经输给了对手。

3. 基于"第三次工业革命"技术经济特征的产业政策战略

产业政策应当鼓励创新主体开放式、参与式地融入全球创新体系，而不是构建封闭的、独立的创新体系。

前两次工业革命分别主要发生在英国和美国。由于英国和美国在当时所具有的独特的技术、产业和市场优势，两个国家分别在两次工业革命期间构建了相对独立的技术创新体系和主导产业体系。与前两次工业革命不同，"第三次工业革命"是在科技要素和产业要素更加自由流动的全球化背景下展开的，任何国家都不可能在整个科技体系和创新生态中控制所有的关键技术和应用。因此，我国产业政策的导向不应是全面出击、搞大而全的创新体系，而应积极引导企业和相关创新主体充分接入、获得、利用和整合全球的科技要素，形成与自身的要素禀赋基础相适应的核心零部件优势和集成优势，从而在新的全球创新系统中与其他工业强国形成相互依赖、相互制衡的竞争格局。"关键设备受制于人""核心零部件严重依赖进口"等似是而非的流行观点背后，实际上反映了国内学术界对企业"知识"边界和"交易"边界的混淆。在开放的全球化创新系统观下，摆脱受制于人的关键不是构建封闭的、大而全的国家创新体系，而是鼓励企业加强与先进设备和零部件供应商的国际合作，充分参与这些设备和零部件的概念设计和产品开发（Takeishi，2002）。

4. 推进高质量技术创新体系建设的政策战略

推进高质量技术创新体系建设，不仅要重视供给性的科技政策，更要充分利用能够拉动"动力部门"和"传导部门"市场需求的诱致性产业政策。

按照 Perez（1983）的定义，关键技术所形成的产业是工业革命的动力部门（motive branches），而由于采用了动力部门的技术和产品而获得快速发展的产业为传导部门（carrier branches）。从前两次工业革命的经验看，动力部门虽然对于促进形成长期增长发挥了根本性的作用，但动力部门本身的规模却是非常有限的，动力部门对于经济增长的贡献主要是通过传导部门（或主导产业）间接体现的。例如，第一次工业革命的动力部门是蒸汽机，但主要的市场需求是作为传导部门的纺织行业创造的；第二次工业革命的动力部门是大规模流水线所依赖的通用机械，但主要的市场需求是由作为传导部门的铁路、汽车和化工等传导部门创造的（弗里曼和卢桑，2007）。与前两次工业革命不同，第三次工业革命所呈现出的复杂结构特征决定了，其动力部门本身就构成一个庞大的内部需求市场。而对于资本品产业而言，下游的市场需求和投资对于拉动其技术突破和持续的技术改进具有决定性的作用。因此，产业政策一方面要鼓励底层技术和产品在上层产业中的推广和应用，通过扩大下游市场的容量促进上游产业的专业化发展，另一方面要鼓励下游企业向上游产业延伸，通过创业型的进入为上游的创新提供更加多样化的技术来源（Lee，1998）。

总之，在"第三次工业革命"背景下加快我国高质量技术创新体系建设，需要认识到，这一技术经济革命既涉及使能技术、生产工具、制造系统和工业物联网等不同层次技术簇群的涌现和扩散，也涉及人力资本结构、生产组织方式和产业组织结构等经济制度要素的深刻变革，是一个技术经济范式协同演化的过程。在新工业革命的背景下，我国的制造业战略和政策调整，要在坚决打破"低成本诅咒"的前提下，充分考虑"第三次工业革命"技术经济特征及其政策含义，针对美、日、德等发达工业国家的部署做出策略性的反应。

（三）云南省创新驱动产业高质量发展的框架

在上述关于新时代高质量现代产业体系和技术创新体系的理论认识的指导下，基于云南省经济社会发展所具备的产业基础、要素禀赋、生态资源等条件，以及所面临的世界经济和中国宏观环境等因素，根据产业跨越式发展遵循的客观规律，提出新时代云南省创新驱动产业高质量发展的总体框架。

构建云南高质量现代产业体系，应强调知识复杂性和产业互动等现代产业体系的典型特征，突出产业发展能力和产业相互融合的作用。产业结构高度化、工业结构定位以及服务业转型，都体现了创新能力和产业融合，能够促进云南省跨越发展中"扩规模、稳增长"双目标的实现。其中，农业部门实现农业产业化和新型农业"双轮驱动"，在提升和改进传统农业生产的同时，充分利用二、三产业的新技术新业态新模式，发展新型农业。工业部门不仅继续深入推进工业化和信息化两化融合，而且提倡绿色发展，一方面改造传统制造业，做大做强；另一方面培育新兴产业，实现技术赶超和产业跨越，形成工业经济新动能，总体上提升工业可持续发展能力。服务业部门加快促进文化旅游和绿色生态的有机融合，利用云南丰富的自然生态和人文资源，在更高起点上发展生态型服务业态。

建设高质量现代产业体系，离不开高质量技术创新体系。从培育独特的系统性优势和鼓励开放、参与式融入国家和全球创新体系的要求出发，云南省要实现创新驱动产业发展，不仅要通过结构性产业政策，大力培育创新型企业，加强重大科技基础设施投入，而且要发挥和利用好创新平台的技术孵化功能和技术外溢作用，建立一批共性技术研发机构，同时集聚全社会创新资源和创新成果，有效创新产学研合作机制。

综上所述，新时代云南省创新驱动产业高质量发展的总体框架如表7-1所示。可以概括为"234"三层次架构。"2"，即两大体系（高质量现代产业体系、高质量技术创新体系）、两大核心（创新能力与融合创新、系统与开放）；"3"，即三大方向（结构高度化方向、工业升级方向、服务业转型方向）；"4"，即四大支撑（共性技术研发机构、创新型企业、重大科技基础设施、产学研合作机制）。

表 7-1 新时代云南省创新驱动产业高质量发展的总体框架

驱动架构	核心要素	理论要点	体系构建	产业指导
高质量现代产业体系	创新能力与融合创新	强调知识复杂性、技术分工和产业互动等具有长期性、动态性和内生性特征 利用信息化、数字化、智能化生产变革，采用网络、协同、融合等新型组织架构，形成具有强大创新能力的动态演进系统	产业结构高度化：突出知识复杂性和知识能力的作用；跨越式转型升级强调产业发展能力 工业升级方向：优化工业结构，切实提升制造业创新能力；扶持新兴产业发展，重点引导和加速通用技术的创新与应用 服务业转型：重点推进服务业和制造业融合；促进服务业转型升级和服务经济发展	农业：加快农业产业化发展，重点搞好高原特色现代农业产业等。发展新型农业，重点打造"绿色食品牌" 工业：推进信息化和工业化深度融合，坚持绿色发展，改造提升云南优势传统制造业；积极培育一批特色新兴产业，形成云南经济发展新动能 服务业：深度开发旅游文化资源，打造倡导绿色生态和健康生活的生态型服务业态
高质量技术创新体系	系统与开放	科技政策：促进形成独特的系统性优势 产业政策：鼓励创新主体开放式、参与式融入创新体系 重视供给性的科技政策，充分利用诱致性产业政策	共性技术研发机构：针对行业既有研发机构能力、优势企业技术开发能力等因素，建立多元化、差异化共性技术研发体系	
			创新型企业：重视创新型企业产权基础和治理机制构建，培育创新型企业	
			重大科技基础设施：在重点产业建立经科学论证、有效管理、保护产权、开放共享的重大科技基础设施	
			产学研合作机制：探索多渠道多样化合作研发模式，完善公共科研机构激励机制，充分利用全社会创新资源	

二、构建高质量现代产业体系

（一）工业化中后期的产业结构高度化

到 2020 年，中国基本实现工业化，到 2030 年以后，中国将处于后工业化阶段，绝大多数省份都会步入后工业化阶段，到 2035 年将全面实现工业化。

按照工业化理论，把工业化划分为前工业化、初期、中期、后期和后工业化五个阶段，基于工业化水平综合指数的测度判断，到 2015 年，中国的工业化进程已经到了工业化后期后半阶段。这意味着中国离基本实现工业化已经很近。这一阶段的产业结构正面临着从资本密集型主导向技术密集型主导转变，再加之新一轮工业革命的背景下世界各国正在加速竞争高端产业的主导权，无论是中国自身现代化进程还是大的国际环境，都要求中国转变经济增长动力和经济发展方式。进一步按照正常情境推算，考虑到中国进入经济新常态后所具有的增速下降、结构趋优、动力转换的特征，到 2020 年中国将基本实现工业化。到 2030 年以后，中国会处于后工业化阶段，绝大多数省份都会步入后工业化阶段；到 2035 年，中国有望达到世界制造强国的中等水平。基于这几方面的分析判断，中国在 2035 年将全面实现工业化（黄群慧，2018）。根据该指数测算，2015 年云南省处于工业化中期前半阶段，目前总体上属于工业化中后期阶段。这是云南省实现产业高质量跨越发展的现实基础，也是下一步推进产业结构高度化的重要依据。

产业结构高度化趋势识别，应强调突出知识复杂性和知识能力的作用。

传统理论认为，产业结构高度化是根据经济发展的历史和逻辑序列顺向演进的过程，主要包括三个方面的内容：①在三大产业结构中，由第一产业占优势逐渐向第二产业、第三产业占优势演进；②在部门结构中由劳动密集型产业占优势逐渐向资本密集型、技术（知识）密集型产业占优势演进；③在产品结构中由制造初级产品的产业占优势逐渐向制造中间产品、最终产品的产业占优势演进（周林等，1987；刘伟，1995）。那么，传统意义上对产业结构高度化的认识论会对当下我国"结构红利"减弱的现象给出一种比较直观的解释，即随着我国产业结构日益完备，通过资源在产业间再配置提升总体生产效率的空间越来越小，中国经济增长的主要动力正快速由产业间配置效率向动态效率转变。这种解释可以说是目前国内产业结构研究的主流观点。但另外一种可能的解释是，传统产业结构研究的"结构划分"本身存在问题，即传统产业结构研究的"结构划分"很可能已经不能很好地反映近年来中国经济真正的结构性特点。结构红利是否显著，不仅取决于配置效率和动态效率之间的相对重要性，同时也取决于我们如何定义"结构"或如何划分产业，在不同的结构下，配置效率提升的空间很可能是不同的。除了前文提到的基于三次产业数据的研究和基于制造业数据的研究会发现不同的"结构效应"外，豪斯曼和伊达尔戈等的研究同样为我们提出第二种可能的解释提供了重要启发。他们的研究显示，在过去60多年间，由工业产品复杂性所反映的一国制造业能力是所有预测性经济指标中能够最好地解释国家长期增长前景的指标，该指标甚至能够解释国家间收入差异的至少70%（Hausmann et al., 2011）。该研究的一个重要特点是重新理解产业结构的内涵，并采用了与传统发展经济学完全不同的产业属性测度方法。豪斯曼和伊达尔戈等显然更强调从产业所依赖的知识的复杂性来识别产业的差别和定义产业结构。在测度层面，不同于传统的从产出或规模的角度来测度不同产业对长期经济增长的相对重要性，他们从产业的知识复杂性或所体现的能力的角度来分析不同产业对经济发展的相对重要性。也正是因为如此，他们得出了"虽然制造业的比重在发达国家并不高，但制造业特别是那些复杂性制造业所体现的知识能力决定了一国长期发展水平"这一具有强烈政策含义的结论。该研究对于云南省现代产业体系的启示在于，在产业结构高度化趋势的识别和定位上，应该强调并突出知识复杂性或知识能力的作用，而不是简单地对标传统产业分类，跳出传统产业分类造成的产业结构高度化路径的简单雷同，实现真正意义上的高度化发展。

除了豪斯曼等的研究外，以日本东京大学藤本隆宏为代表的经济学家开创的基于产品架构概念的产业研究同样具有开拓性。他们创造性地将乌尔里克提出的产品架构概念应用于产业结构和贸易结构的研究。通过利用产业一体化架构指数来测度不同产业的一体化程度（integral degree），他们发现了新的一国制造业在全球产业分工体系中的结构性特征：中国在劳动密集型的低一体化程度产业具有优势，日本在劳动密集型的高一体化程度产业更具优势，美国则在知识密集型的低一体化程度产业更具优势（Fujimoto and Takashi, 2006; Fujimoto and Yoshinori, 2011）。受该研究的启发，我们很容易提出一个新的有价值的中国产业结构问题，即未来中国产业结构调整的核心任务，到底是在传统产业结构研究的语境下强调优化三次产业结构和轻重工业结构，还是从能力和知识的视角出发加快发展那些更能体现中国比较优势和动态优势的部门。这从产业发展能力的角度提出了在理论上可行的产业结构高度化的见解，彰显了创新性的产业结构视角对于经济问题分析的重要性。

基于工业化阶段的基本省情，云南省产业结构迈向中高端存在着较大的空间，应致力于走出一条突出产业发展能力的跨越式转型升级路径，而非沿袭传统产业结构研究所提出的发展路径。

新时代我国应对三次产业的功能定位作出必要的重大调整：在促进三次产业融合协调发展的基础上，通过提高发展能力进一步稳定农业的国民经济基础地位，通过培育工业创新驱动和高端要素承载功能实现从经济增长引擎到可持续发展引擎的定位转变，通过消除体制机制障碍实现服务业进一步拉动经济增长的功能定位（黄群慧和贺俊，2018）。

近年来，云南省致力于高原特色农业现代化，在工业化和信息化融合发展、新产业新业态培育，以及现代服务业发展方面，加强完善具有云南特色的现代产业体系。特别是，云南省重点打造绿色产业发展体系，致力于朝着后工业化阶段实现跨越式发展。这并非意味着云南省可以不遵从一般性的经济发展规律而跳过工业发展的阶段来实现现代化，而是基于三次产业功能定位的调整转变发展思路，重视要素基础和生态资源禀赋，强调产业发展能力，推进高质量的工业化进程。尤其是，以大力发展绿色制造业为先导，推进可持续工业化（黄群慧，2018）。绿色制造将绿色设计、绿色技术和工艺、绿色生产、绿色管理、绿色供应链、绿色就业贯穿于产品全生命周期中，实现环境影响最小、资源能源利用率最高，获得经济效益、生态效益和社会效益协调优化。绿色制造对于绿色经济发展和可持续工业化具有重要的推动作用，是现代化经济体系中的重要支撑部门，因此，要通过开发绿色产品、建设绿色工厂、发展绿色园区、打造绿色供应链、壮大绿色企业、强化绿色监管等措施构建绿色制造体系。云南省2018年以来的发展思路非常清晰，就是强调产业聚焦，紧紧围绕打造世界一流"三张牌"不动摇，即打造"绿色能源牌""绿色食品牌""健康生活目的地牌"。

（二）经济结构深度调整背景下的工业结构定位

近年来，我国经济结构处于深度调整过程中，工业结构持续优化升级。工业结构总体呈现从资源和资金密集主导向技术密集主导转型升级的趋势。在制造业内部结构，供给侧结构性改革取得积极进展。一方面，积极淘汰落后产能，化解产能过剩工作全面深入推进，钢铁、有色金属冶炼、水泥、平板玻璃等产能严重过剩行业增速大幅回落；另一方面，装备制造业和高技术制造业发展迅速，装备制造业和高技术制造业增加值增速都远远高出规模以上工业增加值增速。六大高耗能行业增加值增速比规模以上工业低，六大高耗能行业增加值占规模以上工业比重有所下降（黄群慧，2018）。可见，转变发展方式、深化供给侧结构性改革取得了较为明显的效果，正在加速推进我国工业结构的调整。

为明确工业结构定位，推进制造业转型升级，必须充分考虑以下三个基本事实或条件：一是伴随着中国经济的服务化趋势，制造业的增速由高速向中高速转变，制造业相对比重呈下降趋势；二是我国的技术水平越来越接近全球技术前沿；三是我国的工业结构已经高度完备（贺俊，2018）。

制造业特别是装备制造业的高质量发展是我国经济高质量发展的重中之重，制造业的复杂性决定了一国的长期经济增长。云南省优化工业结构的产业政策，基本取向应转向切实提升制造业的创新能力，特别是原始创新能力方面。

习近平总书记曾提出，制造业特别是装备制造业高质量发展是我国经济高质量发展的重中之重，是一个现代化大国必不可少的。然而，近年来制造业相对比重下降和技术水平接近前沿，意味着我国制造业在国民经济中的功能和作用正在发生深刻的转变。自 2013 年第三产业比重超过第二产业以后，制造业对中国国民经济的主要意义正逐渐由国民经济"增长"的主要动力向国民经济"发展"的核心动力转变。相对于第三产业，制造业的独特性和重要性主要体现在其相对于第一产业和第三产业的活动和产品的复杂性方面。最新的研究表明，是制造业的复杂性，而不是制造业的规模决定了一国的长期经济增长。因此，对于中国制造业和三次产业结构变动的理解，应当超越长期的二、三产业孰重孰轻之争，以推进制造业创新发展为根本目标，切实通过提升创新能力来加快中国由制造大国向制造强国的转变。那么，进一步地，面对经济结构尤其是工业结构的这一调整，促进工业转型升级的产业政策，其基本取向应当适时从过去以促进制造业做大规模转向切实提升制造业的创新能力，特别是原始创新能力方面。产业政策资源配置的指向由特定的产业转向技术创新，将财政补贴、税收优惠等货币性的政策资源导向通用技术和共性技术，引导市场向创新性而不是生产性领域投资，是提高中国产业政策精准度的关键。

工业结构的高度完备性，导致传统产业政策的失效。云南省选择和扶持新兴产业发展，重点在于引导和加速通用技术的创新与应用。

目前，我国的工业结构已经高度完备，而且工业结构在多方面政策共同作用下持续优化。这意味着传统的旨在选择和扶持新兴产业的发展思路的有效性将大打折扣。目前中国的产业政策的基本指向仍然是特定的产业或产业领域。而反观美、日、德等国家的产业政策，其税收、财政等结构性措施，都是指向这些产业或领域的特定的技术研发环节。产业政策与产业挂钩还是与这些产业的特定技术挂钩，会产生完全不同的效果。如果是与产业挂钩，就会诱导企业扩大生产性的投资，而这也正是近年来中国光伏甚至工业机器人等新兴产业产能过剩的重要原因。代表全球技术前沿的新经济的产业形态具有高度的不确定性，产业专家、技术专家和政府官员都不能事先准确判断新兴技术的发展方向。然而，虽然具体领域的新兴技术是不确定的，但通用技术是相对清晰的。正因如此，美国的产业政策不是人为选择所谓的新兴产业，而是大力发展以信息网络、新材料和生物医药为代表的通用技术。其政策思路是，不管新兴产业如何发展和演进，其技术的源头都在通用技术。同样，德国和日本的产业政策资源也大量导向通用技术和共性技术研发。理论分析和实践经验都告诉我们，只有将结构性产业政策及其引导的政策资源转向通用技术和共性技术，才能使中国产业发展走出"重复引进和产能过剩"的怪圈。应当弱化政府"选择"具体产业的功能，加强政府引导和加速通用技术创新和应用的作用，形成新兴产业内生涌现的长效机制。

2018年，云南省为贯彻落实"三个定位"战略目标，结合自身优势和特点，提出将大力发展八大重点产业。其中，涉及工业领域的生物医药和大健康产业、信息产业、新材料产业、先进装备制造业、食品与消费品加工制造业等几大产业，省政府在重点推进过程中，应致力于提升产业创新能力，引导市场向创新性领域投资，进而提高这些重点发展的制造业的复杂性，促进工业结构的持续优化和区域经济的可持续发展。

（三）赶超型地区的服务业转型升级

作为赶超型地区，云南省近年来服务经济发展成效明显。全省扎实推进"两个10万元"微型企业培育工程；建立和完善了云南小微企业名录，深入推进鼓励创业带动就业"贷免扶补"工作，服务小微企业发展能力不断提升；大力实施广告战略，昆明广告产业园被工商总局认定为国家广告产业园，并被批准成为全国广告业创业创新示范基地，辐射带动作用日趋明显。虽然云南省经济结构具有服务经济的显著特征，但是从全国范围看，其服务业发展层次较低，还停留在较为初级的水平，尤其是服务业与制造业的融合发展程度较低。不过，有利的因素是，全国范围内的服务经济尚在培育中，这就给云南省提供了一个赶超的机会。因此，云南省应立足自身优势，加速服务业的转型升级。

技术进步和模式创新为服务业和制造业加快融合提供了技术上的可能性，云南省应加快发展服务型制造和生产性服务业，有效发挥平台网络效应，实现

服务业转型升级和服务经济发展。

由于技术进步和商业组织模式创新，产业融合导致传统产业边界越来越模糊，产业组织结构呈现出鲜明的动态化和生态化等系统特征。实现产业融合的一个重要方式是产业平台的形成。产业平台生态系统的特点，一是存在大量的围绕平台的互补品，而这些互补品（如零部件、数字内容、应用软件、广告等）往往来源于统计意义上完全不同的行业；二是存在显著的网络效应，即无论从技术还是价值创造或利益分配的角度，这些互补品与平台之间、互补品之间，以及平台和互补品与消费者之间都由于显著的网络效应被紧密连接在一起；三是产业平台往往向用户提供同时包含了产品和服务的一体化解决方案，这种整体性的解决方案使人们很难清晰地界定它是属于工业品还是属于服务品（Cusumano，2010）。

产品消费除了包含有形的物质消费外，还涉及无形的服务消费，并且当前产品向服务延伸对于提升产品附加值和品牌价值的作用日益突出。虽然从统计意义看，服务业增加值占国内生产总值的比重已经超过工业，但从工业产品复杂性所反映的制造能力看，工业仍然是未来发展的关键，而且统计的服务业中有一定比例是生产性服务业。因此，云南省推进服务业转型升级，应加快工业与服务业的协同发展。一是推动发展服务型制造，从主要提供产品向提供产品和服务转变。服务型制造是当前全球制造业转型发展的重要趋势，它的出现和发展推动了制造业的技术创新和管理创新，并成为破解制造业发展约束的重要途径，甚至对全球制造业分工格局产生潜移默化的影响（赵剑波等，2016）。引导企业延伸服务链条，增加服务环节投入，通过创新为消费者提供个性化、全生命周期的整体解决方案。二是加快生产性服务业发展。当前信息技术正在改变传统营销模式，应鼓励企业进行品牌经营创新，同步线上线下销售；利用大数据信息技术开发动态监控和预测预警；增强售后服务反馈机制，加强实时调节产能和营销策略的品牌管理能力。

三、产业转型升级与跨越发展

经过"十二五"和"十三五"前期的快速发展，云南省产业规模持续扩大、结构不断优化，第三产业已经超过第二产业，产业结构呈现出较为明显的服务经济特征。支柱产业持续巩固提升，烟草、矿业、能源、旅游等产业是全省经济发展的骨干支撑力量。新兴产业初具规模，食品工业主营业务收入突破千亿元,以汽车摩托车、纺织服装等为代表的承接产业转移步伐加快,生产性和生活性服务业特色领域发展初见成效。传统产业升级加快,农产品加工产值保持较快增长,有色、钢铁、水泥、化肥等原材料工业产品结构调整加快,产业集中度不断提高,技术装备水平和资源综合利用率等明显提升。产业布局不断优化,以滇中为重点、沿线沿边加快发展的产业布局新格局初步形成,层级清晰、类型多样的园区框架体系初具雏形。骨干企业发展壮大,一批充满活力的民营企业不断壮大,非公经济增加值占全省 GDP 的比重提高至接近 50%。

但与此同时,云南省产业发展仍然存在着较为严峻的结构性问题和发展瓶颈。一是产业结构性矛盾凸显。第一产业中,农产品加工转化增值率低,高原特色农业有特色但发展质量不高;第二产业中,烟草、资源性等产品占比突出,加上矿冶和电力行业,增加值占规模以上工业增加值的比重接近 80%;第三产业中,生产性和生活性服务业在数量和质量上均不能满足产业结构调整和消费结构升级需要。二是产能过剩与供给不足并存。以钢铁、煤炭为代表的原材料产业产能过剩,省内装备制造业供给能力不足,全部工业中装备制造业占比不足 5%,约 80% 的日用消费品需要从省外输入。三是产业技术创新能力薄弱。"十二五"末期研究与开发经费投入占 GDP 比重仅为全国平均水平的 1/3,规模以上工业企业万人拥有的研发人员不到全国平均水平的 1/4,万人发明专利授权数仅为全国平均水平的 1/10。四是民营经济发展不充分。非公经济增加值占 GDP 的比重低于全国平均水平 10 多个百分点。五是经济开放度不高。全省经济外向度低于 15%,毗邻南亚东南亚的区位优势尚未真正转化为推动产业跨越式发展的重要动力。

《中共云南省委　云南省人民政府关于着力推进重点产业发展的若干意见》(云发〔2016〕11 号)和《云南省产业发展规划(2016—2025 年)》(云政发〔2016〕99 号)中明确提出,"十三五"和"十四五"期间全省将着力发展八大重点产业,大力培育壮大新兴重点产业,改造提升传统优势产业,积极发展生产性服务业,激发工业增长新动能。八大重点产业涵盖一二三产业,成长性好、产业链长、带动性强,具有对全省经济增长较高的贡献率、较大的结构优化贡献度和明显提升全要素生产率三重战略效益。从结构优化目标看,致力于形成新兴产业、传统优势产业和生产性服务业协同发展的现代产业体系,装备制造、生物医药、信息等新兴产业新动能初步形成,对全省经济的支撑作用初步显现;烟草、钢铁、有色、化工、建材等传统优势产业转型升级成效显著;生产性服务业取得突破发展。

（一）农业：农业产业化与新型农业双轮驱动

推进农业产业化发展，是加速云南农业现代化进程的有效途径，应在生物医药、大健康产业、绿色农产品、高原特色现代农业产业方面重点发力。

农业产业化是现代农业发展的必然趋势，加快农业产业化建设，是加速农业现代化的有效途径，也是当前和今后农业农村工作的一项重大任务。农业产业化，为的是解决农业发展中存在的规模小、分布散、市场化弱等问题，突出农业特色化、规模化发展。

在实施农业产业化方面，云南应加快发展高产、优质、高效、生态、安全的高原特色现代农业产业。农业产业化发展，提倡从研发、生产到服务的全产业链布局，可通过一批重点项目支持实施农业科技体系建设、基础设施建设、产业标准化基地建设、畜禽规模化养殖创建、农产品标准化体系建设、农产品质量安全可追溯体系建设、农业服务体系建设等。强调以市场需求为导向，以制度、技术和商业模式创新为动力，以新型城镇化为依托，以乡村振兴战略推进为抓手，厚植农业农村发展优势，加大创新驱动力度，延伸农业产业链、拓展农业多种功能、发展农业新型业态，保持农业稳定发展，农民持续增收，构建农业与二、三产业交叉融合的现代产业体系。重点推进生猪、家禽、牛羊、蔬菜、花卉、中药材、茶叶、核桃、水果、咖啡和食用菌等产业，按照国家农业产业布局，积极推进糖料、薯类发展，打响高产、优质、高效、生态、安全的高原特色现代农业品牌，增强农产品安全保障能力。建设标准化、规模化、稳定高效的原料基地，打造一批特色农业产业强县，推动国家现代农业示范区、农业科技园区、绿色经济示范区和示范带建设。大力发展农产品电子商务、休闲农业、跨境农业、乡村旅游等，加快发展都市现代农业，培育农业经济新业态。以发展多种形式适度规模经营为引领，创新农业经营组织方式，大力培育具有领军示范带动作用的农业经营主体，提高农业产业化经营水平。健全现代农业科技创新推广体系，提高农业机械化、信息化水平。

利用日益成熟的绿色生态、电商微商、全产业链布局等新型农业发展趋势，重点打造云南"绿色食品"品牌。

近年来随着我国消费不断升级，大众消费者越发关注日常食用农产品的安全健康问题。云南省有着丰富的生态资源，其高原特色现代农业又具有良好的基础，在发展现代农业时，应抓住消费升级机遇，把生态农业作为农业经营的主攻方向，打好"绿色食品牌"。与此同时，电商微商模式和全产业链布局，正在成为新型农业的重要发展趋势，云南省应充分借助这一供给侧的变化趋势打好"绿色食品牌",大力推进"大产业+新主体+新平台"的发展模式,彰显云南特色。应重点加快发展大产业,重点力推茶叶、花卉、水果、蔬菜、核桃、咖啡、中药材、肉牛等产业做大做强;培育和引进新主体,引进国内外大企业,培育壮大龙头企业以及农业专业合作社、家庭农场等新型经营主体,用这种新的主体来替代或者改革一家一户的组织生产;利用互联网等新平台,走一条有机化、品牌化、特色化发展之路。同时,推动建立符合产业新特征的绿色食品标准,推动成立质量、生态、人文标准认证联盟,建立农产品质量可追溯体系,率先在全国推进有机肥替代,推动云南高原特色农产品的有机认证;推动环境友好保护地产品品牌命名,将特色农产品同云南的标志性自然保护区、自然地理区域、重要野生动物栖息地结合命名。

总之,云南省在加快现代农业发展、推进产业结构高度化进程中,应抓住当前不断涌现出的新技术新业态新模式,打破传统农业发展思路,加快推进以高原特色现代农业产业为主要产业的农业产业化和以绿色生态为特色的新型农业的"双轮驱动"发展。

(二) 工业:传统制造业转型升级和新兴产业培育发展

推进信息化和工业化深度融合,坚持绿色发展,改造提升云南优势传统制造业。

经过长期发展,云南省的能源、冶金、建材、石油和化学工业等传统部门已经成为拉动和稳定全省经济增长的骨干产业。云南省改造提升传统制造业,应加快推进信息化和工业化深度融合,坚持绿色发展,重塑产业链、价值链和市场链。

能源产业是云南现有支柱产业之一,主要是水电清洁能源。充沛廉价的绿色能源是云南省的一大优势,将重点打造"绿色能源牌",充分利用丰沛的水资源,向清洁能源转型。云南省水电资源可开发量居全国第三位,是全国外送清洁能源第二大省份。打造"绿色能源牌",就是大力推动水电铝材、水电硅材一体化发展,尽快形成产业。同时,进一步延伸产业链,迅速发展新能源汽车产业,下大力气引进新能源汽车整车和电池、电机、电控等零配件企业,尽快形成完整的产业链,争取把"绿色能源牌"打造成为一大亮点。

在冶金业发展上,一方面,要坚决淘汰落后产能,积极化解过剩产能。鼓励有条件的企业实施跨行业、跨地区、跨所有制兼并重组。发挥云南省紧邻南亚东南亚地缘优势,引导有条件的企业开展国际产能合作转移部分产能。另一方面,要推进生产制造技术与新一代信息技术融合,推广新型智能制造模式,推动生产方式向柔性、智能、精细化转变。依托水电资源优势，发展绿色低碳载能产业。

建材业应大力发展节能环保新型和绿色建筑材料，引导传统建材企业向新型建材企业转型，积极发展与装配式建筑配套的节能环保和绿色建筑材料。开发节能、节土、综合利用资源、保护环境的新技术、新工艺、新产品，发展新型建材及深加工产品。加快大理石、花岗岩、米砂岩、板岩、石膏等石材开发，发展多品种、多规格、多档次的装饰石材，形成石材产业集群。抓住中缅油气管道建成通气的有利条件，积极发展建筑陶瓷、卫生洁具、高档瓷器。

石油化工业应依托中缅油气管道项目，坚持全产业链、园区化发展思路，采用清洁先进技术，加快发展石化深加工产业链，建成产业链完备的新兴石油炼化基地。耦合发展煤化工、盐化工、生物化工，以合成树脂、合成纤维、专用化学品和基本有机原料等为重点，推动延伸精细化学品、纺织品等终端产品。大力发展精细化工，提高中低品位磷矿、磷石膏以及氟硅资源综合利用，延伸磷化工产业链。优化化肥产品结构，引导缓控释肥、生物有机肥、水溶性肥、专用肥等新型肥料健康发展。突破氯化法钛白粉产业化关键核心技术。稳妥发展新型煤化工。

开拓创新思路，加快创新步伐，积极培育一批特色新兴产业，形成云南经济发展新动能。

云南省在着力发展八大重点产业、改造提升优势传统制造业的同时，要因势利导、聚焦重点，按照"国内有需求、技术有前景、云南有基础"的原则，着力发展新一代信息技术、高端装备、新能源汽车和新材料、生物产业、节能环保和新能源、数字创意、航空产业等战略性新兴产业，培育经济增长新动能，打造具有云南特色的新兴产业新引擎。

着力部署 5G 产业生态。2020 年以后，5G 大规模商用，将催生巨大的市场机会，围绕云计算、车联网、物联网、VR/AR 相关的应用将带给上游电子、通信产业巨大的发展机会。云南省应抓住 5G 商业应用的时机，抢抓新兴技术和新兴产业发展机遇，完善 5G 产业常态，创造后发地区引领新兴产业发展的新模式。发展新一代信息技术应以"云上云"行动计划为纲领，加强高速光纤网络、新一代无线宽带网、下一代广播电视网等新一代信息基础设施建设，加快推进互联网协议第六版、第五代移动通信和超宽带关键技术的部署和应用，提高数据传输速度和能力，加快建设"数字云南"，着力推进互联网、大数据、云计算、物联网和人工智能等技术与各行业深度跨界融合互动发展，拓展数字经济新空间，构建万物互联、联合创新、智能协同、安全可控的新一代信息技术产业体系。

　　高端装备制造应加快突破关键技术与核心部件，推进重大装备与系统的工程应用和产业化，着力发展以高档数控机床与智能加工中心、航空设备和系统、新型城市轨道交通装备、新型物流成套装备等为重点的高端装备。深入推进"中国制造+互联网"，引导企业加快探索生产制造技术与新一代信息技术融合的有效途径。加快工业机器人等智能化关键装备、工业控制系统及数字化软件开发应用，推广新型智能制造模式，推动生产方式向柔性、智能、精细化转变。

　　新能源汽车发展应以纯电动和混合动力为主攻方向，加快突破"电池、电机、电控"等关键零部件，着力引进培育龙头企业，把滇中地区打造成新能源汽车产业基地。支持新能源汽车推广应用和充电桩基础设施建设，充分利用清洁能源，以资源和市场带动产业发展。

　　新材料产业应加强前瞻布局纳米、智能、仿生等前沿新材料研发，面向航空航天、海洋工程、轨道交通、电力、新能源汽车等产业发展需求，推进稀土、钨钼、钒钛、锗、铅、钛、锌等特色资源高质化利用，形成新材料产业体系，支撑高端装备制造发展。

　　生物技术应推进其在医疗、农业、化工、能源等领域的进一步渗透。加速推动基因组学等生物技术大规模应用，通过建设网络化应用示范体系，推进新型药物产品和服务规模化发展；推动医疗向精准医疗和个性化医疗发展；加快农业育种向高效精准育种升级转化；加快发展微生物基因组工程、酶分子机器、细胞工厂等新技术，推动生物制造规模化应用。增强生物技术对居民的服务能力，提高生物技术对产业支持水平，培育高品质专业化生物服务新业态。将生物经济加速打造成为重要的新经济形态，为"健康云南""绿色云南"提供新支撑。

　　节能环保领域，把握全球能源变革的重大趋势和云南省产业结构绿色转型的发展要求，加快推进绿色低碳技术创新和应用，发展以节能产品制造、节能技术推广应用为主的高效节能产业，以环保技术装备制造、环保应用和服务为主的先进环保产业，以矿产资源综合利用、"城市矿产"资源开发、农林废弃物资源化利用、健全资源循环利用产业体系为主的资源循环利用产业。

　　新能源领域，建立适应分布式能源、电动汽车、储能等多元化负荷接入需求的智能化供需互动用电系统，建成适应新能源高比例发展的新型电网体系。适时开展分布式新能源与电动汽车联合应用示范，推动电动汽车与智能电网、新能源、储能、智能驾驶等融合发展。加快新能源开发综合利用，大力发展"互联网+"智慧清洁能源。

　　航空产业，利用建设航空强省的战略契机，积极打造涵盖航空器制造、运营服务、销售、维修、培训、综合保障以及其他延伸服务等全产业链的航空产业体系。与国外合作引进整机或部件，积极发展通用航空器整机组装制造。在巩固提升民用运输的基础上，大力培育通用航空新兴市场，构建以民用运输为主、通用航空为补充的发展新格局。加快通用航空发展，优化规划布局，加快基础设施建设，积极开发低空空域资源，扩大通用航空服务领域和服务范围，鼓励航空消费，支持发展飞行培训，加快昆明等临空经济示范区建设，积极规划建设通用航空产业园。

（三）服务业：构筑服务业集聚效应

深度开发旅游文化资源，打造倡导绿色生态和健康生活的生态型服务业态，加快推进现代物流产业发展，发挥服务业集聚效应。

努力把云南建设成为世界一流旅游目的地。《云南省人民政府办公厅关于促进全域旅游发展的实施意见》（以下简称《实施意见》）提出，云南省将按"国际化、高端化、特色化、智慧化"的发展目标，全面推进"旅游革命"，加快全域旅游发展，实现旅游转型升级，着力发展智慧旅游，把云南建设成为世界一流旅游目的地。打造全域旅游精品，创建一批全域旅游示范区，重点推动实施50个国家、省级全域旅游示范区创建。推动全省5A、4A级旅游景区创建，创建一批高A级旅游景区。到2020年，创建5A级景区15个以上，达到5A级创建标准的景区20个以上。每个县级全域旅游示范区创建单位有1个以上4A级景区，全省4A级以上景区超过100个。推动开辟更多通往南亚东南亚、欧美澳非主要城市和成熟客源地、目的地的航线。加强城市与景区之间交通设施建设和运输组织，加快实现从机场、车站、码头到主要景区公共交通的无缝对接。

大力发展智慧旅游。利用大数据、云计算、物联网等新技术，通过互联网/移动互联网，借助手机APP，充分、准确、及时感知和利用相关旅游信息，实现对旅游服务、旅游管理、旅游营销、旅游体验四个方面的智能化，促进旅游业向综合性和融合型转型的提升，基于信息化手段形成现代化的旅游管理体制，提供现代旅游服务，大幅提升云南旅游体验。

促进生态型服务业态高效发展。随着越来越多的公众开始追求自然、健康、品质、绿色的生活方式和消费形态，服务业也要紧紧围绕用户诉求，通过氧吧、生态旅游等生态型服务业态的创新创业，为人们提供多元化、个性化的绿色服务产品。云南省发展服务经济应重视消费需求导向，开始致力于重点打造"健康生活目的牌"。这一发展思路与加强绿色生态密切相关。长期以来，云南省大力发展从"现代中药、疫苗、干细胞应用"到"医学科研、诊疗"，再到"康养、休闲"全产业链的"大健康产业"，进而使云南的蓝天白云、青山绿水、少数民族特色文化转化为发展优势、经济优势。同时，"健康生活"的理念将惠及云南全省各族人民，乃至省内外、国内外追求健康生活的人。

加快推进现代物流产业发展。云南省应推进省级重点物流产业园建设，统筹规划建设县级物流集散中心。统筹规划布局和建设城市配送网络，建设城市物流配送公共信息服务平台。布局和建设一批适应不同农产品储运需求的冷链设施。大力培育形成一批具备较强国际国内影响力的龙头物流企业，着力发展一批具备较强实力的物流供应链服务企业和第三方物流平台企业。围绕主动服务和融入"一带一路"建设，完善跨境物流服务网络。大力发展"互联网＋"高效物流。着力推动第三方物流信息交易平台建设，打造云南国际"现代物流云"综合信息服务平台，推动物流信息数据开放共享。鼓励发展物流供应链金融。

（四）数字经济：驱动经济高质量发展新引擎

重点培育数字经济，高标准建设数字经济公共服务平台和产业服务体系，科学构建数字经济创新孵化机制，致力于建设成为赶超型数字经济创新示范区和数字丝绸之路核心战略枢纽。

数字经济是继农业经济、工业经济之后的新型经济形态，正在成为我国经济高质量发展的新动能，《中国数字经济发展与就业白皮书（2019）》显示，2018年我国数字经济规模达31.3万亿元，占GDP的34.8%，即将进入快车道。贵州基于大数据产业基础在数字经济领域表现突出，《数字中国指数报告（2019）》显示，2018年贵州省数字产业增速高达247.90%。同样作为西部地区的后发省份，云南应依托自身禀赋，嫁接主导产业优势，积极培育发展数字经济。在数字经济前沿领域谋求突破和赶超，力争建设成为赶超型地区数字经济创新示范省。

云南发展数字经济应高起点、高定位、高标准，做好顶层设计和战略规划。高度重视未来数字经济在创新驱动产业高质量发展中的战略重要性，大力培育和发展数字经济，共享数字经济红利，防止出现制约后发地区经济发展的"数字鸿沟"。积极建设以数字技术、数据贸易、数字金融和数字人文交流为核心的数字经济合作高地。依托新时代云南扩大和深化对外开放，加快数字经济对外合作和跨境发展，重点对接"一带一路"倡议项目，建设成为数字丝绸之路核心战略枢纽。

为构建云南数字经济生态，应重点加快数字基础设施建设、积极培育数字经济创新主体和推进产业融合，充分激发市场活力和发挥市场配置数字资源的决定性作用。与此同时，政府可加快推进政务数字化，在产业起步阶段增加数字业务需求，并大幅提高政务服务水平。具体地，基础设施方面，应加快5G商用试点落地，推进5G网络建设和全域覆盖、多领域应用，高标准重点打造一批数字经济开发区和建设一批"数字小镇"。产业体系方面，搭建数字经济公共服务平台和产业服务体系，加强与国内外先进高端科研机构和专家的合作，组建"数字云南"国际合作研究中心，建设云南数字经济研究院，建设公共实验室、研发中心、孵化基地，重点支持数字经济产业链关键环节，支持企业建设技术创新中心。创新主体方面，加快培育数字经济主体，鼓励创业者和创投基金等参与数字经济建设，科学构建数字经济创新孵化机制，加强与腾讯等互联网企业开展深度合作，带动产业集聚和产业升级。产业融合方面，加快特色产业数字化升级，积极探索依托云南丰富的旅游资源，开发智慧旅游数字产品，建设智慧旅游实验室和智慧旅游产业园。政务服务方面，进一步提升政务服务水平，优化运营"一部手机办事通""一部手机游云南""一部手机云品荟"，重点打造"七彩云南—云上政务"窗口，落实推进"云上云"行动计划。

四、培育发展高质量的产业创新体系

（一）共性技术研发机构

共性技术概念。共性技术这一概念，来源于英文"Generic Technology"，是针对技术转化问题提出的一个概念，指的是介于科学与可以直接商业化应用的技术之间的技术，也称为"竞争前技术"。正因为这些技术是"竞争前"的，不能在短期内通过直接商业化带来财务收益（而不是因为这些技术为行业内所有的企业所需要），存在企业投资动力不足等市场失灵现象，因而需要以公共物品的形式由政府组织供给。

共性技术研发机构概念与建设模式。首先，建设共性技术研发机构，是从设计一套制度出发，激励共性技术研发机构及其研发人员从事具备竞争前特征的技术开发活动（吕铁等，2016）。因此，理论上讲，只要具备一定技术含量的行业存在竞争前技术开发和储备不足的问题，都可以考虑建设共性技术研发机构。其次,共性技术机构的建设模式也应该是多样化的。不同行业的共性技术研发机构的建设,是采取既有主体改制、新建独立的研发机构,还是依托大学发展企业和大学合作的共性研发机构,共性技术研发机构是一家还是多家合作竞争,应当综合不同行业既有研发机构的能力、优势企业的技术开发能力等多种因素进行系统考量和评估。

针对各行业既有研发机构能力、优势企业技术开发能力等异质性因素,建立促进云南省创新驱动发展的多元化、差异化共性技术研发体系。

云南省共性技术研发体系建设。根据共性技术的技术成熟度和经济特征,云南省共性技术研发体系可以考虑采取多元化、差异化的组织形式:①对于具有最高研发风险、对地区经济发展具有重大影响的关键共性技术,采用专项计划的方式,以财政资金为主支持研发。可以对标日本的下一代制造计划(Next Generation Manufacturing,NGM),该计划通过专项计划支持共性的生产工艺模型开发,日本政府承担全部研究经费。②对于研发周期较长、需要持续研发投入的基础共性技术(如测量、测试技术),采取建立实体性的共性技术科研院所的方式,由政府承担多数日常经费和大部分研发经费,组织开展相关研究。可以考虑对标德国的弗劳恩霍夫应用研究促进协会、韩国的科学技术研究院和中国台湾的台湾工业技术研究院等机构的建设和运营模式。③对于比较接近市场应用阶段、企业有动力参与研发的产业共性技术,云南省政府只起引导作用,促使政产学研各方面组建联合研究体或产业技术联盟共同开发。可以对标美国在1987年设立的半导体制造技术研究联合体(Semiconductor Manufacturing Technology,SEMATECH)。

云南省工业技术研究院建设模式。重点针对当前我国以及云南省自身实体性共性技术机构效率不高、公益性不足的问题,探索性地建设新型共性技术研发机构——云南省工业技术研究院,并力争与工信部合作成为国内"综合性制造业技术创新中心"。云南省应借鉴并落实国内外共性机构研发组织的成功经验,在资源、治理、管理等方面全面改进共性技术研发组织体系。第一,依托海外高层次人才,而不是依托既有的科研院所,全新设立云南省工业技术研究院。第二,根据国际成熟共性技术研究机构的普遍规则,云南省工业技术研究院建设应采取"公私合作"的PPP模式,运营经费大约1/3来自国家财政,1/3来自政府的竞争性采购,1/3来自市场,从资金来源上平衡短期(竞争)导向和长期(合作)导向。第三,应由技术专家、政府官员、企业家代表和学者共同组成专业委员会作为最高决策机构,研究院最高管理者(主席)采取全球公开招聘的方式,通过专业委员会和管理社会化减少政府的行政干预,同时又保证研究院的高效运营和专业管理。第四,研究人员收入宜以具有竞争力的固定报酬为主，项目收入仅作为研究人员的报酬补充，避免研究内容和项目设置过度商业化；研究院机构设置按照产业发展需求而不是学科体系设置，研究人员考评应以社会贡献而不是学术成果为主，以此保证研究成果的应用服务功能。此外，云南省政府可以考虑设立配套的引导资金，引导研究院为中小企业、前沿技术和落后地区等具有较强社会外部性的领域投入。

（二）创新型企业培育

科技创新是建设现代化产业体系的战略支撑，要加强对中小企业创新支持，培育更多具有自主知识产权和核心竞争力的创新型企业。国际经验表明，从现行产业体系到现代产业体系的转变过程中，创新型企业是关键的主体（张杰等，2007）。创新型企业（Innovative Firm）是产业动态性和可持续增长的微观基础。相对于企业的实物资产投资，企业的创新性投资具有更强的专用性、不确定性、累积性、集体性等特殊的经济属性。创新型企业往往要有一定的技术与产业创新资源，能够吸引到一批高端产业创新人才，创新成果能够形成一定的辐射效应。组织控制决定了企业是否能够进行有效的创新性或长期性投资。根据"经济社会制度—组织控制—创新型企业战略和活动"的分析框架，劳动、金融和产业政策等丰富的经济社会制度因素是影响组织控制的基本外生参数，而组织控制又塑造了企业的创新战略和活动。培育创新型企业，需要从经济社会制度和组织控制的视角作审视并优化公司治理结构。

近年来，云南省着力推进国家双创发展战略，积极营造创新创业良好环境，培育壮大科技型企业。"十三五"时期以来，全省新增高新技术企业268家，高企总数达到1362家，居全国第19位，西部第4位。1379家企业通过国家科技型中小企业评价，享受研发费用加计扣除研发费用24.28亿元。云南省科技型中小企业新增2152家，总数达到6734家，累计知识产权拥有量已经超过4万件，主营业务收入总额约为1995亿元，研发经费投入总额超过250亿元。

营造创新创业良好环境，重视创新型企业特殊的产权基础和治理机制构建，培育出能够支撑云南省产业创新体系的创新型企业。

云南省培育创新型企业，应增强企业自主创新能力，基于建设以企业为主体、市场为导向、政产学研用相结合的技术创新体系的大框架，遴选一批创新能力强、引领作用大、研发水平高、发展潜力好的骨干企业，加大在研发平台建设、重大技术攻关应用、高端人才引进培育等方面的支持力度，加强在创新政策落实、产学研合作、知识产权管理等方面的服务。围绕关键基础材料、核心基础零部件（元器件）、先进基础工艺和技术等，支持优势企业开展联合攻关，突破关键共性环节和重点工程产业化瓶颈。支持省内企业优先购置和使用本省首次自主研发和生产的成套装备或核心部件。支持和鼓励企业高水平建设企业技术中心、制造业创新中心（工业技术研究基地）、工程（技术）研究中心、重点实验室、工业设计中心等创新平台，引导优势龙头企业建立博士后工作站、院士工作站。支持企业整合现有研发资源，改革现有技术创新管理机制，加大技术创新投入，通过国际国内合作、产学研用相结合等多种模式快速提升企业技术创新能力。实施一批重点技术攻关和创新平台建设，支持一批能引领产业发展的关键核心技术成果产业化。支持军民技术相互有效利用，引导先进军工技术应用于民用领域，鼓励先进民用技术和产品在国防科技领域应用。

（三）重大科技基础设施

重大科技基础设施集中体现了当代科学技术发展的最高水平，代表了探索未知世界、发现自然规律、实现技术变革的极限能力，是突破科学前沿、解决经济社会发展和国家安全重大科技问题必不可少的基础条件。重大科技基础设施在一定程度上代表区域科技水平、创新能力和综合实力。当前，实施创新驱动高质量发展，加快建设重大科技基础设施就是面向国际科学技术前沿和国内重大需求，开展战略性、基础性和前瞻性研究服务，对于增强云南自主创新能力、实现重点领域跨越、保障科技长远发展、实现高质量跨越式发展目标具有重要意义。

"十三五"时期以来，云南省科研基地平台建设计划投入经费近2亿元。截至2017年，云南省拥有原值在20万元以上各类大型科研仪器1685台，50万元以上设备800台，原值共计16亿元。在这些设备中，分析仪器设备最多，有765台，工艺试验仪器151台，其他各类别仪器少的有几台，多的在100台左右。截至2018年底，云南省大型科研仪器协作共用网络服务平台已有入网单位150余家，入网仪器设备4000台（套）。随着科研设施与仪器数量、价值的增长，利用率和共享水平不高的问题逐渐凸显，目前全省部分科研设备有重复建设、重复购置现象，存在分散、重复、封闭、低效的问题，也存在部门化、单位化、课题化、个人化的问题，共享水平和利用率不够高，部分设备闲置浪费现象也比较严重。

云南省应推进未来重点发展的产业领域的重大科技基础设施建设，建立起一系列经科学论证、有效管理、保护产权、开放共享的重大科技基础设施。

认真部署和实施重大科技基础设施新建或改造升级的关键技术预研，是确保工程顺利建设、采用创新技术实现跨越发展和引领的关键。一是云南省未来在制定重大科技基础设施的建设方案时，应力求综合性能先进，符合省情，综合考虑用户群体、建设队伍和管理开放水平，加强论证，确保科学性、先进行、可行性。重大科技基础设施的规划须考虑装置的全生命周期，在重视新装置的立项和建设的同时，统筹考虑运行开放和维护、实验终端的建设以及升级改造。二是应积极探索云南省政府参与重大科技基础设施建设的多种机制，调动各方积极性，加快重大科技基础设施的建设和应用水平。建立促进开放的激励引导机制。建立科研设施与仪器开放评估体系和奖惩办法。加强开放使用中形成的知识产权管理。强化管理单位的主体责任和行政管理部门的监督管理作用。

（四）创新产学研合作机制

探索多渠道多样化合作研发模式，完善公共科研机构激励机制，充分利用全社会各类创新资源，建立灵活、高效的产学研合作机制。近年来，政府部门为加强科技成果转化，有针对性地出台实施了一系列政策，这些政策虽然对促进产业化起到一定的作用，但同时也对我国高校和科研院所的科研环境和科研人员的行为造成比较严重的扭曲，基础性研究追求"短平快"、研究人员"走穴"的现象日益严重。加强产学研合作，必须是以公共研究机构提供高质量的科技成果为前提的合作。

第一，探索有利于科技成果转移转化的国有无形资产的管理办法和相关配套性措施。承认职务科技成果等国有无形资产的特殊属性，重点解决现行国资体制下科技成果转化难的问题，针对高校院所"专利权等国有无形资产越严格管理越实质流失"的问题，一是坚决落实关于科技成果转化中的免责条款，并适时上升到法律层面；二是推广国有股回购政策，给予科研团队在适当溢价的基础上拥有向有关单位回购国有股的优先权；三是试点科技成果所有权改革，规范实施职务科技成果所有权确权；四是研究建立针对国有无形资产的专门管理制度，尤其是与国有无形资产对价的国有股的管理办法，消除制度瓶颈。积极鼓励发展内部和市场化的科技成果转化机构。建设兼具独立性专业性的内部技术转化专门机构。

第二，在云南省高校院所内部建立技术转移办公室等专门机构，强化专业分工并完善转移机制，激活院所的科技成果转化。一是优先支持部分高校设立校内技术转化专业机构，确保机构实体独立运作；二是将技术转化人才纳入有关人才计划目录，建立覆盖技术、金融、财务、法律等方向的专业人才队伍，提高机构的专业化水平；三是规范管理机制，明确合理的收益分配政策，建立可持续的发展与运营机制。加大对科技服务业的扶持力度并制定专门优惠政策。

第三，为更好地构建产业创新体系，推进企业自主创新，科技政策和产业政策应当有所调整，要让大学和科研院所"归位"，为产业技术创新提供强有力的基础研究和共性技术支撑。要清楚地认识到，虽然长期以来存在着创新能力不足的问题，确实也有科技成果转化不力的问题，但更有科学和共性技术本身创新能力弱的问题。美国、日本以及欧洲成熟的市场经济国家，都是在已经建立了完善的研究型大学制度和公共科研制度的前提下再讨论如何加强科技成果转化的，即便如此，这些国家在加强产学研合作的同时，仍然会出台、跟进一系列的避免公共研究人员过度参与商业化活动的政策安排，这一点对于中国今天的科技体制改革非常重要。

第四，云南省在产学研用合作上，应集成高校、科研院所、企业的创新优势，加强产学研合作，建立产业创新联盟，针对产业发展的关键环节、核心技术、装备、设计能力等开展联合攻关，提高研发和产业化效率。统筹衔接基础研究、应用开发、成果转化、产业发展等各环节工作，整合利用各类创新平台资源，完善公共科技资源共建共享机制，构建开放共享互动的创新网络。在加强研发能力的同时，加强产业部署，形成研发、工程化、商业化良性互动的局面。进一步完善公共科研机构的激励机制，为产业发展提供基础科学和共性技术支撑。

五、驱动云南产业高质量发展的对策建议

（一）深化改革，加快体制机制保障

一是转变政府管理职能，着力营造"亲""清"新型政商关系，进一步激发市场经济活力。大幅度削减行政审批项目，简化和合并审批手续，将政府职能从市场准入规则的制定者和审批者转变到为市场主体服务和创造良好发展环境上来，将项目审批、核准、备案权限按照"能放尽放、一放到底"的原则下放到州（市），助推云南产业高质量发展。突出问题导向，强化协调服务，增

强投资吸引力，扩大民间投资领域，推广政府和社会资本合作模式。运用大数据等智能手段提高公共服务水平。建立多部门网上项目并联审批平台，实现跨部门、跨层级项目审批、核准、备案的"统一受理、同步审查、信息共享、透明公开"。

二是加强产权保护，营造知识产权友好的商业环境。针对目前企业因知识产权保护不力而丧失创新动力与创新收益的问题，加强知识产权保护和知识产权援助服务，降低知识产权诉讼成本，规制技术密集型产业中大型企业的不正当竞争行为，为各类企业创新发展营造良好的商业生态环境。公共服务平台建设中，充分考虑企业知识产权维权需求，提供知识产权援助等法律事务服务，切实降低特别是中小企业的知识产权维权成本。

三是优化产业服务质量和水平，进一步完善创新经济服务体系。依托云南中小企业公共服务平台，充分利用现有资源，引导高校、科研院所和专业服务机构等社会服务资源为创新型企业服务。结合云南省"高层次创新创业人才引进计划"，引进一批具有综合管理和经营能力的海外高层次人才；建立院校人才培养与产业需求对接机制。加大对创业创新服务载体的支持力度，通过财政补贴、场地建设补助、设立创投基金等方式加大对众创空间、小企业创业基地、科技孵化器、商贸企业集聚区、微型企业孵化园等的支持力度，构建低成本、便利化、全要素、开放式的新型创业创新服务平台。依托新兴产业、地方支柱产业以及开发区、产业园区等建立公共服务平台，引导大众创业、万众创新。

（二）优化创新生态，制定结构性产业政策

一是推进产业政策的改革和优化，积极实施结构性产业政策。产业政策资源配置的指向由特定的产业转向技术创新，倡导和协调优先发展的战略性产业。产业政策资源配置的标准指向新"技术"，将财政补贴、税收优惠等货币性的政策资源导向通用技术和共性技术，引导市场向创新性领域投资，提高中国产业政策精准度。促进传统的产业增长政策让位于产业创新政策，切实提升制造业的创新能力，特别是原始创新能力，大力发展以信息网络、新材料和生物医药为代表的通用技术和共性技术。

二是调整产业政策工具，强化服务性的结构性产业政策。科技服务体系的经济功能主要是通过促进战略性技术、通用技术、共性技术的供给、扩散和应用，切实提升企业的技术创新能力。因此，在更加灵活、科学地运用和构建结构性政策组合的同时，逐步将产业政策资源导向帮扶企业提升技术创新能力和市场竞争能力的科技服务体系建设方面。产业政策的资源重点投入独立的国家

实验室建设、国家层面的共性技术研发机构、技术扩散机构和机制建设。

三是在货币性政策工具的设计上，应根据不同的货币性政策措施的优缺点进行灵活组合，提高政策科学性和有效性。根据不同的结构性产业政策工具适用的具体情境，灵活地选择政策工具组合，有效发挥不同政策工具的互补性。货币性的结构性产业政策重在"通过适度干预价格"提升企业创新驱动发展的动力，而科技服务体系建设则旨在通过促进技术扩散和提供共性技术提升企业创新发展的能力，两者相互补充。

四是建立政府和企业间的新型合作关系，强化全社会充分参与和监督。充分调动政策利益相关方的积极性，明确政策责任主体，制定科学的总体目标和阶段性目标，细化政策的措施和工具，提升政策制定、实施和评估的精细化，实现产业政策的精准化。

（三）培养创新队伍，打通人才政策"最后一公里"

一是在继续贯彻落实国家引进高层次科技人才的一系列优惠政策的基础上，重点通过优化创业环境，形成海外高层次管理和技术人才回溯的市场机制。持续深化科技领域"放管服"改革，进一步为科研人员放权松绑，拓展科研管理"绿色通道"和项目经费使用"包干制"试点，推行财务报销责任告知与信用承诺制，简化各类表格和参评环节，大幅减轻参评负担，让科研人员有更多时间和精力潜心研究。

二是逐步由过去单纯重视精英型研发人才的培育和引进，转向同时关注工程师、高技能工人和一般产业工人通用技能提升的政策导向。针对先进制造的人才要求，加强"精英型"实用技术人才和工程人才的培养、培训；与省属大学探索针对现代工厂中的班组长或车间负责人的工作要求来设置相应专业。建议设立"云南省制造业产业技能提升资金"，对一流大学和企业合作培养工程师和产业技术工人给予资金扶持，填补"低端职业教育"不能满足"高端制造"发展要求的空白。

三是在加强工程师和高技能产业工人培训的同时，借助职业技术学校的发展，不断提升广大产业公认的技能水平。与此同时，借助政府扶持的培训项目，针对机床操作、通用工业机器人操作等重点工艺设备开展有重点的培训，提升制造业的整体劳动生产率。加强企业、职业学校、工程型大学和政府公共服务机构之间的合作，构建由企业、技术学校、研究型大学和改革服务机构共同组成的终身学习体系。

第八章

深入实施新一轮改革开放

本章精要

- 加大推进影响云南全局和短板领域的改革，进一步处理好政府与市场的关系，深入推进重点领域体制改革，探索出具有新时代特点的"云南经验"。

- 云南扩大对内开放的切入点是更加主动服务和融入长江经济带发展、粤港澳大湾区建设、长三角区域一体化发展等国家战略，合作发展产业创新平台，开放发展绿色消费平台，加快提升对内开放水平和能力。

- 云南实施高水平对外开放，要以深度服务和融入"一带一路"建设为统领，大力实施面向国内国际市场的双向开放战略，着力聚焦提升"一核三点"开放水平，推动形成以点带线、以线强面的全面开放格局。

　　当前，云南省高起点推动新一轮改革开放是实现高质量发展的内在要求，也是发挥自身优势，深入贯彻落实习近平总书记在云南考察重要指示精神的重要路径。云南省必须抓住新一轮改革开放的契机，不断扩大和深化改革开放，进一步激发发展活力，拓展发展空间，推动经济社会高质量跨越式发展。

一、深化体制改革和扩大开放的进展

(一) 体制改革推进的基本情况

近年来，按照党中央、国务院有关部署，云南省委、省政府全面深化体制改革，取得了显著进展，主要表现为：一是根据中央精神和省情，研究通过了教育体制改革、科技奖励制度、农村土地承包、城市安全、国有金融资本管理、预算绩效管理等多个领域的一批改革文件，这些文件对于破除体制机制顽疾和激发微观主体活力起到重要的作用。二是扎实推进供给侧结构性改革。针对云南省情，制定和实施了以"六个一"为重点的"放管服"改革，实施"企业开办时间再减一半""项目审批时间再砍一半""政务服务一网办通""企业和群众办事力争只进一扇门""最多跑一次""凡是没有法律法规依据的证明一律取消"六项行动，全省公共资源交易实现全程电子化，"一部手机办事通"上线运行。户籍制度、车管驾管、出入境证件办理等方面实行"简证便民"举措。三是推动重点领域改革见实效。在投融资体制改革方面，优化社会投资的一般性建设项目审批流程，审批总时限压减到 80 个工作日以内；投资项目在线审批监管平台和全省投资审批中介超市高效运行。在财税体制改革方面，云南省全面推进财政支持企业资金网上申请、网上办理、网上公示；引入财政资金奖补激励机制，树立"大干大支持、不干不支持"工作导向；基本建立以政府债券为主体的地方政府举债融资管理体制，在全国率先发行了高校专项债券。在国企国资改革方面，启动实施深化国有企业改革三年行动，按照"1+1+X"的思路，组建云南省国有股权运营管理有限公司和云南省国有金融资本控股集团有限公司，改组设立一批国有资本投资公司和产业集团公司，通过投融资、产业培育和资本运作，促进产业战略布局调整和转型升级。此外，农业农村、林草业、旅游业等领域也出现了一些改革新亮点，建立了涉农资金统筹整合长效机制，创新推动"中国林业双中心"（林业大数据中心和林权交易收储中心），打好叫响"绿色食品牌"；大力推进"一部手机游云南"，推进旅游市场监管制度改革，加强旅游执法队伍专业化建设等。四是薄弱环节改革强力推进。如农垦改革长期以来是云南省持续推动但见效较慢的领域，近年来农垦企业改革聚焦重点，坚持以推进垦区集团化、农场企业化、产业融合化为

新时代云南高质量跨越式发展研究

主线，建立以资本为纽带的集团化、多板块的联结体系，实现一盘棋发展。

当然，云南省在全面深化改革中也遇到了一些困难挑战，主要表现为：一是部分领域改革出现"肠梗阻"现象。由于一些基层政府对部分领域改革认识不到位、不充分，只是以文件形式落实文件，并没有采取有效的举措，导致部分领域改革虚化弱化或处于被搁置的状态，部分领域改革到市级以下推动较难。二是部分领域改革阻力较大。如国企国资领域改革是"牵一发而动全身"的事情，有些国有企业难以接受新体制安排，出现了拖延改革的现象。三是改革配套政策难以落实。如涉及农村、扶贫、教育、医疗等领域改革需要各级政府资金相配套才能顺利推动，但由于基层政府拿不出配套资金，导致改革方案难以落实。四是重下文件、轻看实效。虽然自上而下都在抓全面深化改革，但改革方案是否落到实处、效果如何，还需进一步引起重视、加强跟踪督促。五是个别地方政府推进改革的能力偏弱。在一些少数民族地区和深度贫困地区，存在部门干部业务素质不够、推动工作办法不多等问题。

（二）扩大对内开放的基本情况

云南省虽然地处我国西南部，交通物流成本较高，但近些年积极推动对内开放取得进展，主要表现为：一是招商引资效果明显。近年来，云南省各州（市）顺应国家发展战略方向，积极把握产业大梯度转移的机会，深入推进"大招商、招大商"，取得较好的实效。据统计，2018年全省签订的国内投资项目2902个，新增协议投资额8077.4亿元，实际利用境内省外资金10181亿元，比上年增长20%。特色优势产业领域利用省外资金的效果更为显著，旅游文化产业、高原特色现代农业、现代物流产业吸收省外资金分别为1725亿元、1302亿元和523.1亿元，占比分别为16.94%、12.79%和5.14%。① 二是对外交通通达能力持续增强。2018年，全省高铁营运里程达到1026公里，民航开通国内航线353条、国际及地区航线81条，铁路旅客运输量6800万人，同比增长13.9%，民航旅客运输量1300万人，同比增长13%。三是境内游客保持平稳增长势头。云南省是旅游大省，是境内游的主要目的地，旅游业是全省对内开放的主要行业。据统计，2017年全省国内游客56672.12万人次，同比增长33.29%。② 四是上海、广东等地持续对口帮扶云南，区域合作力度加强。根据中央的安排，上海作为对口帮扶云南的直辖市，通过产业扶贫、干部挂职、

---

① 资料来源：云南省招商合作局发布的数据。
② 资料来源：《云南省2018年国民经济和社会发展统计公报》。

农村建设、技术扶贫等途径帮助云南省有关州（市）培育"造血"能力，同时助力云南省特色农产品进入上海市场。广东深圳、珠海、中山、东莞等城市对口帮扶怒江、昭通等地，采取扶贫扶智、劳务输出、产业扶贫、易地扶贫搬迁等方式着力解决贫困地区脱贫发展等。

由于受到区位条件、发展基础等因素影响，云南省对内开放相对周边一些省份而言较为滞后，面临的主要困难和问题表现在：一是产业投资合作规模较小。云南省烟草、电力、原材料工业等传统产业增加值占规模以上工业增加值的比重超过70%，重工靠资源、轻工靠烟草，新兴产业体量较小，产业链条较短，产业配套能力不足，与国内其他地区产业投资合作水平不高。二是对外交通通达能力仍然较弱。云南滇西地区是横断山脉纵谷区，地形起伏大，断裂带较多，地质情况复杂，交通基础设施建设难度大，导致高速公路、高速铁路等方面发展滞后，对外交通通达能力仍然较弱。三是云南省未能有效发挥我国与南亚东南亚联系的枢纽优势，对游客、产业项目、高层次人才吸引力不足，区域合作水平不高。四是旅游事件带来负面影响较大，影响全省旅游形象、旅游文化等产业竞争力提升。五是周边省份对内对外开放力度加大，使云南区域优势面临多方挤压。一些问题是云南省长期存在的老问题，有些问题则是最近十年来地区间发展状况相对变化带来的。

（三）实施高水平对外开放的基本情况

云南省作为我国面向南亚东南亚开放的重要门户，对外开放具有区位优势和历史基础，近年来，云南省主动服务和融入国家对外开放战略。主动服务和融入"一带一路"和长江经济带建设，积极参与孟中印缅经济走廊、中国—中南半岛经济走廊建设，围绕建设区域性国际经济贸易中心、科技创新中心、金融服务中心、人文交流中心，推动全省对外开放的层次和水平不断提高，主要表现在：一是对外开放政策体系不断完善。出台实施了《云南省建设我国面向南亚东南亚辐射中心规划（2016—2020年）》《云南省参与建设孟中印缅经济走廊规划》《云南省参与建设中国—中南半岛经济走廊规划》《云南省加强国际产能和装备制造合作规划》等系列规划文件，国家发展改革委印发了《关于支持云南省加快建设面向南亚东南亚辐射中心的政策措施》，搭建起了推进辐射中心建设的"四梁八柱"政策体系。二是基础设施互联互通不断推进。①国际大通道建设方面。中越国际通道建设：昆明至河口铁路、高速公路分别于2014年12月、2013年10月全线贯通。中老泰国际通道建设：昆明至磨憨高速公路已全线贯通。玉磨铁路建设正按照确保2019年9月底实现全部桥墩封顶、

2020 年 6 月完成大桥合龙、2020 年同步开始铺轨、2021 年全线通车的目标倒排工期，建设工作全面提速。中缅国际通道建设：昆明至瑞丽高速公路已经全线贯通。大理至瑞丽铁路计划将于 2022 年竣工。中印国际通道建设：芒市至猴桥铁路正在开展前期工作，猴桥至密支那至雷多铁路已纳入国家规划。②航空网建设方面。昆明至东南亚首都航线实现全覆盖，云南省成为开通南亚东南亚航线最多的省份。昆明机场成为全国第四个开展"通程航班"业务的国际机场、第六个实现全天候通关保障的航空口岸。③综合交通枢纽建设方面。2016年 12 月投运的昆明南站，成为了我国辐射南亚东南亚国家最重要的国际陆路客运枢纽，昆明东站铁路货运枢纽也投入使用。④能源设施建设方面。中缅油气管道的全线贯通，构建了多元化的能源互通格局，2018 年有 890 万吨原油从 760 多公里外的缅甸马德岛输至云南省的下游炼厂。⑤通信设施建设方面。云南省联合国内三大基础运营商，正在加快建设面向南亚东南亚的国际通信枢纽，目前国际通信服务范围可覆盖周边国家。三是贸易投资规模不断扩大。2019 年，云南省外贸进出口 2323.7 亿元人民币，比上年同期增长 17.9%。其中，出口 1037.2 亿元，增长 22.4%；进口 1286.5 亿元，增长 14.6%，外贸进出口形势保持稳中有进、稳中向好的发展态势，外贸额首次突破 2000 亿元，进出口增幅位居全国第三。2016~2018 年，云南省对外投资新设国际产能合作企业 34 家，实际投资 22.55 亿美元，主要分布在缅甸（8 家）、老挝（6 家）、印度尼西亚（3 家）、玻利维亚（3 家）、泰国（2 家）、柬埔寨（2 家）等。①四是对外开放平台日益增多。中国（云南）自由贸易试验区获批设立，瑞丽、勐腊国家级重点开发开放试验区，红河、昆明综合保税区，中国（昆明）跨境电子商务综合试验区，河口、瑞丽等国家级边境经济合作区，中老磨憨—磨丁等跨境经济合作区有序推进。中国—南亚博览会国际影响力不断提升，成功举办了第一届、第二届澜湄区域国家商品博览会、第十七届中国国际旅交会、首届中国—南亚合作论坛等大型会展。"中国—南亚科技伙伴计划""中国—南亚技术转移中心""中国—东盟创新中心"成为与南亚东南亚开展技术合作交流的重要平台。五是沿边金融综合改革试验区建设取得进展，全省跨境人民币累计结算额达 4027 亿元，业务覆盖 84 个国家和地区，初步构建区域性交易的"云南模式"，全省推出全国首例人民币对泰铢银行间市场区域交易，银行柜台挂牌币种已涵盖周边国家货币，搭建了云南省两个越南盾现钞直供平台和西南地区第一个泰铢现钞直供平台，实现中老双边本外币现钞跨境调运历史性突破，昆明成为全国首个设立跨境人民币反假工作中心的城市。六是民生交流合

---

① 资料来源：云南省商务厅发布的对外直接投资统计数据。

作不断深化。①教育合作方面：云南省高校加大与国外院校的合作力度，增强"留学云南"吸引力，2018年云南省高校招收留学生1.8万多人，居全国第八位，留学生来自148个国家，其中，南亚东南亚国家留学生15952人，占全省外国留学生总数的85%，云南省逐渐成为南亚东南亚国家来华留学重要目的地。连续六年承办"汉语桥"世界中学生中文比赛。②卫生合作方面：在边境地区开展传染病联防联控国际合作，并举办了两届中国云南—南亚东南亚国家医院院长论坛。③文化交流方面：在柬埔寨、缅甸合作共建海外中国文化中心，大型音乐舞蹈史诗剧《吴哥的微笑》在柬埔寨落地并实现本土化。④旅游合作方面：在中国—东盟、大湄公河次区域旅游合作框架协议下，区域旅游合作稳步推进，边境旅游试验区和跨境旅游合作区建设得到积极推动。⑤生态保护合作方面：云南省积极参与生物多样性保护廊道建设示范等次区域环境合作交流，并进一步深化了与周边国家生态环境保护国际合作。

然而，受内外部因素综合影响，云南省对外开放仍然存在着一些薄弱环节和发展瓶颈，主要表现为：一是中央赋予云南省对外开放的特殊政策遇到了"落地难"。虽然云南省向中央争取到了一些对外开放的特殊政策，但有些政策因省部对接不畅而搁浅，还有些政策因国际协调不畅或国际关系变化而停滞不前。二是对外贸易规模小且未充分发挥面向南亚东南亚的优势。2019年云南省外贸进出总额占全国比重约0.7%，滇越贸易总额占中越贸易总额的比重不到5%，而邻省广西对越南外贸总额相应占比约25%。出口产品中初级原材料出口比重大，高技术含量、高附加值产品出口只占很小份额，出口市场严重依赖东盟地区，服务贸易比重低。虽然全省的口岸数量不少，但口岸的开放设施建设滞后，口岸通关便利化条件欠缺，口岸产业支撑能力不足，带动边境城市发展的力量弱。三是投资合作规模小增长慢。利用外商直接投资总量少、规模小、层次低，缺乏发达国家直接投资。2019年，云南实现非金融类直接投资9.52亿美元，同比下降19.57%，全国排名第17位。四是周边国家复杂的地缘政治、发展水平仍较落后的经济是云南省发展开放经济面临的环境挑战。东南亚部分国家尚处于工业化的起步阶段，劳动密集型或资源密集型产业在经济结构中占主导地位，这与同样处于欠发达状态的云南形成了一定的竞争关系。

二、全面深化体制改革的主要思路

改革是云南省高质量发展的动力，处理好政府与市场的关系是破解云南省高质量发展难题的根本出发点。当前及今后一段时期，云南省要按照党中央、国务院关于高质量发展的要求，按照全面深化改革的思路，牢牢抓住重点领域，着力解决一些关系全省中长期发展的关键问题。

（一）进一步处理好政府与市场的关系

一是进一步完善市场决定性作用。学习、贯彻和落实党的十九大报告对于政府与市场关系有关论述，充分发挥市场对要素资源配置的决定性作用，全面转变各级政府的职能，大幅减少政府对资源的直接配置和干预介入，完善和强化经济活动的事中事后监管，凡是市场能自主调节的就让市场来调节，凡是企业能干的就让企业干。对全省各级政府出台的有关涉企的政策和地方性法律法规要进行全面、集中清理，对于违背中央有关文件精神的政策文件，要坚决予以纠正或终止实行，对于明显过时但有必要保留的，要加快修订完善。举办全省各级政府的政务服务中心和企业服务中心工作人员素质提升培训班，切实提高基层政务服务人员的职业素质。优化调整地方政府政绩考核体系，加强对营商环境、政商关系等方面的考核，引导各级官员强化责任意识和责任担当。加大对破坏市场经济秩序行为的查处力度，从严惩治向企业吃、拿、卡、要的地方政府官员，特别是矿产资源、房地产开发等腐败高发的领域要采取专项巡查和整顿。

二是优化改善市场环境。开展省域各州（市）市场化进程的评估，对标东部沿海省份找差距和问题，全面提升省域市场化进程。引入城乡居民代表、人大代表、政协委员参与政府性招标的过程监督，引入大数据分析手段加强政府招标行为的分析，加大对陪标、邀标等违规现象的查处力度。深入推动适应高质量发展的营商环境建设，按照世界一流的标准，全面促进云南省营商环境提档升级。

（二）深入推进重点领域体制改革

1. 加快推进财税体制改革

一是建立国家、省级重点项目省、州（市）出资、县（市、区）实施的机制。鉴于云南省县级财力普遍较弱，难以承担国家和省级重点项目的配套资金，为此，省、州（市）应该根据项目的性质、州（市）财力状况和投融资方式核定项目的出资分担比例，原则上，对于人均 GDP 和人均财政预算收入低于全省平均水平 75% 的州（市），其出资比例可以适当降低。国家级项目和省级重点项目经费筹措也要注重事权和财权有机统一，尽可能减轻县一级财政负担，同时明确县级政府项目实施的主体责任，完善国家级和省级重点项目的经费使用的审计和项目评估，加大对地方政府官员经费挪用、蓄意积压经费、无故拖欠工程款等行为进行问责，确保重点项目经费在透明程序下合理使用。

二是建立省、州（市）财政对县级财政"多予少取、差别化支持、奖励先进"机制。根据全省各县（市）的经济发展状况，原则上根据实际需要，对县域经济发达地区，省和州（市）两级财政通过财政转移支付方式补充其部分经费；对于县域经济中等地区，省和州（市）两级财政通过财政转移支付方式保障其基本运转；对于县域经济欠发达地区，省和州（市）两级财政通过财政转移支付、优先安排民生项目等方式确保其运转经费，同时也适当为这些地方发展产业项目提供贷款贴息等支持。为了鼓励地方政府发展经济的积极性，在省级层面设立"县级财力进步奖励"，对于财力增长较快的县（市、区）原则上予以一定的专项经费奖励。

三是明显降低县级财政收入的非税收入占比。继续深化财税体制改革，着力优化财政收入结构，按照中央财税体制改革的要求明显降低非税收入比重，到2020年实现全省税收收入占财政收入的80%以上。根据中央和省级财税改革的有关要求，各县（市、区）应大力推进各类非税收入的清理，特别是要清理涉企收费项目，对非税收入超过50%的县（市、区），要制定清费或"费改税"工作方案，确保税收收入占地方财政收入比重达到70%以上。对于确实需要保留的非税收入，县级政府部门应报省级财政部门统一审核和备案，并说明保留的时间，原则上不应超过本届政府任期。

2. 实施多元化的投融资体制改革

一是遴选一批优质项目开展PPP试点。跟西南其他省份相比，云南省最近十年来现代交通基础设施建设进度相对偏慢，尚未实现"县县通高速、州（市）通高铁"的目标。为了改变这种状况，云南省可以从高速交通网络建设入手，选择一批城际高速铁路作为PPP项目试点，面向社会公开招募合适的投资者，采取公私合作形式进行投资建设。在遴选环节，采用项目路演竞赛方式，吸引社会投资者共同参加，由社会投资者评选出优质的项目，从中达成一些签约项目。

二是鼓励本地企业境内外上市。截至2019年2月，云南企业上市33家，其中上证主板13家、深证主板8家、中小企业板10家、创业板2家，分别占全国同板块上市企业数的0.9%、1.7%、1.1%、0.3%，云南企业上市规模有限、市值体量薄弱、企业平均融资规模较小。为了便于企业上市融资，可开辟企业上市绿色通道，举办企业上市辅导专题培训班，遴选一批上市条件比较成熟、业绩较好、企业治理结构合理的企业有序上市。另外，各级政府应针对上市专业人才比较短缺的实际，积极引进和鼓励北京、上海、深圳等城市的上市服务中介机构进入云南发展。政府可采取购买服务方式委托上市服务中介机构为有关企业提供上市"一条龙"服务，支持上市服务中介机构加强对拟上市企业的辅导和规范申报，提高企业上市成功概率。

三是建立产业投资基金与社会资本投资联动的机制。进一步整合省内产业投资基金，发挥产业投资基金的"四两拨千斤"放大作用，与社会资本建立利益共同体，对战略性新兴产业、电解铝、动力电池、旅游、互联网等重点产业的"卡脖子"环节进行投资。地方政府鼓励社会资本出资成立"创业投资基金"或"产业投资子基金"，支持政府性产业资金与民间投资基金共同合作，采取跟投、共投等方式参与产业项目投资，提高产业基金投资效益。

3. 继续推动要素资源配置市场化改革

一是完善要素价格市场化形成机制。结合云南省矿产资源丰富的基础条件，继续深化矿产资源有偿使用制度改革，建立探矿权和采矿权交易市场，进一步规范有色金属资源和稀土等战略性矿产资源的探矿权、采矿权竞价出让和转让交易，探索探矿权和采矿权有限条件下质押融资、期权融资等模式。在电价方面，进一步深化电价改革，遵循"薄利多销"思路积极探索增配电业务改革，支持发电企业与用电大户共同出资成立专业公司负责增配电业务运作。在土州（市）场方面，加快建立云南省建设用地指标有偿转让市场，鼓励老、少、边、穷等特殊地区将建设用地指标通过公开拍卖方式转让给重点开发区。

二是构建先进技术和高端人才要素引进平台。围绕高端装备制造、生物技术、新能源、新材料等重点产业发展方向，坚持但求所用、不求所有的原则，建立开放式、虚实结合、功能完善的国际技术转移中心，吸引海内外先进技术到云南省转移转化，同时也支持有实力的企业到北京、上海、深圳等一线城市设立研发分支机构，加强与一线城市高校、科研机构、科技型企业开展协同创新。采取破、立结合的方法，建立人才引、育、用结合的体制，实施"滇才回归"工程，从海外省外引回滇籍高层次人才和企业家回滇创业。实施海纳百川工程，设立创业投资专项奖励计划，从全球范围内引进创业团队、科技领军人才和科技创新团队到云南创业。

4. 贯彻落实国有企业混合所有制改革

按照中央经济工作会议关于深化国有企业改革的方向，在省级层面加快改组成立一批国有资本投资公司和国有资本运营公司，从管企业向管资本转型，不直接介入所投资企业具体经营事务和人事安排，先易后难，在条件成熟的情况下推进一批国有控股或独资企业进行混合所有制改革，引入社会资本、技术资本或人才资本参与投资。对于经营业绩长期处于亏损状态的国有企业，原则上按照"僵尸企业"进行分类处置，以破产关停、破产重组、竞价出售等方式推动这些企业资产得到有效处置，同步实施企业下岗职工的安置和再就业等举措。

5. 建立生态补偿机制

生态资源丰富和生态多样性是云南省竞争优势的核心要素，生态优先、绿色发展更是云南省高质量发展的主攻方向。要深入贯彻绿水青山就是金山银山的重要理念和山水林田湖草是生命共同体的系统思想，按照州（市）公平、权责对等、试点先行、分步推进的原则，健全和完善全省水系横向生态补偿机制和生态功能区生态补偿机制。鼓励城市化区域等生态受益地区与生态保护地区、流域下游与流域上游通过资金补偿、对口协作、产业转移、人才培训、共建园区等方式建立横向补偿关系。加强全省九大高原湖泊的生态综合整治，以滇池生态治理为主战场，积极引入市场化治理、公众参与治理、公私合作治理等新模式，形成一些可复制可推广的生态治理经验。

6. 扎实做好农村、农垦和农地改革

一是全面推进农村、农地和林权改革。深入推进乡村振兴战略实施，探索新时代的农村治理分类改革，探索村改居、能人治村、选才治村、乡贤群治等多种方式，稳定农村发展大局。完成农地和林地确权颁证，以县为单位建立农村集体产权交易中心，在"三权分置"改革中推动农村土地经营权有序流转。继续推动林权改革，建立林权经营权流转登记制度，形成林权经营权流转信息跨部门共享机制。建立林业投融资收储平台，开展林权质押融资。探索生态公益林有限有偿流转制度，通过限期出租、折价入股、委托管理等方式，将生态公益林的经营权、管护权流转给专业企业或专业合作组织。

二是继续深入推进农垦企业改革。以云南省农垦集团有限公司为主体，坚持以垦区集团化、农场企业化、服务地方化为转型方向，妥善处理农垦企业历史遗留问题，剥离农垦企业各类政策性负担，鼓励农垦企业建立现代企业制度，按照市场规则自主经营、自负盈亏。全面深入推进农垦办社会的改革，有序有力将农垦企业职工社会保障和办社会职能进行剥离，实行属地管理。垦区的医疗、教育、养老等公共基础设施和交通、电力、水利、天然气等基础设施纳入国家和地方建设规划，与地方同步实施。

7. 营造高质量的区域营商环境

一是深入推进"放管服"改革。继续下放投资项目审批权限，坚持分城施策原则，针对下级政府的承接能力，凡是有必要下放的行政审批事项，建立考核期"试下放"机制，对下级政府能在考核期达到基本要求的，就一律下放到下级政府。在州（市）和县级层面，凡是因政策障碍等原因不能下放，或下级政府没有承接能力的行政审批事项，行业主管部门要实行或完善"人员派驻制、流程直通车"，负责为企业协调办理职能范围内的事项。省级及以上的产业园区可根据需要成立企业服务中心，有关职能部门派员入驻进行统一管理，项目所有手续不出企业服务中心直接办结，需上级部门批准的由企业服务中心直接协调办理。

二是探索项目审批制度改革。深化"最多跑一次"改革，提高审批效率，实施企业投资项目承诺报备制，探索以"承诺＋备案"为核心的受理承诺制，法律法规明文规定外，在项目前期阶段原则上不再开展多部门前置预审。投资项目主体根据项目涉及有关要求作出承诺，相关部门即作出审批受理。推行项目建设办理、标准、专业许可、环境评价等涉企环节的一次告知制，优化企业投资环境。着力破解土地手续办理缓慢的瓶颈制约，支持省内环评、规划等领域优质中介服务机构下沉到县设立分支机构，协助企业完成办理规划许可证、施工许可证、消防、安全生产等手续的所需论证方案，从而大幅缩短前期手续办理时间，保证项目按正常进度开工建设。州（市）和县级生态环境、自然资源、住建、规划、安监、消防等有审批事项的有关业务主管部门要主动服务、上门服务，限期办理好本级权限审批事项。

三是持续推进商事制度改革。按照国家有关要求，创新推进"多证合一"改革，全面推行"一键知晓、一表申请、一窗受理、一网归集、一体推进"工作模式，建立部门间信息共享和业务协同机制，建立快速审批办理机制。放宽企业经营场所登记限制，允许创办企业注册登记实行"一照多址"和"一址多照"，放开城镇民用住宅、农村各类集体性建设用地等转为经营场所登记限制，探索包容审慎监管模式。建立企业线上登记和全程电子化平台，探索足不出户注册企业的模式，实现省域电子营业执照互认互通。在有条件州（市）推广使用电子印章，鼓励全省企业事业单位使用电子发票。

四是切实降低企业成本。巩固"营改增"政策试点效果，按照中央有关要求实施减税降费措施，减少制度性交易成本，明显减轻企业综合商务成本。加大税收政策的宣传力度，优化税收征缴流程，提高税收征收效率和纳税服务，确保企业在税收优惠中应享尽享。简化退税、税收抵扣等流程，缩短出口退税、税收返还时间。根据企业经营状况合理降低社保费率，适当延长时限，合理调整最低工资标准。依法查处各类涉企违法违规收费，持续清理规范涉企保证金和行业协会商会收费。实行政府性基金、行政事业性收费和经营服务性收费目录清单制度，目录之外的收费原则上予以限期清理，着力压缩政府性基金数量和规模。积极开展电子退库、更正、免抵业务，开展新办纳税人"套餐"

式办税。

五是构建"亲""清"的新型政商关系。高度重视民营企业发展，营造法治化制度环境，保护民营企业家人身安全和合法财产安全。各级官员应真心实意同民营企业家接触交往，切实帮助企业解决难题。鼓励各级党委和政府完善政企制度化的对接沟通机制，倡导党政领导干部带头联系企业，定期深入企业走访了解情况，与企业家共同分析经济形势并采取措施加以应对。鼓励企业通过正常渠道反映情况，有关部门应及时采取措施解决问题。进一步规范政商交往行为，建立政商交往正面清单和负面清单，打消党政干部在与企业家交往过程中怕说闲话、怕受指责的顾虑，推动正常交往、真诚交往，贴近服务企业，既要杜绝"亲"而不"清"，更要防止"清"而不"亲"。

三、全方位扩大开放的主要思路

扩大开放是云南省高质量发展的一块基石，是充分发挥云南省在全国发展中战略地位的关键。云南省要围绕国家重大战略需求，找准自身的战略定位，加快扩大和深化对内对外开放，吸引相关省区市共同建设面向南亚东南亚辐射中心。

（一）扩大对内开放合作的主要思路

更加主动服务和融入长江经济带发展、粤港澳大湾区建设、长三角区域一体化发展等国家战略，加强规划政策项目对接，合作发展产业创新平台，开放发展绿色消费平台，加快打造我国走向南亚东南亚和印度洋周边经济圈、周边国家更好进入我国市场的窗口和平台。

1. 主动融入和服务国家发展战略

一是深度融入长江经济带建设。在"共抓大保护、不搞大开发"战略导向下，云南省要率先加快长江经济带上游金沙江流域生态保护，统筹推进流域经济带开放协作发展，依托水富港探索多式联运、通江达海的模式。在金沙江沿岸设立产业发展隔离带，沿江采矿冶炼、化工、建材、造纸等行业企业限期入园发展，对于低、散、小、乱的工业项目原则上予以关停。云南省境内的金沙江及其支流的两岸城市、小城镇和乡村实施净水入江工程，针对不同城市规模和乡村特点，因地制宜建设城市和农村污水处理设施，确保废水污水达标排放入江。鉴于金沙江流域地区产业基础整体薄弱、基础设施发展滞后、脱贫攻坚任务繁重等问题，云南应充分利用长江经济带发展有关政策，积极争取国家批准设立"金沙江上游生态经济区"，深入探索长江中下游地区向上游地区生态补偿与绿色加工业转移共推共促机制，充分利用中下游生态补偿基金将传统产业园区改造升级绿色工业园区，利用保存较好的生态环境加快发展生物医药、绿色食品、文化旅游等绿色健康产业。大力发展县域经济，依托县城和特色小城镇建设加快城镇化进程。依托沪昆大通道优势，加快建设面向西南市场的生产加工基地，承接国内外环境友好型的加工产业转移。

二是大力对接粤港澳大湾区战略。云南省要积极争取有利的战略区位，积极对接粤港澳大湾区战略，建立粤桂滇黔省际合作机制，在曲靖、文山、红河等州（市）设立"滇东南承接产业转移示范区"，整合各类开发区空间资源和政策优势，支持一批园区委托香港、深圳、东莞等城市共建托管，借力承接珠三角电子信息、纺织服装、机械加工等劳动密集型或高载能的产业转移，建立粤港澳大湾区的联动区。积极改善生态环境，加快建设面向粤港澳大湾区的旅游和生活目的地，打造云南文化旅游升级版，建设粤港澳大湾区"第二生活圈"。

三是创新融入长三角区域一体化发展战略。云南省与长三角虽然相距较远，但联系却比较紧密，具有较好的产业对接协作条件。沪昆立体大通道将彼此串联起来，人流、物流和资金流初具规模，云南省要把握时机和挖掘商机，对接长三角的市场、产业和资金的"外溢效应"，建设长三角面向南亚东南亚地区的中转装配加工基地，重点发展电子信息、装备制造等产业。同时，主动开拓长三角区域市场，开通优质绿色农产品专列，与大型电商企业合作建设绿色农产品物流配送中心和专业市场。

四是跨度承接北京非首都功能疏解转移。当前，北京非首都功能疏解进入新一轮攻坚阶段，一大批的央企及其下属单位、高校科研院所等机构将会把科研成果小试中试、工程化和产业化环节放到其他地区。云南省应争取在京设立对接窗口，积极与国家级科研院所、重点高校开展创新平台建设合作，鼓励滇企进京对接科技创新资源，开辟科技成果绿色转化通道，加大对生态农业、新材料、节能环保、智能制造、新一代互联网等重点行业创新成果引进力度，对于落地合作项目予以适当的政策倾斜。

2. 合作发展产业创新平台

一是建设长三角、珠三角的"飞地园区"。通过做好对口帮扶的"朋友圈"，加强与长三角、珠三角等地区的合作，通过对口帮扶等途径，加强与上海和广东省的中山、东莞、珠海等城市对接，改变项目制的产业帮扶方式，启动"飞地园区"形式的产业帮扶计划，与东部沿海城市共建"飞地园区"，采取托管或共管的方式合作，共同探索以飞地园区为依托的产业、干部人才、园区发展方案"三输出"的发展模式。通过帮扶城市派出的干部"传经送宝"，带出一批懂产业、会招商、管园区的干部队伍。同时，云南省各州（市）发展条件差异较大，可以探索构建虚拟型的"飞地园区"发展模式，吸引东部沿海帮扶城市的互联网企业共同参与产业帮扶，与部分偏远的州（市）政府合作建设"网商虚拟扶贫产业园区"，为深度贫困地区的农村青年提供网上创业的"一篮子"服务，包括工商登记、网上销售、网上调配货、小额融资、技术服务、技能培训、法律服务等，解决云南偏远地区中小企业布局分散、个体较弱、市场渠道较少等突出问题。

二是承接央企总部入滇发展。北京非首都功能疏解进入由易向难纵深推进的阶段，中央已经明确将疏解部分央企到京外的业务优势地区布局，这意味着一批专业比较明显的央企将把总部或下属业务职能部门搬到外地发展。而云南省具有有色、水电、生态资源、烟草等方面优势，也有一批央企的下属企业布局，要启动"央企入滇"行动，对接中央有关部门和部分央企，大力承接中国铝业、中国五矿、中国有色矿业、中国烟草总公司等大型央企的二级子公司到云南落户，使云南成为这些企业的重点板块业务的运营中心。充分利用云南的资源优势和加工制造能力，带动相关科技资源、人才和资本向昆明集聚，也有机会借助云南的基地优势，开拓南亚东南亚市场。

三是引进中关村发展集团共建"昆明中关村创新中心"。中关村发展集团作为北京市统筹中关村科技园区"一区十六园"的市场主体，拥有中关村科技园区的产业资源、政策资源和要素资源，同时又集成了园区管理、项目融资、科技服务、园区招商等多个功能，是一家在全国多个城市布点的平台型园区专业企业。云南省引进区外创新资源和新兴产业缺少渠道优势，而采取"但求所在、不求所有"开放发展思路是一种可行的探索方向。可积极对接中关村科技园产业资源，引进中关村发展集团到昆明发展设立区域性科技成果孵化转化中心，吸引一批国内外科技成果到昆明孵化产业化。探索市场化、平台化、托管式的合作模式，在昆明高新区等高端产业相对集中或高校比较集中的地区预留发展空间或楼宇，建设创业创新社区综合体，在协议期内由中关村发展集团托管，中关村发展集团在滇分支机构承担园区招商引资和企业服务管理，园区项目产生的税收地方留成部分由地方政府和中关村发展集团按照协议比例分享。

3. 开放发展绿色消费平台

一是深入推进健康生活目的地建设。采取先试点、后推开的思路，率先将昆明、丽江、大理、西双版纳、普洱、腾冲等知名度较高的城市列为健康生活目的地试点城市，建设高品质的度假型、养老型或创业型生活社区，吸引国内外高收入者或创新人才到云南居住或创业，注重生活品质，带动发展健康服务、养老养生、旅游度假、文化创意等产业发展。同时，瞄准港澳地区老年人异地养老市场，积极与港、澳特别行政区政府合作，吸引港澳地区企业、医疗机构等力量共同参与建设港澳居民养老度假生活基地。

二是建设高原特色农产品网上直供平台。云南是我国最大的高原绿色农产品生产基地，拥有各类野生食用菌、高原无公害蔬菜、优质茶叶等优势农特产品，但受品牌知名度不高、产业化程度低、产量不大等因素影响，时常出现产品滞销、价格偏低等现象。为扭转这种不利情形，可积极对接天猫、京东等大型电子商务平台，开辟云南馆，鼓励商户借助平台销售优质农产品。同时，支持本地企业创立农户与市民直接对接平台，重点面向昆明等消费水平较高的城市，开通农户直接联系消费者的优质农产品直供平台，通过产销对接带动高原特色农产品定制化发展。

（二）实施高水平对外开放的主要思路

在新时代迈向高水平开放的背景下，云南省扩大和深化对外开放的关键在于以深度服务和融入"一带一路"建设为统领，依托中国—中南半岛经济走廊、孟中印缅经济走廊和澜沧江—湄公河次区域合作机制，大力实施面向国内国际市场的双向开放战略，着力聚焦提升"一核三点"开放水平，全面提升昆明市作为区域性国际中心城市的功能，加快推进瑞丽、勐腊（磨憨）、河口三个战略支撑点建设，推动形成以点带线、以线强面的全面开放格局。

1. 大力实施面向国内国际市场的双向开放战略

一是大力探索进口导向型经济。改造提升口岸查验基础设施，提升口岸通关能力和通关便利化水平，推动区域无障碍通关，降低进出口环节合规成本，建设辐射西南、服务全国的南亚东南亚进口商品集散地。大力发展跨境电商，加强跨境电商公共服务平台建设。依托中缅、中老和中越三个边（跨）境经济合作区，承接国内外产业转移，大力发展电子信息、机械加工、服装加工等用工量较大的加工贸易产业，积极引进阿里巴巴、京东等大型电商企业设立面向中国和东南亚地区的客服呼叫中心，大力发展电商和客服产业。

二是大力发展出口导向型经济。利用省内国家级、省级经济技术开发区和各类特殊海关监管区域，积极承接国内产业转移，利用区位优势和对外通道，瞄准南亚东南亚地区的市场需求，重点发展交通运输设备、建材、装备制造、化工等重化工业产品。推进外贸转型升级基地、出口基地建设。积极发展服务贸易，扩大对周边国家的金融、教育、医疗、信息等行业服务出口。

三是积极吸引外资和推动对外投资合作。大力吸引优质外资集聚，加大对中国港澳台地区及日韩、欧美等发达国家和地区的招商引资力度，鼓励外资积极参与云南省八大重点产业、世界一流"三张牌"、以数字经济为龙头的战略性新兴产业建设。深入推进外商投资管理体制改革，落实扩大利用外资规模、外资招大引强等支持政策和外商投资企业税收优惠等政策，加强外商投资项目的用地、用工、用能等要素保障，加大知识产权保护力度，创造市场化、法治化、便利化的营商环境，努力打造高质量外资集聚地。同时，借助相关省区市海外商业网络和海外运营经验优势，积极搭建与南亚东南亚国家间的投资合作平台。联合建立生产基地、研发平台、营销网络和综合服务保障体系。围绕绿色食品、电力、装备、钢铁、建材、冶金等重点领域，联合开展对外贸易、绿地投资和实施跨国兼并收购。完善对外投资安全风险防范体系，服务和规范企业对外投资合作。

四是以自由贸易试验区为统领推动对外开放体制机制创新。以中国（云南）自由贸易试验区为统领，统筹利用国内国际两个市场、两种资源，积极推动面向南亚东南亚国家的对外开放体制机制创新。全面落实外商投资准入前国民待遇加负面清单管理制度，实施境内关外的特殊监管体制和税收管理体制，建设国际先进水平的国际贸易"单一窗口"，凭借低税率、优质服务和完善监管来吸引国内外资本集聚，创新推动跨境电子商务发展，探索向技术贸易、服务外包、维修服务等服务贸易领域拓展。同时顺应国际贸易投资规则的新变化、新趋势，参照自贸港和 CPTPP 的规则，推动在产品、资金、人员自由流动，以及知识产权、临时出入境、能力建设、监管一致性等方面，与新一轮全球贸易投资规则对接。积极争取加快推进红河片区、德宏片区的沿边资源储备基地建设，推动有色金属、咖啡等优势产品在国内外期货交易所上市交易，配套设立期货交割仓库。

2. 着力聚焦提升"一核三点"开放水平

全面提升昆明市作为区域性国际中心城市的功能。虽然云南省边境地区开放起步较早，但至今开放水平仍然不高，与中央对云南省的战略定位存在较大的差距。在新一轮改革开放中，应积极实施"中心带动"对外开放战略，全面提升区域性国际中心城市功能是加快全省对外开放的突破口。重点加快国际性综合交通枢纽、区域性国际能源、物流和通信枢纽以及国际智慧城市建设；着力发展新经济、新业态、新模式，提升开放型经济发展水平，构建现代产业体系；深入推进全国小微企业创业创新基地示范城市、国家"大众创业万众创新"示范基地建设，加快国家自主创新示范区、国家创新型城市创建步伐；扩大金融对内对外开放，提升金融服务层级和水平，构建多元化的金融组织体系、多层次的金融市场体系、多功能的金融服务体系；全方位推进与南亚东南亚国家和地区在文化艺术、新闻出版、广播影视、教育、卫生、体育、旅游、文化产业、智库等领域的交流合作。

3. 加快推进瑞丽、勐腊（磨憨）、河口三个战略支撑点建设

一是高起点推动瑞丽的开发开放。在新一轮对外开放中，充分利用瑞丽口岸开放条件好、区位优势明显、腹地空间相对开阔等优势，按照孟中印缅经济走廊的重要节点城市的定位重点打造，以自由贸易试验区德宏片区建设为契机，加快建设中缅边境经济合作区，积极承接国内外产业转移，推进落实一批建材、装备制造、轻纺、汽车制造等国际产能重点合作项目，带动现代物流、跨境电商、金融服务等服务业发展。以瑞丽口岸活体牛进口加工为突破口，着力开展跨境动物疫病区域化管理试点。

二是改善勐腊（磨憨）对外开放条件。加快推进中老铁路、中老磨憨—磨丁经济合作区等建设，引入社会资本参与勐腊（磨憨）重点开发开放试验区和景洪国际陆港等开放平台建设，探索公私合作建设对外开放平台新模式，鼓励社会资本组建专业公司负责对外开放平台的开发建设、运营服务、招商引资等，地方政府成立专门服务中心为各类企业提供工商登记、税收办理等服务，政府和企业之间建立有条件、有期限的利益分享机制。

三是全面提升河口对外开放功能。以自由贸易试验区红河片区建设为契机，充分利用口岸的越南一侧矿产资源丰富、农业相对发达、物流规模较大等优势，大力推进中越河口—老街跨境经济合作区和河口国际陆港建设，强化泛亚铁路东线的物流枢纽优势，建立陆海联运常态化的物流线路，重点发展加工贸易、现代物流、出口加工、农产品集散交易等产业。加强跨境劳务合作，在河口探索外籍人员入境管理模式，对于长期居留和工作的越南籍公民准予长期工作签证或永久居留权。

第九章

保证资源环境高质量支撑

本章精要

● 高质量资源环境支撑是我国经济发展方式的重要进步，它强调了经济发展过程中不仅要注重资源的节约，更需将环境作为重要的生产要素和资源，将经济发展纳入更加庞大的社会系统中，实现经济发展与社会发展的有机统一。

● 云南省要真正强调生态环境的保护，在国家主体生态功能区定位的框架下，增加生态环境保护的整体投入，对重点产业强化节能减排，探索推动碳汇价值实现和排放权交易，并通过区域合作和国际合作，加快生态补偿机制建设，实现资源、环境、生态协同发展。

● 资源是经济社会发展的基础，要进一步强化资源保护的力度，实现资源的集约节约和高效利用，以产业转型升级促进资源价值的发挥和深挖，并在发展过程中注重云南资源要素的供给结构调整，保证云南高质量跨越式发展所需要的要素基础。

● 创新资源要素供给，支撑云南在未来朝着高质量阶段发展，摆脱高强度"自然资源依赖型"的传统发展路径，其核心是逐步淡化"自然资源优势"，强化绿色发展能力建设，尤其是强化云南省在技术、知识以及承载技术和知识的人才供给。

● 良好的生态环境是云南省建设生态文明排头兵和中国最美丽省份的根基，这也是云南发挥区域比较优势的重要来源。云南省需要在"十三五"阶段夯实环境生态质量根基，为高质量跨越式发展创造良好的环境生态条件，也为高质量跨越式发展创造新的增长点和动力。

一、高质量资源环境支撑的基本思路

（一）高质量资源环境的基本内涵

改革开放以来，中国经济保持了长达近半个世纪的高速增长，用几十年的时间快速推进工业化、城市化和现代化进程，经济总量位居世界第二，人民生活水平也得到极大程度的改善。但不可避免的是，在发展过程中也面临着一系列资源紧缺、环境破坏、生态失衡等问题。为此，改变长期形成的高速增长转向高质量发展势在必行。高质量发展要求发展方式由粗放式向集约式转变，要求产业结构由劳动、资源密集型向知识技术密集型转变，要求增长动力由要素驱动为主向创新驱动为主转变，这些都要求更加节约资源、更加保护好环境，即高质量的资源环境支撑是高质量发展的重要构成。

1. 我国高质量资源环境政策的脉络演进

资源环境的开发利用存在较强的外部性，这使资源环境的保护性开发利用需要有效的国际合作并需要政府的持续强有力推动。早在 1994 年，中国政府积极落实里约环境与发展大会通过的全球《21 世纪议程》，率先颁布了《中国 21 世纪议程——中国 21 世纪人口、环境与发展白皮书》，把可持续发展纳入了国家发展战略的视野，并在"九五"计划中进行具体部署。21 世纪以来，针对我国经济高速发展中暴露出日益严重的不协调和不可持续现象，党的十六届三中全会在全面反思以往发展历程的基础上，确立了科学发展观，强调"坚持以人为本，树立全面、协调、可持续的发展观，促进经济社会和人的全面发展"。科学发展观作为统领全局的战略指导思想，深刻影响着中国经济和社会发展的基本格局。2007 年，党的十七大首次把建设生态文明纳入全面建成小康社会的新目标，强调要"建设生态文明，基本形成节约能源资源和保护生态环境的产业结构、增长方式、消费模式"。2012 年，党的十八大进一步提出"把生态文明建设放在突出地位，融入经济建设、政治建设、文化建设、社会建设的各方面和全过程，努力建设美丽中国，实现中华民族永续发展"，生态文明建设与经济、政治、文化、社会四大建设一起，构成了中国特色社会主义事业的"五位一体"总体布局。2015 年，党的十八届五中全会在深刻认识经济社会发展规律的基础上，提出了"创新、协调、绿色、开放、共享"的新发展理念，完整地表述了新时代中国经济社会发展的基本指针。2017年，党的十九大把建设"富强民主文明和谐美丽"的社会主义现代化强国作为21世纪中叶的奋斗目标，表明以生态文明建设为支撑的"美丽中国"已经上升为新时代中国特色社会主义的重要组成部分。

发展观演进的脉络清晰表明，五大新发展理念，与可持续发展、科学发展观、生态文明建设的思想一脉相承，是党和国家在长期发展过程中发展理念不断进步和提升的结果。五大发展理念是有机统一的整体，具有相互促进、相互支撑的内在联系。从绿色发展与其他四大理念的关系看，创新是经济结构战略性转型的关键因素，也是驱动绿色发展的基本动力；协调是可持续发展的内在要求，也是绿色发展的核心内容；开放是内外联动的必然趋势，也是绿色发展的助推力；共享是中国特色社会主义的本质要求，而绿色发展是最普惠的民生福祉，是实现共享发展的必然要求，更是高质量发展的重要构成。因此，五大新发展理念中的绿色发展以创新为驱动力，以资源集约节约利用、环境友好的方式实现经济发展，在人与自然和谐共生的基础上，满足社会福祉，促进社会公平。它与创新、协调、开放、共享的要求相辅相成，是一种追求经济社会发展和生态环境共赢的全方位的绿色发展，也是一种全新的人类文明道路。

2. 高质量资源环境支撑的内涵

高质量资源环境支撑是我国经济社会发展方式的重要进步，它强调了经济社会发展过程中不仅要注重资源的集约节约，更需将环境作为重要的生产要素和资源，实现资源环境的产权化、资产化和资本化，将经济发展纳入更加庞大的社会系统中，实现经济发展与社会发展的有机统一。高质量资源环境支撑具体囊括如下几方面的含义：

第一，高质量资源环境支撑是在保持一定自然资本存量基础上的可持续发展，经济增长必须控制在自然生态系统的承载能力之内，实现盘活存量和用好增量的目标。在关于可持续发展的讨论中，自然资本的有限性和开发利用不可逆这一特殊性逐步被认识。艾金森和皮尔斯提出了强可持续性和弱可持续性：弱可持续性是指三大资本存量之和不随时间推移而下降，而强可持续性对自然资本给予特别关注，要求发展不得引起一个国家关键的、非替代性自然资本存量的下降。在中国，由于长期经济高增长的压力，以及对自然资本的粗放式开发使用，使自然资本已经成为最为稀缺的资本要素和增长瓶颈。因此，高质量绿色发展要求严格控制自然资本消耗的规模，实现经济增长与关键自然资本的脱钩。2015年习近平总书记提出的"守住发展和生态两条底线"就是对自然资本和经济增长关系的生动诠释。守住"发展底线"，即要使经济发展保持一定速度，但不能以破坏生态环境为代价；守住"生态底线"，即通过设定资源消耗上限、严守环境质量底线、划定生态保护红线，守住生态环境承载力的"阈值"。要守住两条底线，必须将社会经济活动限定在生态红线管控的范围内，以高质量促绿色发展。

第二，高质量资源环境支撑是效率导向的发展，通过提高经济和生态系统的效率促进环境与发展的协调。中国作为发展中国家，发展是提高人民生活水平、满足人民日益增长的美好生活需要的基础。但发展不能以损害生态环境为代价，这就需要找到经济增长与生态环境损害脱钩的途径。而提升发展效率是解决新时代社会主要矛盾的关键，也是高质量资源环境支撑的核心。从中国实际情况出发，向高质量发展转型要着重从以下几方面提升效率：首先，从宏观上提高全要素生产率，使有限的要素投入获得更多的产出，提高要素使用的宏观效率；其次，从微观上，促进资本要素由资源利用效率低、环境污染高的部门向资源利用效率高、环境友好的部门流动，提高资源配置的微观效率；最后，关注资源存量的有限性及环境损害的不可逆性，优先促进绿色技术的研发与扩散，提高自然资本的生产率，促进自然资本集约使用，拓展自然资本支持可持续增长的能力。

第三，高质量资源环境支撑是经济结构绿色低碳化的发展。高质量发展阶段是伴随着产业结构不断优化升级的过程，这一过程也是将生态环境纳入产业体系进行优化配置，通过绿色、循环、低碳技术的渗透，实现低消耗、少排放，降低生产的边际成本和末端治理费用，提供高质量绿色产品和服务的过程。在中国工业化和现代化的进程中，经济结构绿色低碳化，主要体现在三个方面：一是能源结构低碳化，具体包括改善能源结构、提高能源效率，减少碳排放；二是生产过程循环化，即逐步告别传统的"资源—生产—废弃物"单向流动的线性生产模式，形成"资源—产品—废弃物—再生资源"循环流动的生产模式；三是消费结构绿色化，培养居民和全社会的绿色意识，从需求侧刺激绿色产品和服务的消费，引导绿色生产和技术创新。

第四，高质量资源环境支撑是国家总体战略的组成部分，承载着具有更为崇高的使命。在资本构成中，自然资本和人力资本不仅是生产要素，而且是社会福利的直接决定因素，尤其是自然资本不仅是人类赖以生存的自然基础，还具有独特的生态价值，"绿水青山就是金山银山"，优质的绿色生态产品也是满足人民日益增长的优美生态环境需要的重要内容。在中国，高质量绿色发展本身不是目的，而是服从于经济社会发展的总体目标，最为具体的目标就是全面建成小康社会，更长远的目标涉及党的十九大提出的中国现代化强国建设的"两步走"战略目标。我们要建设的小康社会和现代化强国，并不仅是物质产品丰裕、物质文明发达的社会，而且是一个物质文明、政治文明、精神文明、社会文明、生态文明全面进步、人与自然和谐共生的社会。在国家总体战略的视野下，高质量资源环境支撑是全面建成小康社会和通往现代化强国目标的必由之路，是实现经济、政治、文化、社会、生态文明"五位一体"总体战略目标的重要途径。

在经济发展转型的关键时期，中国式的资源环境支撑必然与高质量转型紧密结合，两者的交汇将产生相互融合、相互促进的作用。在此基础上形成的"高质量绿色发展"模式，与一般意义上的绿色发展相比，从目标取向、要素结构、实现路径等方面均有着自身独到之处，其基本逻辑关系是：人力资本、物质资本、自然资源资本、技术知识构成经济增长的基本生产要素，在保护不可替代自然资源资本的基础上，通过人力资本投资、技术和制度创新，促进全要素生产率提升，推动经济结构升级和经济高质量发展，实现国家总体的战略目标。

（二）云南省资源环境存量及分布状况

云南省地处东南亚至南亚，是青藏高原至中南半岛的连接部位，在全省38.34万平方公里土地面积中，94%为高原山地，仅有6%为山间盆地，属于低纬度高海拔地区。境内高山与深谷相间，有金沙江、南盘江、澜沧江等六大水系，是长江、珠江、湄公河等国内、外江河的上游、源头和分水岭，有"亚洲水塔"之称。特殊的地理位置决定了云南省生态环境保护与建设不仅对流域内的经济社会产生深远影响，还将对中、下游地区甚至东南亚国家产生重要的防保作用。但另外，由于地形、地貌、地质等地理环境的复杂性和多样性，形成了光、热、水、气、土等自然资源的时空分布不均，差异极大，加之资源开发利用方式的不尽合理等多种原因，生态系统十分脆弱，生态环境亟待加强保护和建设。总体来看，云南省环境质量较好，2017年全省城市空气质量持续保持优良，16个州（市）政府所在地城市平均空气质量优良天数比例为98.2%，居全国第一。主要河流国控省控监测断面水质优良率达到82.6%，主要出境、跨界河流断面水质达标率为100%，六大水系主要河流干流出境跨界断面水质全部达到水环境功能要求；九大高原湖泊水质总体保持稳定；州（市）级以上城市集中式饮用水源水质全部达标，自然生态环境状况保持稳定。具体来看，云南省资源环境总体上表现出如下几方面的特点。

1. 土地广阔，但用地紧张

云南省国土面积广阔，根据全省2017年土地利用年度变更数据，全省耕地面积9319.97万亩（其中水田2136.89万亩，水浇地201.48万亩，旱地

6981.60 万亩），园地面积 2446.37 万亩（其中果园 429.51 万亩，茶园 629.09 万亩，其他园地 1387.77 万亩），林地面积 34509.51 万亩（其中有林地 27654.57 万亩，灌木林地 4306.03 万亩，其他林地 2548.71 万亩），建设用地面积 1657.67 万亩（其中城乡建设用地 1263.17 万亩，交通水利用地 358.56 万亩，其他建设用地 35.94 万亩）。2017 年，全省国土开发强度 2.88%，远低于全国平均水平，在全国排第 26 位，开发潜力较大。

云南省支持高质量跨越式发展的土地资源形势严峻，尤其是耕地和基本农田保护压力大，建设用地指标偏紧，保障各类用地需求压力较大。根据《国土资源部关于云南省土地利用总体规划（2006—2020 年）有关指标调整的函》（国土资函〔2017〕368 号），国家下达云南省至 2020 年耕地保有量 8768 万亩，基本农田保护面积 7341 万亩；2017 年全省现状耕地面积为 9319.97 万亩，但质量较差，25 度以上陡坡耕地退耕还林、受污染耕地治理和石漠化治理等任务繁重，稳定耕地面积数量、生态退耕、保护和恢复耕地生态功能等压力较大。总体上看，由于地理环境约束和土地资源的开发利用方式不尽科学，全省耕地质量总体较低，耕地生态保护和建设压力较大，不稳定耕地面积较大，部分耕地重金属污染严重。《全国土地利用总体规划纲要（2006—2020 年）调整方案》明确云南省至 2020 年全省建设用地不超过 1731 万亩（115.4 万公顷）。

云南省作为边疆少数民族贫困地区，受战争、区位、地质条件等的限制，经济社会发展滞后，交通、水利、能源等基础设施建设严重不足，未来经济社会发展的土地资源需求将持续增长。此外，云南地处长江上游，处于古代南方丝绸之路要道，是我国面向南亚东南亚开放的重要门户，是长江经济带各省市走向东南亚、南亚的重要战略支点，是"一带一路"建设中的重要省份。依托黄金水道建设长江经济带，打造中国经济新支撑带，是党中央、国务院把握国内外发展大势作出的重大战略决策，是云南又一次历史性的重大机遇。随着"一带一路"倡议深入推进，全省交通、能源等基础设施和新型城镇化建设将稳步推进，在新的发展机遇下，云南省将需要大量的建设用地支撑经济社会跨越式发展。"一带一路"等涉及区域重大互联互通交通基础设施用地量大，西部大开发等国家战略涉及的能源、水利等基础设施用地量大，滇中城市群等重点区域新型城镇化发展用地紧缺，沿边开放涉及国家级战略区域用地需求量剧增，农村扶贫开发用地量大，这些对云南省未来建设用地形成巨大的压力。

2. 森林资源丰富，但区域分布不均衡

2017 年《云南省第四次森林资源调查公报》显示，全省林地面积 2607 万公顷，占国土面积的 68.0%；森林面积 2273 万公顷，森林覆盖率 59.30%，林木绿化率 67.82%；活立木总蓄积量 19.13 亿立方米，森林蓄积量 18.95 亿立方米。全省森林面积和蓄积量实现"双增长",森林资源数量增加、质量提高。全省森林面积中,天然林面积 1577 万公顷,占 69.4%,人工林面积 526 万公顷,占 23.1%,人工促进林面积 170 万公顷,占 7.5%;全省公益林地占48.3%,商品林地占 51.7%;全省经济林木类资源面积 441 万公顷;竹类资源面积 79 万公顷。与 2003 年开始、2009 年完成的上次调查相比,全省森林面积增加 117 万公顷,森林覆盖率从 56.24% 提高到 59.30%,提高 3.06 个百分点;林木绿化率从 64.50% 提高到 67.82%,提高 3.32 个百分点;人工林面积由 438万公顷增加到 526 万公顷,增长 20.1%,人工林资源显著增加。活立木蓄积量由 16.12 亿立方米增加到 19.13 亿立方米,增加 18.7%;森林蓄积量由 16.02亿立方米增加到 18.95 亿立方米,增加 18.3%。林分每公顷蓄积量由 84.5 立方米增加到 94.8 立方米,增加 12.2%,森林质量得到明显提升。

但从区域分布来看,森林资源分布不均,经济发展水平与森林资源不匹配,森林资源所具有的调节功能难以得到有效发挥,环境人口压力相对较大的地区森林覆盖率较低,而森林覆盖率较高的地区开发严重不足。全省林地面积排名前五位的州(市)分别是:普洱 317.52 万公顷、楚雄 216.76 万公顷、大理 201.49 万公顷、红河 196.21 万公顷、文山 190.85 万公顷。林地占国土总面积的比例排名前 5 位的州(市)分别是:怒江(85.45%)、迪庆(82.23%)、丽江(79.99%)、楚雄(76.10%)、德宏(73.73%)。全省森林覆盖率排名前五位的州(市)分别是:西双版纳(80.79%)、怒江(75.31%)、迪庆(75.03%)、普洱(68.83%)、德宏(68.78%)。

3. 矿产资源丰富,但总体开发利用深度不足

云南省地质构造复杂,成矿地质条件优越,矿产资源丰富。全省共发现各类矿产 143 种,占全国已发现 172 个矿种的 83%。有 61 种固体矿产保有资源储量排在全国前十位,25 种矿产排在全国前三位,其中,铅、锌、银、锡、磷、铜、铟、锗、镍、铂族元素优势显著。2017 年末主要矿产探明储量:煤炭342.64 亿吨、天然气 8.73 亿立方米、磷矿 49.47 亿吨、铁矿 40.55 亿吨、锰矿 8102.34 万吨、铝土矿 1.07 亿吨、铜金属量 2722.32 万吨、铅金属量1326.21 万吨、锌金属量 2722.32 万吨、锡金属量 130.96 万吨。能源资源中以煤炭为主,主要集中在滇东北的曲靖和昭通,曲靖市占 43.01%,昭通市占34.99%,其他州(市)分布相对较少;全省无石油探明储量。

根据已查明的矿产资源储量情况、产业基础及矿产品在国内外市场的竞争能力等综合因素,确定云南省的优势及重要矿产为:铅、锌、锡、铜、钨、金、银、磷、锗、铟、钛、煤、铁、铝土矿、锰、镍、钼、岩盐。云南省矿产资源禀赋特点:总量大、矿种齐全,有色、黑色、贵金属、化工、建材、煤炭

等资源配套程度高，其中，磷化工、有色金属和钢铁已形成独立的原料供给体系，精深加工产品已构成产业链，锡产业等独树一帜，科技领先；锗、铟、铊等共伴生矿多，综合利用潜力大，经济价值高；矿床类型复杂多样，整装勘查、科学开发潜力大；新的资源富集区潜力巨大，老矿山深部及外围尚有较大远景；稀有、稀散、稀土矿产资源潜力较大；饰面石材、硅藻土等非金属矿质优，开采条件较好；菱铁矿、铂钯矿等资源量大，品位低，矿石类型复杂，开发难度大；石油、天然气、页岩气等能源矿产短缺。但从总体来看，云南省矿产资源利用深度不够，矿产业局限于粗加工，产业链较短，深加工不足，终端产品生产滞后，采选冶等低附加值环节集中，伴生矿和低品位矿开发利用不够，加剧了云南省生态环境保护压力。

4. 草原种类丰富，但生态位压力巨大

云南草原有暖性灌草丛类、热性灌草丛类、山地草甸类和高寒草甸四个草原类，草原资源种类较为丰富，是国家草原生态保护建设等一系列重大项目实施的主要省区之一。2017 年，全省国有草原综合植被盖度 87%，草群平均高度 27.22 厘米，每公顷鲜草产量 10302.29 千克，可食牧草鲜草产量 8365.46 千克，较 2016 年分别提高 1.2%、1.16 厘米、2.6%、6.01%。云南草原分布于六大水系源头或者上游，生态位十分重要，这对云南开发草原资源提出了较高要求，保护好草原资源是云南维系良好的生态位优势的必然要求。

5. 水资源丰富，但开发利用难度较大

云南境内河流众多，省境内径流面积在 100 平方公里以上的河流有 908 条，分属长江、珠江、红河、澜沧江、怒江和伊洛瓦底江六大水系，其中珠江、红河发源于云南省境内，其余均发源于青藏高原，为过境河流。红河、澜沧江、怒江、伊洛瓦底江为国际河流，分别流往越南、老挝和缅甸等国家，也统称西南国际河流。全省多年平均降水量 1278.8 毫米，水资源总量 2210 亿立方米，排全国第三位，人均水资源量近 5000 立方米。滇池、洱海、抚仙湖、星云湖、程海、泸沽湖、异龙湖、杞麓湖、阳宗海是云南著名的"九大高原湖泊"。

云南水资源丰富，但受特殊的地理条件限制，云南省水资源开发利用也存在如下几个方面的显著问题：一是由于横断山脉深度切割，高差悬殊，地形地貌复杂，水资源总量丰沛但开发利用的难度大、成本高、边际效益低。二是水资源与人口、耕地等经济发展要素的空间分布极不匹配，占全省土地面积 6% 的坝区，集中了 2/3 的人口和 1/3 的耕地，但水资源量只有全省的 5%；滇中重要经济区的人均水资源量仅有 700 立方米左右，特别是滇池流域不足 300 立方米，处于极度缺水状态。三是由于特殊的地形环境和气候条件，水资源时空分布极不均匀，雨季（5 月至 10 月）降水量占全年总量的 80% 以上，干季

（11月至次年4月）降水量仅占全年总量的10%~20%，加之全省94%的国土面积为山地和高原，无雨就旱、有雨则涝，水旱灾害常常交替发生，久旱之后突然发生大洪水，旱涝急转、涝中有旱相互交替的情况较为突出，且灾害频率高、灾害强度大、持续时间长、受灾范围广、损失程度深，防汛抗旱救灾形势非常严峻。四是水生态环境脆弱，水环境承载能力低，防污治污任务重。水土流失面积超过国土面积的1/3；"九大高原湖泊"中异龙湖、杞麓湖、星云湖、滇池外海和草海常年处于中度、重度污染状态，近一半的湖泊达不到水环境功能要求。

6. 环境生态优良，但保护压力较大

云南地处祖国西南边陲，境内高山峡谷相切、河流湖泊相间，拥有独特的生态区位、地质地貌、气候环境和丰富的生物资源，生态环境优势突出。从生态区位来看，云南国境线长达4060千米，25个边境县与缅甸、老挝、越南三国交界，且通过澜沧江—湄公河与泰国和柬埔寨相连，并与马来西亚、新加坡、印度、孟加拉国等国相近，边境地区的生态环境普遍较好。地处六大出境跨界水系上游，长江、珠江、澜沧江、怒江、红河和伊洛瓦底江多年平均水资源总量2210亿立方米，约占全国水资源总量的8%，是南亚、东南亚国家和我国东部和南部发达省区的"水塔"、水源涵养区，是西南生态安全屏障。自然资源方面，生物多样性且具有独特价值，享有"植物王国""动物王国""物种基因库"等美誉；天然湖泊众多，有九大高原湖泊；森林资源丰富，森林生态系统年服务功能价值1.68万亿元；矿产资源丰富，享有"有色金属王国"的美誉；气候类型多样，拥有海南省到黑龙江省所具有的全部气候特征；旅游资源丰富，是祖国西南边疆的美丽花园。生态文化方面，有25个世居少数民族世代繁衍生息，与大自然建立了良好的关系，生态文化是彝族、白族、哈尼族、傣族等许多少数民族文化的重要组成部分。环境质量方面，全省环境空气质量平均优良天数比例2017年为98.2%，中国环境监测总站发布数据显示为全国第一，水质优良率远高于全国平均水平，生态环境质量持续改善，生态环保指数全国排名第二。

但与此同时，云南省自然灾害频发、灾害威胁大，加剧了云南省生态环境保护的压力。云南省是我国地震、地质、气象等自然灾害最频发、危害最严重的地区之一，常见的类型有：地震、滑坡、泥石流、干旱、洪涝等。根据国家颁布的强制性标准《中国地震动参数区划图》（GB 13806—2011），云南省7度区以上面积占国土面积的84%，是全国平均水平的两倍。20世纪中国大陆23.6%的7级以上大震，18.8%的6级以上强震发生在仅占全国国土面积4.1%的云南省。全省记录在案的滑坡点有6000多个、泥石流沟3000多条，部分对

城乡居民点威胁较大。干旱、洪涝、低温冷害、大风冰雹、雷电等气象灾害发生频率高，季节性、突发性、并发性和区域性特征显著。

（三）推动资源环境高质量支撑的基本思路

在习近平总书记提出云南省争当全国生态文明建设排头兵的战略定位下，云南省 2015 年以来以改善环境质量为核心，强化生态环境保护治理措施，全面构建环境质量目标、环境法规制度、环境风险防控、自然生态保护、环境综合治理、环境监管执法、环境保护责任、能力建设保障"八大体系"，资源环境质量持续改善。但总体来看，云南生态敏感脆弱，环境治理欠账较多、支撑发展不平衡，继续巩固提升生态环境质量的压力很大。一些地方和部门对生态环境保护认识不到位，责任落实不到位；经济社会发展同生态环境保护的矛盾仍然突出，局部区域资源环境承载力达到或超过上限，生态环境压力大；城乡生态环境公共产品供给区域统筹不够，新老环境问题交织，区域性、布局性、结构性环境风险凸显，湖泊保护治理、河流水污染防治、水源保护、重金属污染治理、城乡环境治理等任务繁重，生态破坏、黑臭水体、环境违法等问题时有发生。生态环境问题如若不能及时解决，将成为云南经济社会可持续发展的制约瓶颈，成为决战脱贫攻坚、决胜全面小康的明显短板。

进入新时代，解决人民日益增长的美好生活需要和发展不平衡不充分之间的矛盾对生态环境保护和开发利用提出了新要求。当前，云南生态文明建设正处于压力叠加、负重前行的关键期，已进入提供更多优质生态环境产品以满足人民日益增长的优美生态环境需要的攻坚期，也到了有条件有能力解决突出生态环境问题的窗口期。必须加大力度、加快治理、加紧攻坚，打好污染防治大仗、硬仗、苦仗，为全省各族人民创造良好生产生活环境。为此，按照高质量跨越式发展的现实要求，云南省资源环境高质量支撑的总体思路如下：以习近平新时代中国特色社会主义思想为指导，结合云南省经济社会尤其是资源环境的现实状况，强化资源保护和管理，发掘资源深度价值，促进云南"资源依赖模式"向"竞争优势模式"转变，在发挥资源优势的基础上摆脱"资源诅咒"，实现资源向资本的转化，真正实现资源的现实价值和潜在价值；与此同时，真正强调生态环境的保护，在国家主体生态功能区定位的框架下，增加生态环境保护的整体投入，对重点产业强化清洁生产、节能减排，探索推动碳汇价值和排放权交易，并通过区域合作和国际合作，加快生态补偿机制建设，实现资源、环境、生态协同发展。

二、推动资源节约型社会建设

资源是经济社会发展的基础，要进一步强化资源保护的力度，实现资源的节约、集约和高效利用，以产业转型升级促进资源价值的发挥和深挖，并在发展过程中注重云南资源要素的供给结构调整，夯实云南高质量跨越发展所需要的资源要素基础。

（一）注重资源保护，促进资源集约节约高效利用

依托地理空间，加大土地资源保护力度，为云南高质量跨越式发展营造良好的国土管控格局。①加强国土资源规划管控。优化国土空间开发格局，强化省级国土空间规划编制和实施，探索建立自然生态空间用途管制制度，落实乡村振兴战略，严格执行土地利用总体规划，加大年度计划管控力度。严格实施土地整治规划，按要求开展第三轮矿产资源规划相关工作审批，开展村级土地利用规划试点。②进一步加大耕地保护力度。认真贯彻落实《中共云南省委云南省人民政府关于加强耕地保护和改进占补平衡的实施意见》，层层签订耕地保护目标责任书，切实落实政府耕地保护目标责任，按期完成2016～2020年省以下各级政府耕地保护责任目标期中检查工作。建立耕地保护补偿激励机制。建立健全永久基本农田保护制度，严格落实永久基本农田特殊保护规定。严格落实占一补一、占优补优、占水田补水田的耕地占补平衡制度，按期兑现补充耕地承诺。积极推进国土综合整治，加大耕地质量建设力度，强化监管考核。③全力保障重点项目和民生项目建设用地需求。强化重点项目用地保障，确保"乡村振兴战略"、"四个一百"、"五网建设"、易地扶贫搬迁、"三张牌"、特色小镇、美丽县城等建设项目用地。规范土地供应，完善土地储备制度，支持战略性新兴产业、新业态发展，切实降低工业用地成本，科学调控房地产用地，应保尽保保障性住房（公租房）土地供应。落实国土资源稳增长配套政策，保障农业转移人口和其他常住人口在城镇落户的用地需求。

鼓励矿产资源集约节约高效利用，为云南省清洁载能产业发展提供可持续的矿产资源保障。强化生态环境保护意识，自觉把生态环境保护的理念和要求落实到矿产资源管理各项工作中。严格实施矿产资源规划，推动矿产资源绿色勘查开发，加强矿山地质环境恢复治理及土地复垦，进一步提高矿产资源节约

集约利用水平。严格贯彻执行矿产资源管理法律法规和矿业权审批监管制度机制；积极支持煤矿、非煤矿山绿色转型升级和化解落后产能工作；深入推进联勘联审的矿业权设置审查机制，完善矿山生态环境综合评估机制，建立健全共同责任机制，加强矿产资源勘查开发监管和服务工作，促进保护与开发的有机统一，切实做好矿业权出让和矿产资源储量评审备案工作；将降低能耗、废弃物减排、植被恢复作为矿产生产全过程管理的重要内容，鼓励矿产企业延长产业链，加大矿产的精深化加工水平，提升云南矿产的附加值。

加大水资源保护，强化污水收集处理，提升水资源开发利用水平。巩固河长制和湖长制，并真正保证保护在基层一线的落地，实现对河湖库渠全覆盖和有效治理；严格用水总量控制，强化水资源开发利用控制红线管理，加强水资源消耗总量和强度双控工作，从源头上严格控制各流域和区域取水用水总量；进一步加强用水效率控制，实现水资源的有效配置、集约、节约和保护；加强水资源调度管理，推动重点工程建设，发挥工程调蓄补水和统一调度管理，有效缓解云南水资源时空分布不均和工程性缺水问题，保证重点城市饮水安全以及重点流域水环境；狠抓水功能区限制纳污，加大水污染治理力度，加强农业面源污染控制，提高城市污水处理率，推进乡村污水收集处理设施建设。

（二）发挥云南省资源优势，促进产业绿色发展

云南省资源丰富，尤其是矿产资源、水电资源、旅游资源、生物资源等资源特色显著，成为云南省经济社会发展的重要基础。但是，资源禀赋的优势却也带来云南省资源依赖性强、产业锁定、产业转型困难、新兴产业发展受到挤压、生态环境压力较大等一系列问题，这是云南省资源产业发展面临的重要问题。为此，推动云南省资源产业转型升级，进一步深挖资源优势，发展新兴产业，对于云南省资源环境保护意义重大。

1. 重视传统优势产业发展，推动其绿色转型

从当前的现实来看，云南省"重工业靠资源、轻工业靠烟草"的发展模式尚未根本扭转。2017年，烟草、冶金、电力、化工、建材等资源型产业实现增加值占规模以上工业增加值的比重达70%以上，工业生产对烟草和电力行业的依赖性依然较大。装备制造、信息制造等新兴产业虽然保持了快速增长，但整体规模小，短期内难以形成对云南工业发展的有效支撑。为此，在短期内，要重视云南省传统优势产业的可持续发展，防范相关产业的"大起大落"影响云南省实现高质量跨越式发展目标的实现。但是，在积极发挥传统产业优势的同时，要按照高质量发展要求，将智能化、绿色化、服务化、高附加值化与之有

新时代云南高质量跨越式发展研究

效融合，提高传统产业的绿色质量和效益，实现产业与生态环境的协同优化。

具体来看，要进一步推动烟草产业转型发展，进一步增强云南烤烟的核心竞争力和全国影响力，加快调整卷烟产品结构，强化品牌培育，推动烟草主业、创新体系、国际市场、非烟产业四大板块协调发展。以高标准推动水电铝材一体化、水电硅材一体化发展为重点的清洁载能产业可持续发展，大力推进有色金属深加工发展，延伸产业链，提升产品附加值，促进有色产业优化升级和绿色发展，促进绿色电能资源有效利用。进一步压缩粗钢产能，全面完成云南省钢铁产业化解过剩产能的目标任务，同时加快钢铁产业转型升级，规范市场行为，实现全行业提质增效和绿色发展。进一步巩固提升以磷肥为主的磷化工在全国的优势地位，加快新型磷化工发展，推动聚丙烯、异辛烷等项目尽快达产达效，严格生态环境标准，促进化工行业加快发展和绿色转型。

2. 利用云南的资源环境优势，打造新优势产业

按照省委省政府要求，以新一轮技术发展为契机，大力发展生物医药和大健康产业、旅游文化产业、信息（数字）产业、物流产业、高原特色现代农业产业、新材料产业、先进装备制造业、食品与消费品制造业八大产业，打好云南省特色"三张牌"。扩大生物制药、新一代信息技术、智能制造、先进装备制造、新材料、食品与消费品制造、水电铝材一体化、水电硅材一体化等重点领域的绿色投资，紧盯国际国内研发最新成果和高端产业链发展趋势，重点引进优势项目，强化精准招商，促成相关产业重点产业环节落地建设，引进和推广利用产业绿色发展技术，形成云南在新兴产业方面的优势地位，有效弥补云南省在产业结构上的不足，提高产业清洁生产水平和绿色能源利用效率，促进产业绿色流程再造，提升绿色效益。

（三）创新要素资源供给，强化云南高质量发展的能力建设

云南自然资源丰富，支撑了云南经济社会的快速发展。但与此同时，云南也陷入了"资源依赖型"的发展模式，烟草、水电、有色金属、旅游等成为支撑云南发展的主导产业。为支撑云南在未来朝着高质量阶段发展，云南需要摆脱"资源依赖型"的发展路径，重塑区域核心能力，创新生产要素供给，支撑云南未来长远的高质量发展。其核心是逐步淡化"资源优势"，强化能力建设，尤其是强化云南省在技术、知识以及承载技术和知识的人才供给等方面的能力建设。

首先，要将人才作为云南省未来实现高质量跨越式发展的根本，实现人才"引得来""用得好""留得住""长得好"。利用云南省在气候环境、政策优惠

方面的优势，将符合云南未来产业发展需求的优秀人才吸引过来，形成在西部地区的有效集聚；创新人才使用机制，"不求所有、但求所用"，促进人才能够参与甚至主导云南经济社会高质量跨越式发展进程，实现云南从资源依赖的发展路径向人才主导的发展路径演化；要为人才营造良好的生活和发展环境，让吸引来的人才留得住，也让本地培养的人才能够留下来；进一步促进人才的培养与发展，加大教育投资，尤其是职业技术投资，通过"干中学""传帮带"培育人才，让留下来的人才能够不断成长，形成云南经济社会可持续发展的长期人力资源来源。其次，加大研发力度，尤其是通过税收政策等方面来引导社会加大研发投入。将企业研发投入纳入税前征缴范围，并对研发投入给予高比例（例如50%）的财政补贴，激发企业研发投入，并让其真正感受到研发对企业发展的促进作用，形成"重视研发、加大研发"的良好氛围。同时，加大生产研发要素供给，尤其是共性技术研发平台、信息技术设施的供给，为云南整体技术水平的提升提供支撑平台。再次，发掘金融潜力，尤其是引导金融业支持和促进实体经济发展，大力发展绿色金融，引导绿色发展。在保证不发生区域性金融风险的基本前提下，增加金融供给，优化供给结构，促进金融业朝着促进实体经济的方向发展，保证资金向产业绿色化发展领域的民营企业和中小微企业优先供给。最后，继续加大对基础设施的投资力度，尤其是在交通、通信、公共服务等方面的投资，千方百计减少因为基础设施落后所导致的"发展不平等"。加快建设以"五网"为重点的基础设施建设。推进一批综合交通枢纽项目建设，以综合交通建设为重点，全面提升全省交通运输服务的质量和效率。在投资区域重点上，一方面要强化对滇中地区基础设施中心的升级与强化，促进云南省核心中心区作为"西南心脏"的带动作用；另一方面要确保贫困地区，尤其是连接国内的滇东北、滇西北地区以及连通国外的滇西、滇西南、滇南地区的投资，为有效地推动对内对外开放创造基本的投资条件。此外，要注重基础设施投资的带动效应，尤其是要创新融资方式、吸引社会资本进入基础设施投资领域，弥补地方政府财政收入的不足问题，并通过基础设施建设吸引外部投资者进入并激活区域内投资环境。

三、促进生态环境保护与价值发挥

"十三五"时期是我国环境治理与生态保护向认知转变、制度保证和行为转变的培育与巩固阶段，在很大程度上影响了下一步能否继续有效推进环境生态保护建设，能够真正实现生态文明目标。良好的生态环境是云南省建设生态文明排头兵的根基，这也是云南发挥区域比较优势的重要来源。为此，云南省需要在"十三五"阶段夯实环境生态质量根基，为高质量跨越式发展创造良好的环境生态条件，也为高质量跨越式发展创造新的增长点和动力。

（一）落实主体功能区建设，实现区域发展有效协同

基于云南省生态环境的现状分析发现，云南省人口、经济与资源环境的空间分布不协调，生态功能退化，环境治理问题突出，空间结构不合理，利用效率低，区域间和城乡间公共服务和生活条件差异显著。为从根本上解决这些问题，需要按照习总书记对云南建设生态文明建设排头兵的要求，推动主体功能区建设，推动科学发展，促进环境生态质量提升，促进全体人民生活环境和生活质量提升，实现云南省经济社会的长期可持续发展。

具体来看，第一，按照《云南省主体功能区规划》，形成以重点开发区域为主体的经济布局和城市化格局，形成以限制类开发区域为主体框架的生态屏障和农业格局，禁止开发区域和基本农田切实得到保护，重点开发区域、部分闲置开发区域和禁止开发区域发挥好各自的主体功能。第二，构建以"三屏两带"为主体的生态安全战略格局，按照国家主体功能区规划包含的云南"黄土高原—川滇生态屏障"以及"桂黔滇喀斯特石漠化防治生态功能区""川滇森林及生物多样性生态功能区"的生态安全战略格局，结合云南实际，构建以重点生态功能区为主体，禁止开发区域为支撑的云南省"三屏两带"① 生态安全战略格局。第三，构建以"一圈一带六群七廊"为主体的城市化战略格局，加快推进以滇中城市经济圈一体化建设为核心，以沿边对外开放经济带的口岸和重点城镇作为对外开放的新窗口，以滇中、滇西、滇西南、滇西北、滇东北、滇东南六大城市群建设为重点，以昆明至瑞丽辐射缅甸皎漂、昆明至腾冲辐射缅甸密支那、昆明至磨憨辐射泰国曼谷、昆明至河口辐射越南河内等连接南亚东南亚四条对外开放经济走廊和昆明—昭通—成渝和长三角、昆明—文山—北部湾和珠三角、昆明—丽江—迪庆—滇川藏大香格里拉三条对内开放经济走廊为纽带，将"一圈一带六群七廊"区域打造成为集聚全省人口、经济和加快工业化、城镇化进程的核心区域。第四，构建"六大区域板块"的高原特色农业战略格局，充分发挥各地的资源优势，结合地形地貌特点，以农产品主产区为

---

① "三屏"：青藏高原南缘滇西北高山峡谷生态屏障、哀牢山—无量山山地生态屏障、南部边境热带森林生态屏障；"两带"：金沙江、澜沧江、红河干热河谷地带，东南部喀斯特地带。

主体，其他功能区为重要组成，发展各具特色的农庄经济，构建滇中、滇东北、滇东南、滇西、滇西北、滇西南六大区域板块高原特色农业战略格局。第五，构建面向南亚东南亚辐射中心的开放战略格局，以通道建设、合作平台、产业基地、开放区建设为突破口，以滇中城市群为腹地扩大沿边口岸开放规模和开放程度，发挥沿边开放经济带的窗口作用，强化对内开放经济走廊的纽带、桥梁作用，加强与环渤海湾、长三角、珠三角国家优化开发区域，以及长江中游、中原、关中、成渝、北部湾国家重点开发区域的区域合作，加快推进面向南亚东南亚开放，实现内外区域合作共赢发展，提升云南在全国开放格局中的战略地位。

（二）利用生态环境优势，实现新时代经济发展"换道超车"

从经济发展的历史规律来看，后发地区追赶先发地区往往需要辅之以外部冲击打破现有的不均衡进而带来的机会。云南省自改革开放 40 年来，依托本地的资源优势，基本上能够保持与全国同步的增长速度，但总体来看却落后于全国水平，尤其是经济总量与东部省份的差距不断拉大。为实现高质量的跨越，云南省需要探寻新的增长机会，新一轮工业革命的技术冲击和高质量发展的要求为云南新时代"换道超车"提供了新的机会。进入新时代后，以习近平总书记为核心的党中央明确提出高质量发展的要求，这既是对中国经济发展模式的整体要求，也是构筑中国新时代新发展的总体战略目标。高质量发展要求经济社会发展摆脱主要依靠资源投入和复制的增长逻辑，朝着质量第一和效率优先的基本逻辑转变，以质量变革、效率变革和动力变革支撑经济社会的发展。云南作为后发地区，发展基数较小，在高质量发展要求下的包袱较小，且产业结构表现出初级品生产和初加工占比高，复杂性深度加工产品的生产制造产值及占比极低，一方面面临较小的供给侧结构性改革压力，另一方面也为新产业的发展创造了良好的市场空间，云南省高质量跨越式发展潜力巨大。

进入 21 世纪第二个十年，新一轮技术革命表现出加速发展的态势，这为云南在新兴产业增量增长，实现跨越式"换道赶超"提供了历史机遇。新一轮技术革命改变了经济社会的基本运行逻辑，第二次工业革命以规模经济为主导的大生产模式受到极大的动摇，社会生产朝着平台化、网络化、价值化、信息化等方向发展，知识以及作为知识载体的人力资本的价值和重要性得到前所未有的重视。为此，拥有和提供能够保证良好人居环境对于提升区域竞争力极为重要。云南独特的地理位置和资源环境特征，使云南生态存量富足，云南在自然环境、生态食材、生态药材、人居环境等方面有显著优势，这些为云南省吸引人才、留住人才提供了天然的优势。云南要打造好"美丽云南""生态云南""绿色云南""康养云南"等品牌，吸引优秀人才来滇研发、来滇创业、来滇工作、来滇休闲，将云南打造成为新技术革命的重要人才、技术和产业集聚区。与此同时，基于云南的资源禀赋优势，云南省电能极为充裕，尤其是清洁水电资源丰富，可为经济社会发展提供持续不断且绿色的能源保障。能源供给方式多元化，储能条件便利，可较好地满足当前不断多样化、分布式、高峰值的能源需求，这使云南省可以通过能源的优势补足相关领域的劣势，有利于增强以综合能源服务为核心的能源支柱产业。此外，要进一步强化生态价值的挖掘，真正实现生态经济化和经济生态化的基本目标。积极推动生态产业发展，加大碳汇价值管理，积极参与全球和区域碳汇交易市场，发掘生态价值的经济优势。

（三）发挥政府主导作用，强化绿色发展的制度保障

发挥制度优势，以规划为导向，统领高质量环境生态发展新格局。在中国特色社会主义市场经济体制下，国家发展规划作为经济社会发展的中长期导航手段发挥着重要作用。生态环境涉及的时间跨度大、面临的利益矛盾复杂，需要充分发挥国家规划的优势，统筹经济发展与资源环境保护的关系，协调中央与地方之间、区域间、部门间的关系，从全局和长远视野部署环境生态发展目标、步骤和政策。高质量环境生态需求对国家发展规划提出了新的要求：第一，在确定社会经济发展目标时，科学评估人力资本、物质资本和自然资源资本的潜力，维护自然资源资本的可持续性，严格守住自然和生态的红线。第二，在基础设施建设、重大工程项目建设安排上，要打破利益集团的束缚，遵从绿色发展的标准和要求，避免"锁定效应"。能源、交通、水利、建筑等基础设施的投资大、使用周期长，如果没有积极引导，容易被传统技术"锁定"并造成长期的自然资源损耗和环境影响。要通过规划引导，给中长期绿色投资者提供稳定和明确的战略政策信号，推动基础设施绿色化转型。第三，规划实施要有强有力的保障措施。强化资源环境指标的硬约束性，规划的实施还需要跟环境生态发展政绩考核机制的建立相结合，用生态文明建设和绿色发展的综合标准考核各级政府政绩。积极争取云南省建设国家生态文明试验区，并牵头编制实施方案，落实《生态文明建设目标评价考核实施办法》《生态文明建设考核目标体系》《绿色发展指标体系》等，充分发挥考核评价"指挥棒"的作用。强化节能降碳目标责任落实，落实"十三五"节能减排综合工作方案，加快推进污水垃圾处理设施建设，将能耗"双控"管理考核结果纳入省委组织部

对州（市）领导班子和领导干部年度考核成绩，倒逼推动产业转型升级。同时也要看到，在市场经济条件下，环境生态发展仅靠政府的力量是远远不够的，需要全社会的积极参与。要通过绿色发展的宣传教育，保障公民的环境权利，敦促公民履行环保责任，培育环境生态发展文化。充分发挥公众参与在环境生态发展中的独特作用，形成政府和公众力量的全方位合力，真正落实环境生态发展规划。

与此同时，以治理制度为依托，构筑环境生态发展的保障条件。第一，逐步构建资源和环境产权制度，建立规范的生态环境权益交易市场。清晰界定产权主体，保障国有自然资源产权主体的权益，产权转让机制以行政手段为主向经济手段为主转变，建立健全节能量、排污权、碳排放权的交易制度和平台，促进资源环境产权交易的公平性，降低交易成本，提高自然资源资本的使用效率。推进绿色发展试点示范建设。深化园区循环化改造，进一步推进国家低碳城市（镇）试点，国家循环经济示范城市（县），国家综合利用"双百工程"示范基地和骨干企业，国家餐厨废弃物资源化利用和无害化处理试点等相关试点项目，为各地、各行业推动生态环境保护提供经验。第二，要理顺资源环境价格，建立环境生态保护利用的价格机制。针对要素价格扭曲的问题，出路不在于完全市场化，因为资源和环境要素没有任何自发形成的市场和价格机制，需要把市场和调控有效结合起来。通过大力推进资源型产品价格改革、资源税改革和环保收费改革，逐步建立起反映市场供求管理、资源稀缺性、环境损害成本的要素和资源价格形成机制。要按照污染者付费、保护者节约者受益的原则，对污染物处理、用水用电的价格进行调整，促进环境成本内部化，激励资源节约。抓好《云南省耕地草原河湖休养生息实施方案（2016—2030年）》实施，推进农业面源污染综合治理试点、整县推进畜禽粪污资源化利用和大型养殖场沼气池项目建设，扎实推进岩溶地区石漠化综合治理工程、新一轮退耕还林还草工程和陡坡地生态治理工程，推动垃圾分类的有效落地。落实云南省国家重点生态功能区产业准入负面清单，严守生态保护红线。第三，加大财政金融手段对绿色化的支持。采取对绿色产品鼓励性政策和非绿色产品约束性政策的双向绿色财税引导政策，开发绿色债券、绿色基金等绿色金融产品，形成明确的政策信号，吸引民间资本投入，拓宽融资渠道，引导绿色经济发展。第四，健全支持绿色发展的管理和法律体系。要着力提升生态环境保护的综合治理能力，增强云南省级层面对资源环境保护的统筹协调，形成权责利统一的环境生态发展政策和监管体系。同时，增强资源环境保护相关法律的监督执法力度，做到有法必依、执法必严、违法必究。

（四）关注重点产业节能减排和清洁生产，加快绿色产业发展

重点产业的节能减排是实现环境生态高质量发展的重要抓手，高质量发展需要在产业和能源体系上打好坚实的基础。第一，培育和打造节能低碳的产业体系。随着经济进入高质量发展阶段，技术创新和收入水平提高，将引领产业结构变化进入新一轮活跃期。以多元化的制造业、丰富的服务业为特征的现代产业体系将逐步呈现。在产业体系演变的关口，要把资源节约和环境友好作为重要标准纳入现代产业新体系中。一方面，大力发展新兴绿色产业，提升生态建设和环境保护产业的总体水平，加大对绿色能源、智能制造、高端装备、信息通信、生态农业等绿色产业的支持。另一方面，要用绿色技术改造传统产业，在传统煤电、钢铁、冶金等部门引入节能环保新技术，淘汰落后产能。要重视生产全过程的循环化、清洁化，降低制造业的能耗和排放水平。同时，还要从全球产业分工的角度，通过改善人力资本、技术等要素，提升产业在全球价值链分工中的地位，促进产业链由制造加工环节向研发、品牌、营销等上下游拓展，在"微笑曲线"两端的高附加值环节中占有更高的份额。第二，优化能源生产和消费结构，提高能源利用效率。在能源革命的背景下，要从供给和需求两侧同时发力，针对云南省能源资源禀赋的特点，持续推进电能对煤炭、油气的替代，加快能源体系转型的步伐。进一步发掘水电潜力，在保证本区域能源供给的基础上，继续加大"西电东送""云电外送"力度，提升能源国际国内合作水平；推进水电储能技术发展，平抑丰水期和枯水期的电能结构性矛盾。促进煤炭能源的减量化和清洁、高效利用，控制并减少煤炭在工业和居民消费终端的直接使用，引导煤电企业提质增效、节能减排，严格大气污染物排放标准管控，倒逼用煤企业改进工艺和技术，减少煤炭消耗和污染，推进"煤改电""煤改气"。充分利用风能、太阳能、生物质等可再生能源资源，持续巩固可再生能源在云南能源结构中的主导地位。整体而言，云南省以水电为主的传统清洁能源资源丰富，风能、太阳能等新兴可再生能源占一次能源消费的比重仍然偏低，在发展过程中也暴露出"弃风""弃光"等种种问题；以天然气为主的清洁能源利用水平较低。因此要进一步完善相关法律和政策，深化电力体制改革，激发清洁能源开发利用的积极性，提高电网上网支持和市场对清洁能源的消纳能力，消除绿色能源产业发展面临的各种障碍。第三，加强对重点区域和重点企业的节能降耗监督管理，坚决遏制新增高污染、低效益项目，优化发展清洁载能产业。2017年单位 GDP 能耗 0.67 吨标准煤/万元，同比下降4.92%。"十三五"前两年，单位 GDP 能耗累计下降 10.0%，完成"十三五"

时期目标进度 69.9%，顺利完成能耗强度控制进度目标。要继续按照国家要求，逐步提升能源利用效率，降低污染排放水平，为建设"美丽云南"创造条件。

（五）推动生态功能区碳汇管理，实现生态环境经济功能

云南省森林资源丰富、水电资源丰富、国土广阔，且生态功能区范围较大，需要通过强化约束、政策激励和责任引导，激发碳汇市场需求，增强生态功能区碳汇可持续供给能力，完善生态功能区碳汇交易市场及配套服务，推动碳汇发展体制机制创新。

第一，通过强化约束、政策激励和责任引导，激发碳汇市场需求。一是强化约束。重点进一步强化政策约束，推进碳汇需求强制性和规范化。鼓励排摸减排潜力，形成科学合理的碳排放配额分配方式，在符合国家政策和技术标准的前提下，合理确定云南省参与碳市场的重点排放单位、排放配额分配、核查管理、履约管理、市场监督等方面的自由裁量权，开发有助于实现各州（市）、县区减排目标，促进地方经济发展转型的排放配额分配方法，制定保障完成核查任务的政策措施，制定保障企业履约的奖惩措施，鼓励企业建立碳资产管理制度，节约碳配额，盘活碳配额存量资产，创新碳资产增值途径等，鼓励生态功能区企业积极开展试点示范。二是政策激励。重点完善鼓励企业参与生态功能区碳汇开发和交易的激励政策。对于参与生态功能区碳交易的企业初期可以免征碳交易税和相关的手续费；制定针对参与生态功能区碳交易企业的补贴办法；加大政策性贷款对参与碳交易企业的倾斜力度；在不降低上市准入条件的前提下，在相同申请条件下给予碳交易企业上市的优先权。三是责任引导。重点将志愿行为和强制行为有机结合，强化企业环境责任和"环境伦理"，通过企业责任和社会形象建设引导企业参与碳汇项目建设。给予碳交易企业参评荣誉称号、评优资格的优先权；充分利用官方举办的研讨会、展销会、洽谈会等多种方式，以优惠条件为积极从事碳汇开发和交易的企业创造推介机会。

第二，增强生态功能区碳汇可持续供给能力。一是"增汇减源"。重点核查生态功能区碳源量与碳汇量的现状、变化与潜力情况，继续推进生态功能区草场资源保护、退耕还林还草、防护林体系建设等重点工程，积极扩大森林、草场、湿地等面积，增加林草蓄积，增强生态功能区碳汇生产能力。同时积极推进经济绿色转型，采取促进产业结构调整、提高清洁能源消费占比、推广节能减排技术、淘汰落后产能等措施，降低生态功能区各排放源的排放量，打造近零碳排放区。二是推动碳汇科技和方法学应用。重点支持生态功能区提高对

碳汇项目储备与开发的认识，提高碳汇技术自主创新和集成创新能力，依靠科技提升生态资源的固碳功能，利用适用的方法学储备和开发碳汇项目，并积极开发符合生态功能区特色的方法学，保障生态功能区碳汇质量。三是通过绿色金融促进社会资本投入。重点鼓励金融机构开展业务创新，发展绿色信贷，为社会资本开展碳汇项目和碳汇交易提供融资服务。发展绿色保险，建立碳汇市场风险保障机制，为社会资本合理分配和规避长期的碳交易过程中各种不确定风险。发展绿色碳基金，由政府牵头与金融机构、私人投资者合作成立碳基金，拓宽碳汇投资渠道，扶持碳汇开发、碳汇标准制定、碳汇测量、监测、信用发布、碳汇宣传和推广项目等行业领域发展。

第三，完善生态功能区碳汇交易市场及配套服务。一是积极对接全国碳汇市场，与现有碳交易所联合加强区域碳交易所建设，建立生态功能区碳交易信息平台，及时跟踪和发布碳交易所形成的碳现货、期货的交易量、交易价格等关键信息，推动生态功能区内碳汇"走出去"和区外需求"引进来"，并参与和影响碳汇价格机制形成，提升生态功能区碳汇价格话语权。二是积极研制和开发碳汇产品，在碳配额、碳信用等现货交易的基础上，结合生态功能区生态资源特色推动碳汇产品创新，开发碳汇期货、期权、远期、互换等碳汇衍生品。三是积极引入和培育交易中介服务机构，以碳汇开发和交易过程中的碳项目投资、碳数据盘查与审核、碳信息化服务与管理、碳项目咨询、碳市场法律服务、碳管理培训等为重点，加快培育专业化、多元化、本土化碳交易服务机构。四是加强碳汇教育培训。围绕碳汇有关的专业知识如碳汇营林、遥感技术、碳计量等；与碳咨询有关的专业知识如经济管理、统计学、供应链管理等；与碳资产管理信息化有关的专业知识如物联网、工业信息化、数据监测、智能化分析等；与碳金融有关的金融学专业知识如碳期货、碳融资、碳债券、碳保险等领域，针对各级管理部门、企业、林农等，开展专业培训和系统教育，使其深入了解碳汇相关的理论和方法。

第四，推动碳汇发展体制机制创新。促进生态功能区碳汇发展，需要推动体制机制创新，以产权安排和合作机制为核心，加快推行生态产品市场化改革，形成更多体现生态产品价值、运用经济杠杆开展生态保护的制度体系。重点完善产权分置机制，针对生态功能区的林木、草场等生态资源，完善集体所有权、承包权、经营权分置运行机制，落实集体所有权，稳定承包权，放活经营权，重点拓展和完善经营权能责，促进经营权在更大范围内的优化配置，保障基于经营权所产生的碳汇归项目收益实施方所有，鼓励和引导社会资本采取转包、出租、入股等方式流转经营权，通过产权明晰和规范流转，保障参与碳汇开发的经营者的合法权益。同时，创新合作机制。坚持发挥市场在资源配置中的决定性作用和更好发挥政府作用，在碳汇发展中建立健全共同经营、共享收益的多形式利益合作机制，运用政府和社会资本合作（PPP）模式共同推动碳汇基础设施建设和项目开发，通过构建生态功能区现代特色产业体系、生产体系和经营体系，推动一二三产业融合发展，引导各类生产经营主体开展联合、合作经营，充分调动社会资本参与生态功能区碳汇发展的积极性。

（六）加快生态补偿机制建设

依托云南生态环境优势实现高质量发展的内在要求，其根本方式在于要实现经济生态化和生态经济化，走生态文明发展道路。贫穷不是生态，云南的民众需要富裕；发展不能破坏，云南的发展要保护好生态。一方面，要保护生态和修复环境，经济增长不能再以自然资源大量消耗和环境毁坏为代价，要切实引导生态驱动型、生态友好型产业的发展，即经济的生态化；另一方面，要把优质的生态环境转化成居民的货币收入，根据资源的稀缺性赋予其合理的市场价格，尊重和体现环境的生态价值，进行有价有偿的交易和使用，即生态的经济化。

云南作为南亚东南亚国家和我国东部和南部发达省区的"水塔"、国内外水源涵养区和我国西南生态安全屏障，其特殊的区位优势决定了云南需要重视生态补偿机制建设，以国际和国内合作完善生态补偿机制，形成对云南环境生态的有效支撑。一是建立省际联动机制，共同做好"长江经济带"生态环境保护。加快推进《云南省长江经济带发展实施规划》、《云南省长江经济带森林和自然生态保护与恢复规划》、《云南省长江经济带市场准入负面清单》（河段、岸线、区域、产业部分），形成与下游各省份地区生态补偿的良好合作机制。突出问题导向，扎实推进金沙江沿岸生态环境保护，重点开展化工污染整治专项行动，清理金沙江沿岸化工污染问题。紧盯金沙江水系的水质目标，提高沿金沙江流域环境质量，打造长江上游生态安全屏障，实现金沙江沿岸污水生活垃圾处理全覆盖，加大对长江经济带各工业园区整改督导力度。加强沿江两岸生物多样性保护，出台《关于加强滇西北生物多样性保护的若干意见》。二是主动融入"一带一路"倡议建设，与缅甸掸邦省、老挝南塔省和琅勃拉邦省建立跨境环保合作交流机制，协调推进世行贷款项目、国际环境公约履约云南示范项目的实施，积极推进大湄公河次区域、沪滇、川滇、泛珠三角区域及与台湾地区的环保合作。

（七）注重人居环境改善，真正实现环境生态服务于民众高质量生活

按照国家关于 2018 年起实施农村人居环境整治三年行动的相关工作要求，结合建设七彩云南、宜居胜境、美丽家园的实际需要，在云南省提升城乡人居环境行动"一计划三方案"的基础上，尽快出台制定农村人居环境整治行动实施方案，以农村生活垃圾污水治理、厕所革命、村庄规划、村容村貌提升等工作为重点，进一步明确目标任务，强化保障措施，确保农村人居环境得到明显改善。各地各部门一定要高度重视，强化"一把手"意识，严格按照国家和省级相关要求，结合新实施方案和原"一计划三方案"，不折不扣地抓好各项工作落实，为云南民众高质量生活提供生态环境保障。

附录 9-1

云南省打造以水电为主的千亿级绿色能源产业

积极推动能源作为云南省发展的新动能，积极推进建设国家重要水电基地、石油炼化基地及国际能源枢纽，明确到 2020 年使能源产业成为云南省第一大支柱产业。电源电网建设有序推进，全省电网建设完成投资 156.88 亿元；油气管道建设取得重要进展，全省成品油管道总长度达 2179 公里，建成投产天然气干支线管道 1511 公里；云南炼油项目已完成加工原油 400 万吨、生产原油 259 万吨；西电东送电量 1383.72 亿千瓦时，同比增长 7.8%，超协议增送 276.6 亿千瓦时。2019 年，云南省能源增加值继续增长，达到 1300 亿元，能源产业成为云南第一大支柱产业，并连续三年成为全省经济增长第一拉动力。同时，利用云南省的水电优势，打造千亿级绿色低碳水电铝材一体化基地。

近年来，聚焦绿色能源、绿色食品、健康生活目的地"三张牌"的打造，云南省加强统筹协调，强化联动配合，大力实施重点产业精准招商，在引资总量持续稳定增长的基础上，全力推进招商引资由高速度增长向高质量发展转变，为推动全省经济社会高质量跨越式发展做出了新的贡献。但从当前的招商情况来看，存在投资后劲不足、精准招商不够，尤其是招商后的服

务与管理不足，且对于省内企业潜力挖掘力度不够等问题，这些问题在一定程度上制约了未来通过进一步增加社会投资促进经济社会发展。为此，需要进一步优化招商服务与管理，将领导推动细化为部门负责人和人员的内化行动，将关注点从引资转向项目落地过程中的服务上来，将注重前期招商转移到注重过程服务与管理，做好进入企业的投资服务工作，让资金进来后"落得下"，将大项目做成"精项目"，让资金真正"用得好""用得见效""用得长远"，形成良好的招商口碑，形成示范效应吸引更多外来投资者主动选择和自主进入，并在此过程中发挥外来投资者的先发优势，对云南当地经济社会发展的示范、拉动和辐射效应。招商引资过程中，要充分考虑云南省以及各州（市）的环境规划、产业规划、区域规划等，针对当地经济社会发展的短板和长远需求，选择具有"优势""补缺"或者"引领"效应的投资项目，为地方经济社会发展注入长远发展的动力。此外，要关注省内企业的发展，在给予外来投资者优惠政策的同时，避免对本地企业形成的不公平竞争，损害本地经济社会发展的"根基"，同时，加大力度支持本地企业公开上市，为本地企业利用资本市场做强做大提供强有力的资本支持。

第十章

构建以人民为中心的
高质量民生保障

本章精要

- 民生问题是人民群众最关心、最直接、最现实的利益问题。当前我国经济已经由高速增长阶段转向高质量发展阶段，构建高质量民生保障则是高质量发展的重点之一。

- 高质量民生保障要坚持以人民为中心，坚持在发展中保障和改善民生，以满足社会需求，保障社会稳定，实现社会和谐。

- 云南省构建以人民为中心的高质量民生保障，要坚定不移落实习总书记、党中央、国务院提出的关于民生改革的一系列新要求，围绕高质量民生保障内涵，立足云南省实际，按照"重精准、补短板、促攻坚"和"尽力而为、量力而行"的思路，直面民生现状与问题，重点推进教育、医疗卫生、就业与收入分配、居住、社会保障、民族团结示范区等方面的改革。

- 云南省要补齐教育短板，提高教育质量和水平，实现幼有所育，学有所教；提高医疗卫生水平，实现病有所医；促进就业，完善收入分配，缩小收入差距，实现劳有所得；改善居住条件，保障人民安居乐业，实现住有所居；加强社会保障体系，实现老有所养、弱有所扶；加大民族团结示范区建设，解决独特民族问题。据此构建出以人民为中心的高质量民生保障体系。

  保障和改善民生是社会主义建设的重要内容，是推进社会公平正义、促进社会和谐、贯彻落实科学发展观的重要基础。随着我国经济逐渐转向高质量发展阶段，人们对高质量的生活越发追求，对民生保障也就有了更多期望，因此构建高质量民生保障迫在眉睫。

一、高质量民生保障的基本思路

（一）高质量民生保障的基本内涵

党的十九大报告指出，我国经济已经由高速增长阶段转向高质量发展阶段。2018 年国务院政府工作报告指出："按照高质量发展的要求，统筹推进'五位一体'总体布局和协调推进'四个全面'战略布局，坚持以供给侧结构性改革为主线，统筹推进稳增长、促改革、调结构、惠民生、防风险各项工作。"实现经济高质量发展，民生是落脚点。坚持惠民生，不断提高民生质量，坚持以人民为中心，构建高质量民生保障，满足人民对美好生活的向往是实现高质量发展的基础和原动力。习近平总书记在党的十九大报告中明确指出，"保障和改善民生要抓住人民最关心最直接最现实的利益问题"。还强调使人民得到"更好的教育、更稳定的工作、更满意的收入、更可靠的社会保障、更高水平的医疗卫生服务、更舒适的居住条件、更优美的环境"。

结合习总书记、党中央、国务院相关政策、方针、意见，高质量民生保障的内涵主要囊括以下几点：第一，高质量民生保障要坚持以人民为中心，始终把人民的根本利益作为各项工作的出发点和落脚点，维护好、发展好、实现好人民最关心、最直接、最现实的利益，满足人民对美好生活的向往。第二，高质量民生保障要坚持在发展中保障和改善民生。大力发展生产力，在发展中补齐民生短板、促进社会公平正义，解决就业、教育、医疗、养老、居住等方面的难题，实现幼有所育、学有所教、劳有所得、病有所医、老有所养、住有所居、弱有所扶。坚持扶贫减贫，加快多民族地区、贫困地区发展步伐，缩小收入差距，实现共同富裕。第三，高质量民生保障旨在满足社会需求，保证社会稳定，实现社会和谐，进而带动经济的持续健康发展。

（二）构建以人民为中心的高质量民生保障的现状与问题

要构建以人民为中心的高质量民生保障，首先要明确现状，抓准问题，找到云南省在教育、医疗卫生、就业与收入分配、住房、社会保障体系以及作为多民族集聚地等方面存在的民生短板问题。

1. 教育事业短板明显

云南省教育事业取得了一定的成效。教育体系逐步完善，教育经费投入逐年增加，教育水平与质量不断提高。截至 2018 年底，全省教育经费总投入 1459 亿元，增幅为 9.4%，其中，国家财政性教育经费 1274 亿元，增幅达 10.5%，占 GDP 比例为 7.12%，居全国第八位；云南省公共预算教育经费占公共财政支出比例为 17.6%，居全国第九位，两项均居全国上游水平。目前世界平均水平为 7% 左右，其中发达国家达到 9% 左右，云南教育经费投入方面已经超过世界平均水平，但与发达国家水平尚有差距。但从整体来看，云南省的教育事业仍然存在一些不容忽视的问题。

第一，教育观念与教育质量水平相对落后。云南省地处西南边陲，省内一些偏远、边疆、贫困地区人们思想封闭，文化水平低，教育观念落后，意识不到教育的重要性。加上受自然条件、居住环境、交通设施的影响，存在不同程度的失学辍学现象。尤其初中学生失学辍学、流动和留守儿童失学辍学问题较为突出，导致云南省教育质量整体水平相对落后。2018 年，云南省 16 州（市）的一般公共预算教育经费均实现同比增长。经济体量最大的昆明是教育经费投入最多的，曲靖和昭通紧随其后，三地公共预算教育经费均超过 100 亿元，分别为 130 亿元、124 亿元、116 亿元。而 GDP 总量最小的迪庆和怒江公共教育经费均不到 20 亿元，分别居全省倒数第一和倒数第二。从各州（市）对教育的重视程度看，曲靖、昭通、文山是全省最重视教育的，三地一般公共预算教育经费支出占比均超过 25%，其中曲靖以占比 25.9% 问鼎第一，昭通仅以 0.7% 的微弱差距次之，排名第三的文山占比达到 23.3%。全省范围内，包括昆明在内共有七个州（市）的教育经费占比没能达到 17.6% 的全省平均水平，其中经济相对落后的怒江和迪庆不足 14%，同样居于云南省倒数前二。

第二，各级教育发展滞后。生均一般公共预算教育事业费分为幼儿园、普通小学、普通初中、普通高中、中等职业学校、普通高等学校六个级别。云南省各级生均教育事业费基本居于全国第 20 位左右，略高于人均 GDP 排名。滇西地区虽然经济欠发达，但人口也少，其各级生均教育事业费都处于云南省前列。尤其是迪庆、怒江，云南省率先在这两地实施从学前教育到高中阶段的 14 年免费教育，并由省级财政全额负担，因此两地各级生均教育事业费几乎都居于全省前二。

云南省普通小学生均事业费支出为 11479 元。其中，人口最少的迪庆和怒江生均教育事业费分别达到 26244 元、14718 元，居全省第一、第二；人口总量排名前五位的昆明、曲靖、昭通、红河和文山生均教育事业费最低，均不足 11000 元。

全省普通初中生均事业费支出为 13782 元。其中，迪庆以 25941 元居全省首位；怒江次之，生均事业费达 16575 元；曲靖、昭通以 12220 元、11862 元居全省末位。

云南省普通高中生均事业费支出情况也与上述两级情况类似。全省该项支出费用达 13331 元，省内仍以迪庆和怒江为首，分别达到 28048 元、17212 元，最低的仍为昭通，仅为 10777 元。

究其原因，一方面，云南省的基础教育滞后。从云南省整体来看。学前教育发展不足，尤其是广大偏远、贫困地区，往往忽视学前教育，很多偏远山村多年没有幼儿园，农村幼儿"入园难、无园入"。高中教育也相对滞后。2011～2017 年云南省高中阶段毛入学率最高仅达到 82.6%，低于全国平均水平（根据中商研究院的调研，2017 年我国高中阶段毛入学率为 88.3%）。可以看出，目前云南省高中阶段毛入学率低于全国平均水平，还需要进一步提高。从云南省内某些地区的局部来看，学前与高中教育也相对滞后。以红河州弥勒市为例，弥勒市在教育方面的短板主要是学前和高中教育的普及攻坚，按照国家规定的一村一幼，现在有 27 个村委会没有幼儿园，4 个乡镇的中心幼儿园还在新建。高中教育的普及攻坚方面，要求高中教育阶段毛入学率达到 80% 以上，但初中毕业后部分学生外出打工，不再继续接受高等教育，高中毛入学率较低。另一方面，云南省高等教育水平相对落后。高校数量方面，据统计，截至 2017 年 5 月 31 日，全国高等学校共计 2914 所。2017 年云南省高校数仅为 77 所。同年，江苏省则拥有高等学校 167 所，是云南省的 2.17 倍。而北京市拥有高等学府 92 所，武汉市拥有普通高校 88 所，都超过云南省。高校在校人数方面，2017 年云南省高等学校在校学生为 70.59 万人。同年，仅武汉市就拥有在校大学生和研究生总人数近 120 万，是云南省的 1.7 倍。高等教育毛入学率方面，据统计，2011～2017 年云南省高等教育毛入学率逐年上涨，2017 年最高达到 37.7%，教育部发布的《2017 年全国教育事业发展统计公报》显示，全国各类高等教育在学总规模达到 3779 万人，高等教育毛入学率达到 45.7%，云南省低于全国 8 个百分点。由此可以看出，云南省的高等教育入学率未达到全国平均水平，相对较低。

第三，教育事业人才队伍不足，教育资源分布不均。一是云南省各级教育人才队伍匮乏，师资力量不足。据统计，2011～2017 年云南省小学以及幼儿园的师生比不断下降（见表 10-1），小学由 18.6% 下降到 16.5%，幼儿园由 33.2% 降为 23.7%，说明师资力量不足、配备失衡，教师数量的增加赶不上学生数量的增加，教师负担过重。为满足教学需要，学校往往组织大班授课，导致教师负担过重，教学效果大受影响，教育质量呈下降的趋势，不利于整体教育水平的提高。二是云南省内教育资源分布不均，发展不平衡。随着信息技术的发展，教学方式发生改变，电脑、投影仪等多媒体设备开始广泛地应用在课堂上。但这些先进教学设施更多地分布在相对发达地区，在一些偏远、贫困山区依旧采用的是板书这一传统的教学方式。即便是有部分边缘山区学校获得了省外的对口援助的电脑设备等器材，也是老旧产品，且缺乏维护管养人员。

表 10-1　2010~2017 年小学与幼儿园教师数以及学校师生比

年份	小学师生比（%）	小学专任教师数（万人）	幼儿园师生比（%）	幼儿园专任教师数（万人）
2011	18.6	23.48	33.2	3.27
2012	18.0	23.37	31.5	3.56
2013	17.0	23.02	29.7	4.01
2014	16.9	22.59	27.9	4.47
2015	16.8	22.48	26.4	4.90
2016	16.6	22.70	24.5	5.37
2017	16.5	22.73	23.7	5.89

资料来源：《云南统计年鉴》（2018）。

第四，某些教育改革政策弊端显现，不利于云南省教育事业的发展。云南省独特的地理因素导致许多偏远地区往往村落分散，村与村相隔甚远，各村落家庭户数稀少，存在许多"一人一校"现象。为了减少教育成本，出台了相关改革政策，人为拆并校点，减少了许多学校。这些政策的初衷是为了降低教育成本，但由于云南省的地理、交通、村落分布等问题，并校以后产生了许多问题。有些地区离学校路途遥远，为了接送孩子人为地增加了父母的经济成本、时间成本，甚至由于上学难，产生辍学现象，而控辍保学又是九年义务教育和脱贫攻坚的重点任务。因此，类似的教育改革只是减少了教育机构的成本，却增加了云南省整个社会的社会成本。

2. 医疗卫生水平发展不足

云南省在健全医疗卫生服务体系、推进医疗卫生改革、满足人民群众的健康需求等方面取得重大进展，全省居民健康水平不断提高。2018 年，根据省疾控中心测算，云南省居民人均期望寿命已达 74.7 岁，与中华人民共和国成立之前的不足 32 岁相比，发生了翻天覆地的变化；孕产妇死亡率由 1950 年的 1500/10 万下降到 2018 年的 17.90/10 万，婴儿死亡率由 1950 年的 319.9‰下降到 2018 年的 5.78‰；作为衡量一个国家或地区居民健康水平三大指标的改善，反映出云南医疗卫生事业发展取得巨大进步。

云南省医疗卫生服务体系不断健全。全省各类医疗卫生机构由中华人民共和国成立之初的 91 所，病床 615 张，专业卫生人员 991 人，增长到 2018 年底的 24958 所，床位 291194 张，专业卫生技术人员 301966 名，全省总诊疗人次达到 25832.825 万人次。社会办医从凤毛麟角的个体行医，到现在的社会资本办医、中外合资合作医疗机构、香港独资医疗机构，多形式、多渠道、多样化的医疗服务提供模式。此外，截至 2018 年底，全省已建有 109 所县级中医医院；疾控机构 176 个，各级疾控人员 9503 人，并建有 3 支国家卫生应急队伍；设有 1 个省级急救中心，15 个州（市）级急救中心，110 所县级医院急救站；1 家血液中心、15 个州（市）中心血站，115 个县级储血点；全省急救车年平均出诊次数达 35 万余次。

2018 年，全省 129 个县（市、区）均通过了国家消除疟疾考核评估。血吸虫病也正在接近全面阻断或消除目标。2018 年麻风病患病率与 1968 年相比，下降了 98.78%，有望 2020 年全省实现全面消除。2018 年，云南省甲乙类传染病发病率 198.0591/10 万，已经连续 13 年保持低于全国平均水平。

虽然取得了上述成绩，但是云南省医疗卫生发展方面仍然存在着严重的挑战。

第一，医疗卫生公共服务资源配置不平衡，均等化水平有待提高。从省内来看，昆明医疗建设相对完善，但与我国其他地区相比，仍然不够优秀。云南省内其余各州（市）医疗建设更是不够。如红河州卫生事业起步晚，虽然随着医疗卫生改革的推进，状况有所改善，但是与建设高质量民生保障的要求之间仍旧存在很大的差距。城乡之间差距更是明显，优质卫生技术人员和医疗设备主要集中在城市，基层农村、偏远山区的基础设施条件还没有得到根本性改善，农村医疗卫生供给不足、需求难以满足。

第二，医疗卫生体制改革需进一步深化。近年来，云南省已经逐步开展了医疗卫生改革，取得了一定的进展。具体为：医疗机构数量大幅增加；分级诊疗服务体系已基本建成；公立医院拓展改革不断深化；覆盖城乡的全民医保体系逐步完善。群众享有了更优质的医疗条件，人民健康水平和人均预期寿命显著提高。但是目前云南省医疗改革的程度还不够，改革事业还需要进一步深化。云南省"十三五"时期深化医药卫生体制改革规划指出，从改革自身看，推进改革的整体性、系统性、协同性仍待加强，人才队伍建设、多元办医、医药科技发展、信息化建设等相关领域改革仍较滞后。除此之外，还存在着云南省内医疗卫生行业监管制度、监管队伍、监管机构、监管体系需要规范、完善；优质医疗资源总量不足且分布不均，不能满足人民群众看病就医需求等问题。

第三，医疗卫生队伍人才短缺。根据《2016 年我国卫生和计划生育事业发展统计公报》，2016 年我国每千人口执业（助理）医师 2.31 人。根据《2017 年我国卫生和计划生育事业发展统计公报》，2017 年我国每千人口执业（助理）医师 2.44 人。根据《云南统计年鉴》（2018），却发现 2016 年云南省每千人口拥有执业（助理）医师为 1.8 人，2017 年为 1.96 人，低于全国平均水平。这说明云南省的医疗人才相对短缺、医护资源紧张、医疗卫生服务供给不足。为满足当地需要，医疗工作人员需要不断增加工作时间与投入，工作压力较大。

3. 就业问题突出，收入分配不合理

云南省整体就业形势严峻，就业压力逐步凸显，收入分配不均，城乡收入差距较大。具体来说，存在的问题主要为：

第一，就业水平与创业水平整体较低。在就业水平上，云南省整体就业率较低，更多人选择在家乡务农，即使外出打工也是从事技术含量很低的体力劳动，收入水平不高。创业水平上，《朗润龙信中国创新创业报告 2017》显示，2016 年云南省创新创业总量指数在 31 个省、自治区和直辖市中排第 19 名，排名靠后，创业水平低。

第二，收入水平低，贫困问题突出，脱贫攻坚任务持续艰巨。云南省的脱贫攻坚取得了一定效果。党的十八大以来，云南省贫困人口减少了 500 多万，仅 2017 年，就有 1500 个贫困村出列。根据国家统计局公布的数据，截至 2018 年末全省贫困发生率降到 5.39%，云南省 11 个"直过民族"和人口较少民族有建档立卡贫困人口 75.17 万人，已实现脱贫 52.73 万人，其中独龙族、德昂族、基诺族实现整族脱贫。从建档立卡贫困人口的减少看，2016 年减少 108 万人，2017 年减少 115 万人，2018 年减少 151 万人，减贫人数逐年增加，减贫速度逐年加快，经过三年的努力，全省有 374 万贫困人口脱贫、15 个贫困县脱贫摘帽，贫困发生率由 2015 年的 14.03% 下降到 5.39%。我们离消除绝对贫困的目标越来越近。从贫困村出列看，2016 年出列 1270 个，2017 年出列 1500 个，2018 年出列 2298 个，确保推进一个成功一个、巩固一个、出列一个，实现整体脱贫。从贫困县摘帽看，2017 年实现 15 个贫困县脱贫摘帽，实现云南省历史上贫困县数量首次减少，2018 年有 33 个贫困县即将摘帽。

按照每人每年 2300 元（2010 年不变价）的农村贫困标准测算，2017 年全省农村贫困人口279万人，比上年减少95万人。昆明市从2017年到2018年脱贫23万人，还有11万人未脱贫，贫困发生率5%。民生方面的改善比较明显，但是整体发展不平衡，贫困地区、贫困人数较多。云南省仍然是全国贫困人口和贫困面最大的省，扶贫是高质量发展的重要短板。

第三，城乡收入差距进一步扩大。据研究，云南省的城乡收入差距数值一直处于全国前列，并且逐年增加（见图10-1）。主要原因可能在于云南省农村居民的收入主要来自务农，但受云南省独特地理环境的影响，其人均可耕种土地面积较少，农业现代化程度较低。加之云南省村落分散，交通基础设施不够完善，独特的农产品出不来，农产品附加值低。

（元）

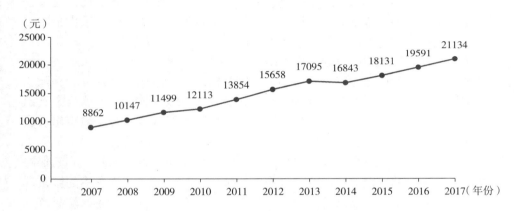

图10-1　2007~2017年云南省城乡居民收入绝对差

资料来源：根据历年《云南省国民经济和社会发展统计公报》绘制。

4. 居住条件亟待改善

第一，房价增长过快，远高于收入。云南省内部分地区房价增长过快。以云南省省会昆明为例，"春城"昆明经济发达、硬件设施配备齐全、气候宜人、适宜居住。近年来，市内房价连续上涨、增长过快，远高于工资的增长速度，大部分工薪阶层面临"买房难"问题。根据易居研究院发布的《80城房价收入比偏离度研究》报告，在前30名中，西南地区入围两座城市，分别是成都和昆明，昆明的房价收入比偏离度为13.3%，房价偏高。

第二，农村与城镇地区存在不同程度住房问题。居住方面，受云南省所处地理位置与环境的影响，自然灾害较多，对住房造成了很大的危害。尤其广大农村地区，民房御灾能力较低，一旦遇到自然灾害，影响极为严重。城镇地区存在大量居住条件恶劣的棚户区，这些棚户区的大部分房屋建成年代早，建筑密度大、布局散乱，抗震设防等级低，房屋破旧，加之道路狭窄、基础设施配套不完善，存在较大的消防及安全隐患，严重制约着城市发展和人民生活质量的提升。自2008年实施棚改以来，截至2017年底，云南省共改造各类棚户区96.55万套。从2013年起，云南省逐步将城镇保障性安居工程建设的重点转向棚户区改造。截至2018年，云南省圆满完成40万户四类重点对象农村危房改造任务。农村危房改造省级绩效评价成绩名列全国第二名。云南省农村危房改造、棚户区改造两项工作被国务院列入"落实有关重大政策措施真抓实干成效明显的地方名单"。

5. 社会保障体系建设不够全面

社会保障体系是满足人民基本生存与生活需要，维护社会稳定，促进公平，推动经济发展的重要保证。社会保险和社会救助是社会保障体系中最重要的部分。当前云南省在社会保障体系方面存在的问题主要有：

第一，社会保障财政资金支出不足。2000年，国务院颁布的《关于完善城镇社会保障体系的试点方案》中指出，要调整财政支出结构，增加社会保障支出，使社会保障支出占财政支出的比重逐渐提高到15%~20%。虽然资金支出有所增加，但云南省一直未能达到国家要求。2017年云南省社会保障支出仅占总支出的13.13%。云南省在社会保障方面的资金投入有待增加。

第二，社会保险体系不够完善。云南省的医疗保险、失业保险、养老保险等社会保险项目的覆盖面窄、保障水平低、城乡差距较大。经济发达的城镇地区居民参保率、覆盖率以及社会保险财政支出远远高于农村。失业保险只有一部分城镇职工才能享受。城镇职工基本医疗保险与城镇职工基本养老保险也要比农村合作医疗保险、农村基本养老保险制度更加健全、覆盖面积更广，农村保险制度的建立相对滞后。加之，由于云南省复杂社会结构和人口分布导致农村社会保险发展缓慢，尤其偏远少数民族地区信息闭塞、交通不便利、生活环境相对封闭，社会保险制度的宣传不够，导致这些地区参保率低，进一步拉大了云南省城乡社会保险之间的差距。

第三，社会救助制度还不够健全。社会救助是社会保障体系的重要组成部分，是保障广大贫困居民基本生活的关键。云南省由于贫困人口众多，一方面，最低生活保障制度难以覆盖全部贫困户，做到应保尽保；另一方面，有些地区保障标准较低、规范化程度不高，对部分贫困家庭的扶助不足，在已有的保障标准下贫困家庭仅能勉强维持生存，并不能满足基本生活需要。救助范围与救助水平有待提高。制度方面需要进一步规范，防止出现骗保现象，导致真正生活困难的群众得不到救助，不利于保障基本人权、维护社会稳定，促进社会和谐。

第四，社会福利事业供需不平衡。社会福利事业涉及孤儿、老人、残疾人、流浪者等社会成员。目前云南省社会福利事业整体供需矛盾突出，缺口明显。最为突出的是养老方面的供需不平衡。受人口老龄化的影响，云南省内老年人数增加，养老服务需求不断增长，但当前养老机构缺少资金、缺乏政府扶持，床位明显不足，配套设施建设不够健全，老人养老居住成为一大问题。

6. 独特民族问题凸显

云南是一个多民族聚居地，人口 5000 人以上的少数民族就有 25 个，具有区域民族的特殊性。民族方面存在的问题主要有：

第一，民族示范区贫困问题相对突出，"直过民族"脱贫任务艰巨。云南省民族示范区建设地区经济基础相对薄弱，贫困程度深，贫困人口多，脱贫任务相当艰巨。2016 年云南省少数民族人口占 30% 以上的自然村中，建档立卡的贫困人口还有 224.9 万人，享受最低生活保障的总人数还有 221.7 万人。截至 2017 年，云南省还有 332 万贫困人口，少数民族贫困人口占 46.6%，"直过民族"和人数少的民族占比较重。脱贫攻坚任务仍然艰巨。

云南省贫困人口中少数民族居多，且存在相当一部分的"直过民族"。"直过民族"是指从原始社会末期或奴隶社会直接过渡到社会主义社会的人口较少民族。云南是我国"直过民族"最主要的聚居区，省内有独龙、德昂、基诺、怒、布朗、景颇、傈僳、佤八个"直过民族"。云南省"直过民族"多位于边境山区、高山峡谷地带，生活环境恶劣，思想观念落后，交通、技术、工业、教育等都相对滞后，整体贫困程度较深、贫困面大，是当前示范区脱贫攻坚中最为艰难的一部分。为此，2016 年，云南省制定了《云南省全面打赢"直过民族"脱贫攻坚战行动计划（2016—2020 年）》，全力保障"直过民族"和人口较少民族脱贫攻坚。

第二，民族示范区建设内容有待完善。示范区的经济基础薄弱，相对落后，政策方面对促进其经济发展的关注力度较大。但是民族示范区的建设不应该只侧重经济建设，要扩大建设内容，对水利、通信、文化、教育、医疗卫生等公共服务与基础设施，配套法律法规等都应该加以重视。这是促进示范区经济发展的重要保障，也是对"一带一路"建设的重要支撑。如 2015 年底，虽然金平县完成了拉祜族（苦聪人）片区"社会事业、民生保障"等公共投入 2.4 亿元，但乡村公路 95% 仍为"晴通雨阻"的低等级土路，大多数生产资料、成熟商品（如香蕉、橡胶等）的运输仍以人背马驮为主，农业生产成本高的问题没得到根本解决。① 因此，示范区的具体建设内容与投入力度还需加大。

第三，民族示范区内宗教事务重视程度还不够。宗教多样化是多民族集聚地一个特殊之处。宗教在这部分群众中的影响很大，在构建小康社会、促进社会和谐等方面发挥着重要作用。但目前我国在宗教事务方面还存在一些问题，要加大对示范区宗教事务的重视，积极引导宗教与社会主义事业相适应，切实做好宗教工作。

（三）构建以人民为中心的高质量民生保障的基本思路

根据云南省教育、医疗卫生、就业与收入分配、居住、社会保障体系、民族团结示范区等方面的现状与问题，构建以人民为中心的高质量民生保障的基本思路为：

第一，以坚定不移落实习总书记、党中央、国务院提出的关于民生改革的一系列新要求为前提。第二，围绕高质量民生保障内涵，坚持以人民为中心，始终把人民的根本利益作为各项工作的出发点和落脚点。坚持解放思想、实事求是、与时俱进、更新观念的基本原则，直面民生问题，找准着力点。第三，立足云南省实际，按照"重精准、补短板、促攻坚"和"尽力而为、量力而行"的思路，重点推进云南省在教育、医疗卫生、就业和收入分配、住房、社会保障体系、民族示范区等民生领域的改革，解决民生问题。不遗余力推进民生改革，既要尽力而为又要量力而为，以有序提高云南省的民生保障水平。第四，通过民生改革，构建以人民为中心的高质量民生保障，维护好广大人民的根本利益，使发展成果更多更公平地惠及全省人民，实现幼有所育、学有所教、劳有所得、病有所医、老有所养、住有所居、弱有所扶。让人民群众的获得感、幸福感、安全感更加充实、更有保障、更可持续。通过构建高质量民生保障，维持社会秩序的良好运作、维护社会的和谐稳定与国家的长治久安、实现经济的高质量发展。

---

① 兰良平，雷振扬. 云南"直过民族"扶贫开发效果及问题分析——以金平县拉祜族（苦聪人）为例 [J]. 黑龙江民族丛刊，2017（5）：1-7.

专栏 10-1

党的十八大以来党中央、国务院关于民生保障的方针政策与要求

2015 年 4 月，习近平总书记就"厕所革命"作出重要指示，强调"要像反对'四风'一样，下决心整治旅游不文明的各种顽疾陋习。要发扬钉钉子精神，采取有针对性的举措，一件接着一件抓，抓一件成一件，积小胜为大胜，推动我国旅游业发展迈上新台阶"。三个多月后，在吉林延边考察调研时，习近平总书记要求将"厕所革命"推广到广大农村地区。

2018 年 3 月 20 日，习近平总书记在第十三届全国人民代表大会第一次会议上的讲话，以及 4 月 23 日在中共中央政治局第五次集体学习时都对改善民生问题、实现公平正义和共同富裕提出新要求。具体为要以更大的力度、更实的措施保障和改善民生，加强和创新社会治理，坚决打赢脱贫攻坚战，让发展成果更多更公平惠及全体人民，既尽力而为又量力而行，促进社会公平正义，在幼有所育、学有所教、劳有所得、病有所医、老有所养、住有所居、弱有所扶上不断取得新进展，让实现全体人民共同富裕在广大人民现实生活中更加充分地展示出来。

2018 年 5 月 11 日，习近平总书记主持召开中央全面深化改革委员会第二次会议，会议指出，改革完善医疗卫生行业综合监管制度，对维护人民群众健康权益具有重要意义。要准确把握医疗卫生事业发展的规律和特点，转变监督管理的理念、体制和方式，从重点监管公立医疗卫生机构转向全行业监管，从注重事前审批转向注重事中事后全流程监管，从单向监管转向综合协同监管，提高监管能力和水平。

2018 年 6 月 13 日，习近平总书记在深入推动长江经济带发展座谈会上的讲话，聚焦民生改善重点问题，扎实推进基本公共服务均等化，人民生活水平明显提高。

2018 年 7 月 6 日，习近平总书记主持召开中央全面深化改革委员会第三次会议，会议强调，推动学前教育深化改革规范发展，是党和政府为老百姓办实事的重要民生工程。要全面贯彻党的教育方针，遵循学前教育规律，完善学前教育体制机制，健全学前教育政策保障体系，推进学前教育普及普惠安全优质发展，满足人民群众对幼有所育的期盼。

2018 年 7 月 30 日，国务院总理李克强主持召开国务院常务会议，提出部署优化教育经费使用结构和落实义务教育教师工资待遇，办好人民满意的教育。强调要强化地方政府责任，确保义务教育教师平均工资收入不低于当地公务员平均工资收入水平。严格规范教师编制管理。

2018 年 7 月 31 日，习近平总书记主持中共中央政治局会议分析研究当前经济形势、部署下半年经济工作，审议《中国共产党纪律处分条例》，会议要求，做好民生保障和社会稳定工作，把稳定就业放在更加突出位置，确保工资、教育、社保等基本民生支出，强化深度贫困地区脱贫攻坚工作，做实做细做深社会稳定工作。

基于云南省多民族的特殊性，2015 年 1 月，习近平总书记在云南考察时，要求云南努力成为我国民族团结进步示范区。把云南建设成为我国民族团结进步示范区，是以习近平同志为核心的党中央着眼民族工作大局作出的重要部署，是改善民生的重要举措。2017 年 1 月，国务院关于印发《"十三五"促进民族地区和人口较少民族发展规划》的通知，从提高教育发展水平、大力促进就业创业、健全社会保障体系、加强医疗卫生服务、推进文化繁荣发展五个方面来优先保障和改善民生。

二、补齐教育事业短板，实现幼有所育、学有所教

教育事业意义重大，不仅关系着个人的素质和未来发展，而且决定着国家的前途和命运。为解决云南省在教育事业方面的短板，促进教育成果更多更公平地惠及云南省全体人民。

（一）增加资金投入，加大扶持力度

进一步加大对教育事业的财政投入力度，全力解决好人民群众关心的教育问题。设置专门资金预算，用于提升办学条件、改善学校基础设施建设、促进教育均衡发展，重点向经济相对落后的乡镇以及偏远山区倾斜。推进教育资助范围以及时间，对困难家庭学生资助从学前教育到研究生阶段全面覆盖，通过

教育提高素质、转变观念、掌握相关技能；增加高等院校数量，扩建校区、增加分校、不断提高高校的招生能力。提高高等院校的质量，在科研方面，支持教师科研创新，加快建设高端创新平台，推进科技成果转化；在教学方面，加强学科建设，明确教学质量目标，制定考核评选标准，促进"双一流"高校的投入和建设；在学科建设上，适应时代发展与需要，设置新兴学科。

（二）完善教育结构，推动教育体系整体的合理性

进一步推动学前教育的建设与发展，有规划地增加幼儿园数量，尤其要着重加大偏远地区以及贫穷地区的幼儿园建设，完善幼儿园的数量与基础设施。严格审查民办幼儿园的资质，支持民办幼儿园建设，对符合条件的民办幼儿园给予一定的经费补助。加强学前教育队伍建设，配齐配足教育人员。创新学前教育课程，丰富课程体系，寓教于乐，发挥幼儿园的教育作用。

着力解决义务教育均衡发展问题。牢固树立优先发展教育的意识，坚决落实教育规划、经费投入、学校建设、教师保障、问题解决的"五个优先"；把推进义务教育均衡发展作为富民兴边的基础性工程，出台省级实施意见和规划，列入各级党委、政府"一把手"工程；将义务教育均衡发展与脱贫攻坚责任捆绑，同步规划、同步实施。

加快推进现代职业教育发展。强化职业教育基础能力建设，加快职业教育院校布局调整，改善职业院校基本办学条件，推进教育手段科技化、教育传播信息化、教学方式现代化，加强职业教育师资队伍建设。

（三）加快教育师资队伍建设，促进教育资源配置均衡化

第一，关注与改善教师待遇问题。落实国家政策，不断提高教师地位待遇，真正让教师成为令人羡慕的职业。实行差别化待遇，对偏远地区教师给予一定的生活补助、特殊津贴。加快推进新一轮乡村教师周转宿舍建设。出台条例规定教师的平均工资水平，保障教师享受公正待遇。关注教师的相对工资，提高职业吸引力。确保义务教育教师平均工资收入不低于当地公务员平均工资收入水平。推动民办与公办教师平等化，完善民办学校教师的社会保障机制，依法保障和落实民办学校教师在业务培训、职务聘任、教龄和工龄计算、表彰奖励、科研立项等方面享有与公办学校教师同等权利。

第二，严格规范教师编制管理。严格规范教师编制管理，对符合条件的非在编教师要加快入编，并实行同工同酬。定期进行教职工编制核定工作，严格

控制在编人员中后勤等非教学人员数量。鼓励有条件的州（市）在现有中小学教职工编制总量内建立编制周转池，用于保障临时急需和阶段性用编需求。对偏远地区、贫困山区的学校实行编制倾斜政策。编制范围内设置合理比例的教师流动交流，出台相关教师交流制度，为交流学校注入新的活力，学习交流学校的先进理念。规范代理教师管理，按照相关法规对代理教师进行管理。

第三，引进教育人才，增加本地人"特岗教师"比例和数量，增加师资力量建设。引进教育人才，壮大人才总量，增加各阶段教育的师资配备力量，提高教育水平。增加人才引进的方式，采取免费定向培养、公开招录、在岗培训等多种方式。对引入的人才在项目资助、科研配套、安居保障、子女教育、医疗服务等方面提供优质服务，解决后顾之忧。稳定优化乡村教师队伍，提高艰苦边远地区教师的福利待遇、工作生活环境，留住人才，促进各地区教育均衡发展。增加本地人"特岗教师"比例和数量，满足对偏远地区学校的教师补充，有助于促进教育事业的发展。

第四，多措并举，实现教育资源的共享，促进均衡化发展。加大对偏远地区教师的师资培训，提高其信息技术知识水平与应用能力，完善新多媒体教学设备。鼓励社会各界参与，向偏远地区所在学校捐赠信息技术设备。

（四）重审已有教育改革政策，深化教育改革

重新审查已有教育改革政策，全面考虑政策的利弊。对于一些在实施过程中就暴露出严重弊端的政策果断舍弃，防止造成更大的损失。对于一些产生轻微不利影响的政策要及时修正，杜绝不利影响。进一步深化教育改革，增强学生社会责任感、法治意识、创新精神、实践能力，全面加强体育卫生、心理健康、艺术审美教育，培养创新兴趣和科学素养；深化考试招生制度和教育教学改革；推行初高中学业水平考试和综合素质评价；推动现代信息技术与教育教学深度融合；实行"管办评"分离，扩大学校办学自主权，完善教育督导，加强社会监督；建立分类管理、差异化扶持的政策体系，鼓励社会力量和民间资本提供多样化教育服务。完善资助体系，实现家庭经济困难学生资助全覆盖。针对偏远地区教育观念落后、辍学现象频发等问题，采取针对性措施，精准控辍保学。

三、提高医疗卫生水平，实现病有所医

医疗卫生事业关系到人民群众的切身利益，是提高全体人民健康水平的重要保障。补齐云南省医疗卫生事业短板，满足人民的医疗卫生需求。

（一）加大医疗卫生财政投入力度

加大医疗卫生投入水平，制定预算方案、强化财务管理、严格拨付程序、强化督促检查。不断提高医疗卫生支出占全省财政预算支出的比例，强化支出数额、用处、程序管理，实现医疗卫生投入法制化。建立医疗卫生投入督导机制，加强对各地落实投入情况的考核，确保投入到位。加大基层医疗服务机构的建设，不断完善卫生服务机构升级改造，以满足群众的需要。

（二）深化医药卫生改革，健全医疗服务体系

医药卫生体制改革是全面深化改革的重要内容。第一，进一步加快公立医院体制改革。破除公立医院"以药补医"机制，建立科学合理可持续的公立医院补偿机制，更好地体现公立医院的公益性质。第二，建立健全医疗卫生法规，加快推进基本医疗卫生立法。明确政府、社会和居民在促进健康方面的权利和义务，保障人人享有基本医疗卫生服务。加强医疗卫生行业监管队伍、监管机构建设，明确监管主体和责任，建立严格有效的监管体制，保证有法可依、加大执法力度，严惩各种不合规范的行为。第三，推进分级诊疗服务。加大宣传力度，宣传"小病在基层，大病到医院，康复回社区"的思想，倡导良好的就诊理念，加大群众对基层医院、社区医院的信心。同时进一步完善与之配套的医疗补偿机制，为群众就医提供便利。

（三）完善公共卫生服务体系建设，促进均等化水平

进一步完善公共卫生服务体系，提高公共卫生服务水平。将医疗卫生资源重点配置到重大疾病、传染病的防控方面，以充分发挥切实有效的服务，使个体真正受益。开展爱国卫生运动，关注居民健康水平。提高对突发疫情等公共

卫生问题的应急能力。采取相应举措确保城乡医疗资源合理配置，不断缩小城乡医疗卫生差距；关注偏远地区、贫穷山区医疗卫生建设。加快基础设施建设，完善各层级医疗卫生机构建设，强化各机构的医疗设备与装备；强化医疗机构服务意识等，从而有效实现公共卫生服务均等化。

（四）推动医疗人才队伍建设

加大医疗事业人才队伍建设，采取培养人才与引进人才相结合的方式。加强医疗人才教育培训，相关院校内专业设置与课程安排要更加合理化。基层医疗卫生单位选派优秀医疗卫生人才到上级医疗机构进行规范化培训，提高医疗技能。上级医疗机构实施基层锻炼机制，选派医生到基层地区锻炼，在基层地区开展临床带教、教学查房、专项培训等，提升基层医疗机构服务能力。大力引进医疗卫生人才，完善引才政策，为优秀医疗人才提供"引得进，留得住"的各项优惠、扶持政策。学习和借鉴吸引教师人才的方式，实施"特岗医生"计划，增加本地人"特岗医生"比例和数量，满足对偏远地区医疗机构医生的补充，促进医疗事业的发展。

四、促进就业，完善收入分配机制，实现劳有所得

关注、解决就业问题，完善收入分配机制，提高居民收入，是保障和改善民生的重要方面，是维护社会稳定、构建和谐社会的重要保障。

（一）促进就业，扶持创业，带动就业

推动产业结构调整升级，以产业促进带动就业。引进企业，增加劳动力的需求，提供就业机会。加强农村人力资源开发，调整就业结构、拓宽就业渠道、完善就业服务，加强农村劳动力转移就业培训、加强劳动力职业教育与培训、农村实用技术培训和乡土人才培养。

积极响应"大众创业、万众创新"，采取相关举措扶持创业，以带动就业。在教育方面，加强学校创新创业教育课程体制建设，为大学生创业提供理论基础。关注职业教育，培养职业技能。在政策方面，为返乡农民工、大学生等创业者提供税收、贷款等优惠政策，增强他们的创业意愿。在服务方面，建立健

全创业服务体系，建立各级创业指导中心，为创业者提供政策、信息等方面的咨询服务以及为创业者提供创业项目选择。积极发展"新业态、新模式"，激发经济活力和潜力，鼓励灵活就业。

（二）提高居民收入，缩小收入差距

以提高全部职工、城镇常住居民、农村常住居民人均可支配收入为目标，进一步完善分配机制，不断提高工资性收入、家庭经营收入和财产性收入。改善投资环境，加大招商引资，引导国有企业主动承担相关社会责任，扶持经济欠发达地区发展。扩大引入企业力度，增加税收收入。大力发展乡镇企业，为乡镇企业提供政策的支持与财政税收优惠。发挥昆明省会城市的辐射作用，形成以昆明为核心的产业链关系，以辐射带动全省经济发展。提高就业率，增加收入来源，提高居民收入，缩小与全国平均水平的差距。

（三）着力解决收入分配问题，改进和完善收入分配机制

坚持和完善按劳分配为主、多种分配方式并存的制度，把按劳分配和按生产要素分配结合起来。贯彻效率优先、兼顾公平的原则，注重效率，反对平均主义。讲求公平，防止收入差距过分扩大。坚持鼓励一部分人先富、先富帮助和带动后富，逐步实现共同富裕的政策。正确处理一次分配和二次分配的关系，在经济发展的基础上，普遍提高居民的收入水平。进一步完善农村最低生活保障制度，坚持精准扶贫精准脱贫基本方略，坚持应保尽保、兜底救助、统筹衔接、正确引导，优化政策供给，完善农村最低生活保障制度，充分发挥农村低保在打赢脱贫攻坚战中的兜底作用，保障完全丧失劳动能力和部分丧失劳动能力且无法依靠产业就业帮扶脱贫的贫困人口的基本生活。

五、改善居住条件，实现住有所居

住房是人们最基本的生活要求之一，关注居住环境建设，改善居住条件，保障人民安居乐业，是保障和改善民生的基本要求之一。针对云南省居住方面的现状，提出以下对策建议。

（一） 推进城乡土地流转

当前云南省乃至全国都存在着农村土地与城市建设用地之间处于封闭状态的问题。随着经济发展以及工业化、城镇化进程的推进，城市建设用地紧张，而农村存在大量宅基地闲置、一户多房等现象，农村土地成为城市建设用地的一个重要来源。农村土地转为城市建设用地有利于缓解城市建设用地压力，抑制城市房价上涨，为城市拓展提供空间。但农村土地转为城市建设用地受到诸多限制，农村土地"入市"难。要消除两者之间的障碍，需要做到：第一，加强立法建设，完善法律体系，健全农村土地"入市"机制，规避潜在的风险，维护好农民的切身利益。第二，完善农村土地"入市"配套制度，通过确立基准地价、统一收益分配机制、完善监管体系等，规范各利益方行为。第三，汲取试点地区农村土地"入市"经验，如广东佛山市南海区。截至 2017 年底南海区共有约 50 宗集体土地成功入市。① 云南省可以借鉴南海区农村用地"入市"的成功经验与入市规则，包括入市策略、入市范围、入市方式、入市年限等。

云南正处于集聚经济阶段，经济、人口均向昆明等少数中心城市集聚，使农村集体建设用地利用绩效呈现围绕中心城市圈层梯度递减分布的特点，城乡土地级差地租也存在围绕中心城市梯度递减巨大差异。城乡建设用地增减挂钩必须在全省范围内建立城乡统一的建设用州（市）场，推进云南农村集体建设用地跨县区、跨州（市）合理流动和空间置换，使中心城市能辐射到全省广大农村尤其是边远山区，实现区域利益均衡。

（二） 完善差别化住房供给政策

组建专门的住房保障部门，出台相关规划、政策，稳定市场房价，抑制房价过快增长；加大廉租房配套力度；出台相关租房补贴政策；进行实地考察、走访，了解省内各地区居民居住环境整体情况等。以保证一般工薪家庭与贫困家庭都能解决住房问题，满足基本的住房需要。

---

① 赵祥．"再集体化"与政策协同：集体建设用地入市改革的路径分析——基于广东佛山市南海区改革试点的经验分析 [J]．岭南学刊，2019（4）：1-10.

（三）提升城乡人居环境

在城市全面实施治乱、治脏、治污、治堵，改造旧住宅区、改造旧厂区、改造城中村，拆除违法违规建筑，增加绿化面积的"四治三改一拆一增"行动，在农村开展改路、改房、改水、改电、改圈、改厕、改灶和清洁水源、清洁田园、清洁家园的"七改三清"行动，着力改善城乡环境质量、承载功能、居住条件、特色风貌，努力建设生态宜居、美丽幸福家园，让人民生活更健康、更美好。

六、加强社会保障体系建设，实现老有所养、弱有所扶

加强社会保障体系建设，保障人民老有所养、弱有所扶，维护好人民的根本利益，可以采取以下措施：

（一）增加社会保障财政支出

增加云南省的社会保障资金支出，为构建完善社会保障体系提供财政支持。加快经济高质量发展，提高政府财政收入，以保证政府对社会保障事业的财政投入随经济的增长而增长，让全体人民都能享受经济增长的成果；鼓励企业承担社会责任，主动捐赠资金支持国家社会保障体系建设。优化支出结构，增加对偏远农村、边远地区、少数民族聚集地的社会保障财政支出，实现城乡社会保障均等化。

（二）完善社会保险制度

稳步提高社会保障统筹层次和水平，基本建成覆盖城乡、更加公平的社会保障制度。进一步完善职工养老保险个人账户制度。全面实施城乡居民大病保险制度，健全重特大疾病保障机制。扩大失业保险基金支出范围，支持参保企业在岗、转岗职工技能培训支出，提升企业职工就业竞争力和适应经济发展方式转变的能力，为职工提供更多保障。

（三）健全最低生活保障制度，完善社会救助体系建设

完善最低生活保障制度，提高惠及覆盖面，将符合要求的广大城镇、乡村贫困人口纳入最低生活保障范围，让广大弱势群体共享改革发展成果。由于部分村民长期生活在边远山区，交通不便，信息闭塞，缺少与外界的沟通，对最低生活保障制度缺乏了解。加大宣传力度，增加农村贫困人口对最低生活保障制度的了解，从而获得帮助、实现弱有所扶，满足基本生活需要。政府部门设立专门的救助机构，负责社会救助工作，落实救助政策，实地考察救助家庭，反馈救助情况，防止出现骗保现象。坚持救助与自救相结合的原则，既给予基本的物质保障，又要对具有劳动能力的困难人口进行职业技能培训，与相关企业合作，为企业吸引大批劳动力、为贫困人口提供就业岗位，从根本上解决贫困问题。

（四）解决社会福利供需矛盾，弥补缺口

采取加大财政投入、出台政策引导、鼓励支持慈善事业发展等措施，促进社会福利的发展。尤其要关注养老方面，增加养老服务机构建设，鼓励支持民办养老机构，为民办养老机构在土地供应、资金投入、税费减免、财政补助、社会融资、供水供电供热等方面提供优惠政策，公办与民办相结合，增加服务机构数量与配套设施建设，提高服务质量水平，保证老有所养、老有所居，安享晚年。

七、加大民族团结示范区建设力度

云南是"一带一路"上的重要枢纽节点和门户，民族团结示范区也可以为"一带一路"提供稳定的支撑点，是"一带一路"倡议的重要组成部分。借助"一带一路"发展的便利条件，以民族团结示范区为平台，与周边国家、地区展开广泛经济合作，有助于推进区域经济的发展。云南省是世居少数民族最多、特有民族最多、跨境民族最多、民族自治地方最多的省份，针对云南省独特的民族问题，为促进云南省民族示范区建设，提出以下对策建议：

（一）精准扶贫，关注"直过民族"和人口少小民族的脱贫攻坚

把发展作为促进民族团结进步的总钥匙。云南省把民族地区发展融入全省发展大局中，加快民族地区产业结构调整和经济发展转型，深入实施兴边富民工程、"直过民族"和人口较少民族脱贫攻坚、迪庆藏族自治州、怒江傈僳族自治州深度贫困脱贫攻坚，对深度贫困地区、"直过民族"和人口较少民族、边境民族地区给予特殊政策支持，加强就业、教育、医疗、文化等社会公共服务，推动民族地区全面建成小康社会进程。民族地区的经济发展主要指标增幅多年来均高于全省平均水平，民族地区财政支出占全省的41%以上，民族地区贫困人口由2012年的426万人减少至86.5万人，27个贫困自治县已有14个顺利摘帽。独龙族、基诺族、德昂族三个"直过民族"和人口较少民族实现整族脱贫。

（二）加大宣传力度，弘扬民族团结

牢固树立民族团结的思想，宣传弘扬民族团结。大力推动民族文化繁荣兴盛，构筑好各民族共有的精神家园。习近平总书记强调："文化认同是最深层次的认同，是民族团结之根、民族和睦之魂。"建设好民族团结进步示范区，我们需要大力倡导尊重差异、包容多样及各美其美、美美与共的民族文化发展观，推动形成各民族文化共生共荣、和谐发展的生动局面。要持续加大对少数民族传统文化的保护和传承力度，扶持民族文化产业发展，广泛开展民族团结教育，进一步培育和践行社会主义核心价值观，把建设各民族共有精神家园作为战略任务抓好抓实，使各民族人心归聚、精神相依。

（三）加大对宗教事务的重视程度

示范区内少数民族集聚，各民族的宗教信仰呈现多样化。要关注宗教事务，加大对宗教的重视。积极推进民族宗教工作法治化，保护合法、打击非法，保证宗教活动正常有序开展，正确引导宗教界人士共同努力促进民族团结进步。引领、发挥宗教的道德规范功能推动示范区的建设。各项政策的制定也要考虑到宗教。开展宗教政策法规宣传，严厉打击邪教、歪曲宗教教义、制造矛盾的组织与行为，坚决抵御境外利用宗教进行别有用心的渗透行为等。贯彻

落实好党的宗教工作方针，把广大信教群众凝聚到建设中国特色社会主义这个共同目标上来。

不断提升民族宗教事务治理的能力水平。积极推进民族宗教立法工作，帮助指导民族自治地方修订完善自治条例和单行条例，制定出台宗教活动场所、教职人员和宗教活动管理等方面的具体规定，为全面提升云南省民族宗教工作法治化水平打下坚实基础。着力解决全省宗教领域热点难点问题，巩固全省民族团结进步宗教和谐稳定的良好局面。

（四）加强对示范区建设的指导与监督

民族示范区建设关键在党、关键在人。要坚持习近平新时代中国特色社会主义思想，始终以习总书记的民族工作思想指导示范区建设，全面正确贯彻落实党的民族政策，不断深化民族团结进步教育。以建设民族示范区的方式巩固和发展平等、团结、互助、和谐的社会主义民族关系。同时，各级政府也要出台一系列的指导意见，为保证示范区的建设指明方向。在建设民族示范区的过程中还要加大监督力度，严惩不利于示范区建设的行为。

（五）学习其他地区民族示范区建设经验

我国其他省份也开展了民族示范区建设。如宁夏回族自治区，为努力打造全国民族团结进步示范区，制定创建计划，深入开展创建活动，城镇、社区、乡村、学校、企业都以此为主题，从自身实际出发开展各种各样的创建活动。吉林省延边朝鲜族自治州加大教育投入力度，深化"双语"教育改革，既能够保持和发扬本民族的传统文化，也能够在未来发展中与汉族学生有着同样的语言优势和竞争力。云南省在建设民族示范区的过程中可以向这些地区学习，汲取他们成功的经验。

第十一章

对策建议

本章精要

- 各方主体，尤其是云南省各级政府和部门转变认识，深刻地理解中央提出高质量发展的核心要义，真切地认识到实施高质量跨越式发展的重要意义，真切地认识到创新驱动下的高质量发展是云南经济社会发展的必然选择，真切地将高质量的要求、原则、方法等纳入日常工作过程中，将质量第一、效率优先、跨越发展作为日常工作的行动指南。

- 创新驱动下的高质量发展，重点是要突出市场机制的更有效发挥，要营造富有竞争力的营商环境，为社会资本投资创造良好的市场空间，放宽消费领域市场准入，进一步强化社会诚信体系建设，为各类市场主体更有效地研究参与市场竞争进而推动云南经济社会的高质量发展创造条件。

- 要进一步强化对现有制度体系的梳理，短期内关注于政策的实施和执行，确保政策落地，远期按照高质量跨越式发展的要求完善经济社会发展的支撑体系，助推市场机制有效、微观主体有活力、宏观调控有度、对外开放有成效目标的实现。

- 云南省高质量跨越式发展目标的实现，还需要辅之以有效的评价与考核体系，实现对云南高质量跨越式发展的有效保障。

一、转变发展理念，适应云南高质量跨越式发展的现实要求

为推进云南经济社会的高质量跨越式发展，需要各方主体，尤其是云南省各级政府和部门转变认识，深刻地理解中央提出高质量发展的核心要义，真切地认识到实施高质量跨越式发展的重要意义，真切地认识到以创新驱动下的高质量发展是云南经济社会发展的必然选择，真切地将高质量的要求、原则、方法等纳入日常工作过程中，将质量第一、效率优先、跨越发展作为日常工作的行动指南。

（一）要深化对高质量发展意义和内涵的正确认识

高质量发展是我国经济从数量增长向质量发展的必然转变，是改革开放 40多年和中华人民共和国成立 70 年来我国经济发展成绩的总结和未来的展望。高质量发展意味着中国的经济增长需要从要素驱动向技术驱动和创新驱动转型，从传统的简单平面复制逻辑朝着复杂纵深的创新逻辑转变，这是对当前中国资源禀赋变化、技术环境变化、全球市场变化等经济发展环境判断后的高度总结，中国需要在全球范围内重塑竞争力、获取全球价值网络中的"关键节点"、推动中国在新时期新开放的必然举措。概括来看，高质量发展是在新时代背景下，基于中国社会主要矛盾的基本变化和依然处于社会主义初级阶段的基本判断，从中国经济发展的客观环境出发，对中国经济未来发展方式的新要求，即在"创新、协调、绿色、开放、共享"新发展理念的指引下，针对中国经济发展存在的突出问题，以质量第一和效率优先为基本原则，从传统的"三驾马车"促进增长向以供给侧结构性改革为主线转变，推动质量变革、效率变革和动力变革，提高全要素生产率，构建实体经济与科技创新、金融改革和人力资本协调的产业体系，构建宏观调控有度、微观主体有活力、市场机制有效的经济体制，不断增强经济创新力和竞争力。

（二）要坚定高质量跨越式发展是云南经济社会发展的必然选择

党的十九大提出，当前中国特色社会主义进入新时代，我国社会主要矛盾从人民日益增长的物质文化需要同落后的社会生产力之间的矛盾转化为人民日益增长的美好生活需要和不平衡不充分的发展之间的矛盾。从区域发展的角度来看，省域间发展的不平衡不充分问题尤为严峻。云南省经济发展水平相对较低，这客观上要求云南要坚持发展的基本定位，将经济发展放在发展的优先位置。在党的十九大提出高质量发展的要求下，坚定不移贯彻创新、协调、绿色、开放、共享的新发展理念，坚持"工业强省、旅游富民"的经济发展政策，将发展工业，尤其是制造业作为云南实现高质量跨越式发展的核心动力来源，坚持把握好新一轮工业革命的大好机遇实现在新兴制造业领域的"换道超车"，积极利用云南区位优势，注重产业结构的优化与升级，促进新兴产业发展，主动承接东中部地区产业转移，形成在云南本地的产业集聚效应，坚持打造云南的文化旅游品牌，提升云南省文化旅游整体服务能力和服务水平。在全面建成小康社会的目标指引下，遵循经济发展的基本规律，继续保持经济增长的速度惯性，保持中高速增长的目标，实现在此阶段后发地区对先发地区的追赶和超越。

二、激发市场活力，培育云南高质量跨越式发展的市场主体

创新驱动下的高质量发展，重点是要突出市场机制的更有效发挥，要通过商事制度改革以营造富有竞争力的营商环境，为社会资本投资创造良好的市场空间，放宽消费领域市场准入，进一步强化社会诚信体系建设，为各类市场主体更有效地研究参与市场竞争，推动云南经济社会的高质量发展提供条件。

（一）致力于改革以营造富有竞争力的营商环境

深化改革，尤其是全面深化改革，坚决破除各方面体制机制弊端是党的十九大的重要战略部署。云南省近年来发展落后于全国很大程度上源于体制机制

的运行不畅、政府服务水平不高，为此，需要进一步全面深化改革，营造富有竞争力的营商环境，一方面将外部的人才、技术、知识、资本"引进来"，另一方面要将省内的创新活力、发展动力"激起来"，形成"内外双增"的良好局面。政府主要领导要真正认识到改善营商环境的重要性，要摒弃"权力思维""官僚思维""管制思维"，以"全局思维""发展思维""服务思维"来指导工作，以"心理革命"来从思想认识上真正改变对营商环境重要性的认识，各级领导要真正强化服务意识，要率先示范，帮助政府职员树立主动服务、提前服务的意识；真正弱化政府对市场的干预，尤其是尽量避免政府对微观市场主体的直接干预，进一步清理准入清单的限制，尽可能减少政府对非关键领域的审批与干预，降低社会交易成本；进一步整合公共服务平台，线下平台尽可能便利化、综合化、一站式流程化，线上要深度利用互联网、大数据、智能计算、人工智能等新工具、新方式，真正实现高效的线上服务；改变事前严审批的监管方式，强化信用管理，加大对违法行为的处罚力度，形成强大的震慑力。

（二）致力于完善拓展社会资本投资空间的政策

进一步减少社会资本市场准入限制。鼓励民企和国企同台竞争、公平竞争。向民企推出一批有投资价值和盈利前景的项目，完善财税优惠、用地招拍挂、融资支持、资本退出等配套政策，让各类社会资本放心大胆投资。逐步消除民间资本进入基础设施和公用事业等领域的各类门槛，取消和减少阻碍民间投资进入养老、医疗等领域的附加条件，下更大力气破除各类隐形壁垒，解决好民间投资"不能投"的问题。拓展民间投资空间，持续加大民航、铁路等重点领域开放力度，吸引民间投资积极参与民用机场、高快速铁路项目建设，部分垄断行业通过混改积极引入民间投资。鼓励社会需求稳定、具有可经营性、能够实现按效付费、公共属性较强的文化项目采用PPP模式。切实落实好习近平总书记和党中央对民营企业和民营企业家的保护政策，为本地企业扩大投资营造良好的政治和舆论环境。

（三）进一步放宽服务消费领域市场准入

完善社会资本进入文化、健康、养老等服务消费领域的准入制度，取消不合理前置审批，深化教育、卫生、文化、体育等事业单位分类改革，推进文化、健康等领域有序开放。合理放宽社会办医疗机构配置大型医用设备规划预留空间，取消养老机构设立许可，开展家政服务标准化试点示范建设，举办高水平中外合作办学机构和项目等政策措施。云南良好的环境生态条件，一方面保证了云南以旅游业为核心的文化产业快速发展，另一方面也迎来了我国即将进入老年社会后康养行业的发展机会。云南省应着力于加快消费升级，培育消费热点，创新消费模式，改善消费环境，加快培育养老、健康、旅游、家政、信息、教育、文化等领域新的消费增长点，更多依靠扩大消费需求拉动经济增长。落实和创新鼓励消费的各项政策，提升发展旅游服务业，推动消费规模持续扩大，全力留住本地消费群体，大力吸引周边城市消费者，形成新的消费增量。

（四）进一步加强社会诚信体系建设

把政府诚信作为优化营商环境的重要内容，建立健全"政府承诺+社会监督+失信问责"机制，凡是对社会承诺的服务事项，都要履行约定义务，接受社会监督，没有执行到位的要有整改措施并限期整改，对整改不到位、严重失职失责的要追究责任。建立健全消费领域信用体系，主要包括完善消费领域信用信息共享共用机制，在部分地区试点建立失信企业惩罚性赔偿制度，完善食品药品等重要消费品召回制度等政策措施。健全消费后评价制度，完善和强化消费领域惩罚性赔偿制度。加强市场监督管理，切实维护消费者权益。

云南在诚信体系建设上，需要进一步健全质量监督与管理，大力倡导质量诚信服务，鼓励企业以服务质量为立业之本，打造服务品牌。加大对侵权行为的惩处力度，建立监管执法协作联动机制，规范执法行为，营造安全、便利、诚信的消费环境。积极推动信用信息的应用，建立健全失信行为联合惩戒机制。建立红黑名单制度，规范市场主体行为，确保守法履约，诚信经营。支持并鼓励第三方信用服务业发展，支持有条件企业开展信用销售。指导行业协会、商会开展信用评价，组织开展"诚信兴商宣传月"活动，宣传推广信用评价结果。

三、注重政策支撑，优化云南高质量跨越式发展的政策环境

为保证云南经济社会的高质量发展，需要进一步强化对现有制度体系的梳

理，短期内关注于政策的实施和执行，确保政策落地，远期按照高质量跨越式发展的要求完善促进经济社会发展的支撑体系，助推市场机制有效、微观主体有活力、宏观调控有度、对外开放有成效目标的实现。

（一）短期内强化政策执行，确保政策落地

总体来看，云南省为推动经济社会的高质量跨越式发展，在国家政策体系框架内，形成了可具体操作和落实的省级以及地方性政策，构筑了云南省高质量跨越式发展的制度框架。但从现实情况来看，政策"立而未行"问题突出，部分支持政策受到云南省以及县市地方政府财力的限制无法落到实处，部分政策缺乏落地的市场环境，加之政策的传导和下沉不够，市场对政策的了解、认知和使用不足且可能存在较大的"自由度"尤其是未能根据最新的实际需要及时更新政策①，这些都是现阶段云南省经济社会发展相关政策存在的突出问题。基于此，在此阶段，为保持政策的连续性和企业的有效预期，不宜大量调整相关政策，在推进现有政策落实的基础上，结合经济社会发展的现实需要对政策进行微调，核心是降低企业投资和运营成本、鼓励企业家开展创新创业、大力推进招商引资和工业化发展，并在此过程中注重政策实施效果的评价，了解政策存在的问题，按照新时代高质量跨越式发展的要求，强化对制度的研究，为下一阶段的政策调整和修正提供现实条件。

（二）远期按照高质量跨越式发展要求，完善制度体系

在远期，需要按照新阶段经济社会发展的要求，基于对政策实施效果评价的基础上，以高质量发展理念完善制度体系，具体来看内容如下：①分领域对现有政策实施情况予以全面总结，找出现有政策存在的主要问题，并分析其主要原因。②结合高质量跨越式发展的要求，以培育能力为核心，政策关注于对市场主体积极性的激发、对市场短板和市场失灵领域的补足、对市场主体的有效服务，以精准性、间接性、系统性为基本原则，审视云南省经济社会发展的

---

① 例如，2016年云南省委、省政府下发《云南省人民政府关于推进重点产业发展若干政策的意见》（云政发〔2016〕90号），提出降低"五险一金"缴费比例，但从调研中发现地方执行上存在较大的偏差，这主要受制于地方财力的约束以及过多的政策文件事实上湮没在地方政府的日常工作中。另外，在此文件中明确了降低企业用电成本，这本意是降成本，但事实上却是政府干预微观企业的表现，不符合高质量发展的要求。

政策逻辑，重构云南省经济社会发展政策的主体框架。③按照新一轮政府机构调整的要求，在新的主体框架内按照职能分工对相关政策予以系统梳理，以"增一减二"甚至"增一减三"的方式大幅度减少当前的各项政策，提升政策的权威性、长期性和系统性。④在省级各部门相关政策调整的基础上，各职能部门要担负起责任，指导和帮助各州（市）结合实际清理、调整相关制度，既要促进和保证相关制度的落地和实施，也要避免出现政出多门、政策过多的问题。⑤强化政策的落地实施，一方面要发挥政府及相关职能部门的能动性"推动"，另一方面需要利用现代信息技术，加大对政策的宣传和沟通，让社会真正了解制度、会用制度，形成政策实施的内在驱动力，"拉动"政策的落地与实施。⑥由于政策的根本目的是顺应环境和解决现实问题，因此需要按照动态的政策观，对政策效果进行阶段性的调研和评估，并结合实际需要予以动态调整。此外，在此过程中要注重政策理念的宣贯，按照依法治国的基本要求，以高质量为统领，提前谋划《云南省经济社会发展"十四五"规划》，作为云南省经济社会发展的纲领性文件，形成相关的配套政策体系，为云南省未来高质量发展提供指引和保障。

四、强化统筹协调，改进高质量跨越式发展的绩效考核体系

云南省高质量跨越式发展目标的实现，还需要辅之以有效的评价与考核体系，实现对云南高质量跨越式发展的有效保障。

（一）落实高质量发展的组织保障

围绕提高政治站位、建强基层组织、树立鲜明用人导向、提供人才支撑，构筑推动云南高质量发展的组织保障。强化党委领导、政府负责，成立云南省高质量发展领导小组，全省及各职能部门主要负责同志担负推动云南高质量发展走在全国前列的第一责任。各牵头单位要统筹推进、跟踪总结工作落实情况，每年12月底前向高质量发展领导小组及省委、省政府归口部门报送当年工作完成情况。各参与单位要全力配合，加强信息共享，形成部门联动工作格局和强大合力。

（二）建立高质量发展标准和统计体系

对照国家推动高质量发展要求，云南省构建高质量发展指标体系，完善统计分类、监测、调查实施和执法监督，进一步提高统计数据质量，全面准确反映高质量发展情况。进一步完善统计分类，抓紧研究制定修订战略性新兴产业、新产业新业态新商业模式、生产性服务业、高技术产业、清洁生产产业等统计分类标准。加快推进现代化统计调查体系建设，完善统计体制机制，研究制定部门间统计数据共享办法，建立以常规统计调查为主、大数据应用为补充的统计调查新机制，加快统计云建设。健全统计监测制度，健全"三去一补一降"统计监测，完善产品产能利用率、库存等统计，完善"三新经济"（新产业、新业态和新商业模式）统计监测，健全新兴服务业统计，完善科技创新链各环节的统计。

（三）开展高质量发展的绩效评价

坚持客观公正，注重公开透明，进一步完善干部考核评价机制，把推动高质量发展相关绩效考核评价作为地方各级党政领导班子和领导干部政绩考核的重要组成部分，更好地发挥对推动高质量发展的激励导向作用。进一步明确考核导向和考核内容，基于国家高质量发展指标体系，省发展改革委和统计局牵头制定高质量发展考核内容和评价办法。省委组织部完善干部考核评价机制，改进考核方式，将推动高质量发展情况作为评价干部政绩的重要内容，激励干部担当作为，树立鲜明的用人导向。实施差异化考核，根据不同地区、不同层次、不同类型的领导班子和领导干部的职责要求，参照高质量发展指标体系，设置各有侧重、各有特色的考核内容和指标。

参考文献

［1］ Brusoni, S. and A. Prencipe. Unpacking the Black Box of Modularity: Technologies, Products, Organizations ［J］. Industrial and Corporate Change, 2001, 2 (10): 234-246.

［2］ Cusumano, M.. Staying Power ［M］. Cambridge: Oxford University Press, 2010.

［3］ Fujimoto, T. and O. Takashi. Empirical Analysis of the Hypothesis of Architecture Based Competitive Advantage and International Trade Theory ［R］. MMRC Working Paper, 2006.

［4］ Fujimoto, T. and S. Yoshinori. Inter and Intra Company Competition in the Age of Global Competition: A Micro and Macro Interpretation of Ricardian Trade Theory ［J］. Evolutionary and Institutional Economic Review, 2011, 8 (1): 521-534.

［5］ Gambardella, A. and T. Salvatore. Does Technological Convergence Imply Convergence in Markets? Evidence from the Electronics Industry ［J］. Research Policy, 1998, 5 (27): 456-467.

［6］ Hausmann, R. and C. A. Hidalgo, et al.. The Atlas of Economic Complexity: Mapping Paths to Prosperity ［R］. CID Harvard University Working Paper, 2011.

［7］ Lee, Kong-Rae. The Source of Capital Goods Innovation: The Role of User Firms in Japan and Korea ［M］. Routledge, 1998: 69-81.

［8］ Perez, C.. Structural Change and the Assimilation of New Technologies in the Economic and Social Systems ［J］. Futures, 1983 (5): 357-375.

［9］ Pisano, G. and W. Shih. Producing Prosperity: Why America Needs a Manufacturing Renaissance ［M］. Boston: Harvard Business School Press, 2012.

［10］ Prencipe, A.. Technological Capabilities and Product Evolutionary Dynamics: A Case Study from the Aero Engine Industry ［J］. Research Policy, 1997, 10 (25): 834-845.

［11］ Takeishi, A.. Knowledge Partitioning in the Inter-firm Division of Labor: The Case of Automotive Product Development ［J］. Organization Science, 2002

（3）：321-338.

［12］Von Tunzelmann, G. N.. Localised Technological Search and Multi-Technology Companies［J］. Economics of Innovation and New Technology, 1998, 3（6）：201-215.

［13］安淑新. 促进经济高质量发展的路径研究：一个文献综述［J］. 当代经济管理, 2018, 40（9）：11-17.

［14］常纪文. 以生态文明促进高质量发展［N］. 人民日报, 2018-07-19.

［15］钞小静, 惠康. 中国经济增长质量的测度［J］. 数量经济技术经济研究, 2009, 26（6）：75-86.

［16］陈佳贵, 黄群慧, 钟宏武. 中国地区工业化进程的综合评价和特征分析［J］. 经济研究, 2006（6）：4-15.

［17］陈宗胜, 高玉伟. 我国公有经济规模测度与深化混合经济改革潜力［J］. 经济社会体制比较, 2015（1）：17-32.

［18］程虹. 竞争政策与高质量发展［J］. 中国市场监管研究, 2018（5）：9-13.

［19］樊纲, 王小鲁, 马光荣. 中国市场化进程对经济增长的贡献［J］. 经济研究, 2011, 46（9）：4-16.

［20］冯俏彬. 我国经济高质量发展的五大特征与五大途径［J］. 中国党政干部论坛, 2018（1）：59-61.

［21］高建昆, 程恩富. 建设现代化经济体系　实现高质量发展［J］. 学术研究, 2018（12）：73-82.

［22］顾春梅. 实现我国经济高质量发展的路径［J］. 现代交际, 2019（6）：65-66.

［23］贺俊, 吕铁. 从产业结构到现代产业体系：继承、批判与拓展［J］. 中国人民大学学报, 2015（2）：39-47.

［24］贺俊, 吕铁. 战略性新兴产业：从政策概念到理论问题［J］. 财贸经济, 2012（5）：106-113.

［25］贺俊. 探寻产业政策有效的边界条件［J］. 学习与探索, 2017（8）：132-133.

［26］贺俊, 姚祎, 陈小宁. "第三次工业革命"的技术经济特征及其政策含义［J］. 中州学刊, 2015（9）：30-35.

［27］贺俊. 中国制造业发展基本条件的转变与产业结构思路调整［J］. 中国经贸导刊, 2018（3）：61.

［28］洪兴建, 罗刚飞. 中国全要素生产率：1995~2012 年 FP 指数的测度

与分解 [J]. 商业经济与管理，2014 (10)：82-90.

[29] 胡伟斌，黄祖辉. 畜牧业三次产业融合：基于美国典型案例的研究及启示 [J]. 中国畜牧杂志，2018，54 (10)：125-129.

[30] 黄群慧. 改革开放 40 年经济高速增长的成就与转向高质量发展的战略举措 [J]. 经济论坛，2018 (7)：12-15.

[31] 黄群慧. 改革开放 40 年中国的产业发展与工业化进程 [J]. 中国工业经济，2018 (9)：5-23.

[32] 黄群慧，贺俊.“十三五”时期的产业发展战略 [N]. 光明日报，2015-07-08.

[33] 黄群慧. 以高质量工业化进程促进现代化经济体系建设 [J]. 行政管理改革，2018 (1)：11-14.

[34] 黄群慧. 中国产业结构演进的动力与要素 [J]. 中国经济报告，2018 (12)：63-66.

[35] 黄顺春，何永保. 区域经济高质量发展评价体系构建——基于生态系统的视角 [J]. 财务与金融，2018 (6)：46-51.

[36] 江小涓，李辉. 我国地区之间实际收入差距小于名义收入差距——加入地区间价格差异后的一项研究 [J]. 经济研究，2005 (9)：11-18，65.

[37] 金碚. 关于高质量发展的经济学研究 [J]. 中国工业经济，2018 (4)：5-18.

[38] 李斌. 高质量发展，新时代的“强国策” [N]. 人民日报，2018-03-09 (005).

[39] 李佳彬，曹洪华，张雷，邓长哲. 全要素生产率增长对云南省高质量发展驱动分析 [J]. 曲靖师范学院学报，2019，38 (3)：71-77.

[40] 李实. 中国收入分配制度改革四十年 [J]. China Economist，2018，13 (4)：2-33.

[41] 李伟娜，杨永福，王珍珍. 制造业集聚、大气污染与节能减排 [J]. 经济管理，2010，32 (9)：36-44.

[42] 李义平. 马克思的经济发展理论：一个分析现实经济问题的理论框架 [J]. 中国工业经济，2016 (11)：13-21.

[43] 李垣，乔伟杰. 基于价值管理中的企业创新系统构建 [J]. 中国软科学，2002 (12)：62-68.

[44] 李子联，华桂宏. 新常态下的中国经济增长 [J]. 经济学家，2015 (6)：14-21.

[45] 玲梅. 关于我国地方政府基本公共服务均等化的问题研究 [J]. 劳

动保障世界，2018（12）：49.

［46］刘刚. 实现更高质量的经济增长［N］. 天津日报，2018-01-08.

［47］刘国斌，宋瑾泽. 中国区域经济高质量发展研究［J］. 区域经济评论，2019（2）：55-60.

［48］刘思明，张世瑾，朱惠东. 国家创新驱动力测度及其经济高质量发展效应研究［J］. 数量经济技术经济研究，2019，36（4）：3-23.

［49］刘伟. 工业化进程中的产业结构研究［M］. 北京：中国人民大学出版社，1995.

［50］刘迎秋. 由高速到高质发展的挑战与对策［N］. 经济参考报，2018-05-30（005）.

［51］刘迎秋. 中小民营企业及其高质量发展的路径选择［J］. 光彩，2018（12）：23-25.

［52］刘友金，周健. "换道超车"：新时代经济高质量发展路径创新［J］. 湖南科技大学学报，2018（1）：49-57.

［53］刘志彪. 理解高质量发展：基本特征、支撑要素与当前重点问题［J］. 学术月刊，2018（7）：39-46.

［54］吕铁，江鸿，贺俊，黄娅娜，黄阳华. 从铁科院改革看我国共性技术研发机构的建设发展［J］. 中国发展观察，2016（4）：34-37，40.

［55］马光远. 全面准确理解中国经济新常态［N］. 经济参考报，2014-11-10.

［56］马晓河. 经济高质量发展的内涵与关键［N］. 经济参考报，2018-07-11.

［57］苗圩. 大力推动制造业高质量发展［J］. 现代企业，2019（4）：4-7.

［58］倪红福，夏杰长. 区域生产性服务业发展水平、结构及其与制造业关系研究——基于中国省级投入产出表的分析［J］. 山东财经大学学报，2015，27（1）：60-72.

［59］潘士远，史晋川. 内生经济增长理论：一个文献综述［J］. 经济学（季刊），2002（3）：753-786.

［60］蒲晓晔，Jarko Fidrmuc. 中国经济高质量发展的动力结构优化机理研究［J］. 西北大学学报（哲学社会科学版），2018，48（1）：113-118.

［61］任保平. 创新中国特色社会主义发展经济学　阐释新时代中国高质量的发展［J］. 天津社会科学，2018（2）：12-18.

［62］任保平，李禹墨. 我国省域工业体系竞争力评价与提升路径［J］. 财经科学，2018（8）：121-132.

［63］任保平. 新时代中国经济从高速增长转向高质量发展：理论阐释与实践取向［J］. 学术月刊，2018，50（3）：66-74，86.

［64］［日］安藤良雄. 近代日本经济史（第二版）［M］. 刘毅安译. 东京：东京大学出版社，1980.

［65］芮明杰. 构建现代产业体系的战略思路、目标与路径［J］. 中国工业经济，2018（9）：24-40.

［66］申宇，黄昊，赵玲. 地方政府"创新崇拜"与企业专利泡沫［J］. 科研管理，2018，39（4）：83-91.

［67］师博，任保平. 中国省际经济高质量发展的测度与分析［J］. 经济问题，2018（4）：1-6.

［68］施炳展，王有鑫，李坤望. 中国出口产品品质测度及其决定因素［J］. 世界经济，2013，36（9）：69-93.

［69］孙久文. 论新时代区域协调发展战略的发展与创新［J］. 国家行政学院学报，2018（4）：109-114，151.

［70］汪海波. 中外产业结构升级的历史考察与启示——经济史和思想史相结合的视角［J］. 经济学动态，2014（6）：4-15.

［71］汪同三. 深入理解我国经济转向高质量发展［J］. 共产党人，2018（13）：12-14.

［72］王军. 准确把握高质量发展的六大内涵［N］. 证券日报，2017-12-23.

［73］王一鸣. 改革开放新时代与推动经济高质量发展［N］. 学习时报，2018-11-16（003）.

［74］王永昌. 论经济高质量发展的基本内涵及趋向［J］. 政策瞭望，2018（6）：20-23.

［75］王志博. 中国区域经济实现高质量发展的思路和政策——基于高质量发展的评价指标体系构建与分析［J］. 全国流通经济，2019（6）：86-87.

［76］王竹君，任保平. 中国高质量发展中效率变革的制约因素与路径分析［J］. 财经问题研究，2019（6）：25-32.

［77］王子晖. 这三个字，是习近平生态文明思想的中心［J］. 理论导报，2018（6）：9-10.

［78］文丰安. 以企业创新发展推动高质量发展［N］. 兵团日报（汉），2018-10-18.

［79］肖周燕. 中国高质量发展的动因分析——基于经济和社会发展视角［J］. 软科学，2019，33（4）：1-5.

［80］杨伟民. 经济发展思路浮现［J］. 西部大开发，2017（10）：15-16.

［81］杨燕青. 专访赵昌文：高质量发展需要金融与实体协同［N］. 第一财经日报，2018-01-15（A10）.

［82］杨治. 产业经济学导论［M］. 北京：中国人民大学出版社，1986.

［83］［英］克里斯·弗里曼，弗朗西斯科·卢桑. 光阴似箭：从工业革命看信息革命［M］. 沈宏亮译. 北京：中国人民大学出版社，2007.

［84］［英］李嘉图. 汉译文库·政治经济学及赋税原理［M］. 郭大力，王亚南译. 北京：北京联合出版公司，2013.

［85］［英］威廉·配第. 赋税论［M］. 邱霞，原磊译. 北京：华夏出版社，2013.

［86］［英］亚当·斯密. 国富论［M］. 郭大力，王亚南译. 北京：商务印书馆，2015.

［87］余泳泽，胡山. 中国经济高质量发展的现实困境与基本路径：文献综述［J］. 宏观质量研究，2018，6（4）：1-17.

［88］袁富华，张平. 经济现代化的制度供给及其对高质量发展的适应性［J］. 中国特色社会主义研究，2019（1）：39-47.

［89］张杰，刘志彪，郑江淮. 产业链定位、分工与集聚如何影响企业创新［J］. 中国工业经济，2007（7）：47-55.

［90］张军扩. 企业高质量发展应主攻四个方向［J］. 新经济导刊，2018（3）：39.

［91］张军扩. 实现高质量发展的关键在哪里？［J］. 现代国企研究，2018（7）：42-45.

［92］赵昌文. 推动我国经济实现高质量发展［N］. 学习时报，2017-12-25（001）.

［93］赵剑波，覃毅，邓洲. 服务型制造，渐成新型产业形态［N］. 人民日报，2016-05-24.

［94］赵通，任保平. 高质量发展中我国经济协调发展路径分析［J］. 黑龙江社会科学，2019（1）：11-18.

［95］郑红军，程华. 新发展理念是经济高质量发展的动力源泉［N］. 深圳特区报，2018-09-04.

［96］郑若谷，干春晖，余典范. 转型期中国经济增长的产业结构和制度效应——基于一个随机前沿模型的研究［J］. 中国工业经济，2010（2）：58-67.

［97］中国经济增长前沿课题组（张平，刘霞辉，袁富华，王宏森，陆明涛，张磊）. 中国经济增长的低效率冲击与减速治理［J］. 经济研究，2014，49（12）：4-17，32.

［98］周林，杨云龙，刘伟. 用产业政策推进发展与改革［J］. 经济研究，1987（3）：16-24.

后 记

  按照党中央高质量发展的总体部署，基于云南经济发展的基本现实，尊重经济发展的基本规律，将经济发展放在发展的突出位置，继续保持经济的持续快速稳定增长，以发展充实云南省高质量发展的物质基础，即通过高质量跨越式发展实现对发达地区赶超和与全国同步进入小康社会，将云南建设成为我国民族团结进步示范区、生态文明建设排头兵以及面向南亚东南亚辐射中心。为深入研究新时代云南高质量跨越式发展的总体思路、目标、路径和重点工作，云南省宏观经济研究院（云南省产业研究院）和中国社会科学院工业经济研究所共同承担了"云南省高质量发展评价体系研究""云南省推动高质量跨越式发展战略及实现路径研究""云南省推动高质量跨越式发展的对策研究"三个系列课题的研究工作，本书以上述研究成果为基础，经综合提炼而成。

  本书各章节执笔人分别是："总论"：云南省宏观经济研究院黄云平、温亚昌，中国社会科学院工业经济研究所黄速建；第一章"高质量发展的理论基础"：云南省宏观经济研究院阿燃燃、孙敏、黄云平，中国社会科学院工业经济研究所贺俊；第二章"云南省高质量发展体系构建及发展现状评价"：云南省宏观经济研究院王林、黄云平、程振煌、齐美虎，江苏省社科院程俊杰；第三章"新时代云南省高质量跨越式发展的必然性"：云南省宏观经济研究院程振煌、黄云平、雷扬，中国社会科学院工业经济研究所王欣；第四章"推动云南省高质量跨越式发展的战略构想"：云南省宏观经济研究院温亚昌、王凤平、孙静、程振煌，中国社会科学院工业经济研究所肖红军；第五章"供给与需求结合推动高质量跨越发展稳中有进"：云南省宏观经济研究院高英、温亚昌、殷惠艳，江苏省社科院程俊杰；第六章"高质量的区域协调发展"：云南省宏观经济研究院齐美虎、程振煌、董慧，中国社会科学院工业经济研究所叶振宇；第七章"创新驱动产业高质量跨越发展"：云南省宏观经济研究院孙静、程振煌、温亚昌，中国社会科学院工业经济研究所贺俊；第八章"深入实施新一轮改革开放"：云南省宏观经济研究院杨丹、黄云平、孙静，中国社会科学院工业经济研究所贺俊；第九章"保证资源环境高质量支撑"：云南省宏观经济研究院杨松利、温亚昌、齐美虎，中国社会科学院工业经济研究所李先军；

第十章"构建以人民为中心的高质量民生保障"：云南省宏观经济研究院杨俊伍、阿燃燃、孙敏，北京师范大学李倩；第十一章"对策建议"：云南省宏观经济研究院温亚昌、黄云平、李林，中国社会科学院工业经济研究所李先军。

　　由于我们的知识和认识所限，目前对云南高质量跨越式发展的研究仍在起步阶段，敬请读者不吝批评指正。今后，我们将进一步深化该问题研究。

黄云平
2020 年 4 月 15 日